中央高校基本科研业务费资助

上海1949

上海市现代上海研究中心
陈立群　编

同济大学出版社

图书在版编目(CIP)数据
上海·1949/陈立群 编.
上海：同济大学出版社，2019.8
ISBN 978-7-5608-8702-9
Ⅰ. ①上… Ⅱ. ①陈… ②张… Ⅲ. ①上海－地方史－研究－1949 Ⅳ. ①K295.1
中国版本图书馆CIP数据核字(2019)第161171号

上海·1949

策　　划 民间影像
出版策划 萧霏霏(xff66@aliyun.com)
责任编辑 陈立群(clq8384@126.com)
视觉策划 育德文传
装帧设计 昭　阳
电脑制作 宋　玲　唐　斌
责任校对 徐春莲

出　　版
发　　行 同济大学出版社www.tongjipress.com.cn
上海市四平路1239号　邮编　200092　电话021-65985622
经　　销 全国各地新华书店
印　　刷 上海锦良印刷厂
成品规格 170mm×213mm　352面
字　　数 390000
版　　次 2019年8月第一版　2019年8月第1次印刷
书　　号 ISBN 978-7-5608-8702-9
定　　价 70.00元

编者的话

2019年是一个非常特殊的年份，让我们把关注的目光重新投向七十年前。

1949年的巨变，深刻改变了上海、中国的命运以及整个东方世界的走向，改变了20世纪的历史进程，改变了千百万人的命运。某种意义上，我们今天仍然生活在这个巨变的历史轨迹里。这样一个翻天覆地的过程，值得记录下来。

上海，作为1949年中国变化最大的城市，其丰富性足以被单独记录下来。

如何呈现1949年这场巨变的丰富性，这是过去的相关工作所着力不够的。如何在尽可能短的时间内，找到尽量丰富的样本，这是一个极大的挑战。

现在这部回忆录《上海•1949》，既包含了样本的多样性，也考虑了一定的地域分布以及各种移动方向的平衡。既有当年随军南下接管上海者的回忆，也有地下党在上海迎接解放的回忆，还有普通百姓的回忆以及1949年离开上海者的回忆。有大学教授、大中小学生，甚至还有学龄前的儿童；有军政人员、银行职员、新闻记者、学生、教师、医护人员、工商界人士等的不同回忆，一定程度上呈现了七十年前那场巨变的丰富性。

回忆录里还收录了不少私人日记。为尽可能保持历史原貌，很多当年的用语如“蒋总统”“李代总统”“共军”“浬”之类及少量表述不规范处，均原样保留，除错别字和标点符号外，其他未予改动。

所有文稿均按作者年龄大小顺序排列，日记选编由本人完成。

目前的这本回忆录，虽然与预先的设想还有不少距离，但已经很丰富了。其中的不少线索，可以为后人研究这样一段巨变，留下重要的证据。

七十年过去了，这是他们的记忆，其实，也应该成为我们的记忆。

陈立群

2019年6月21日

目 录

赵祖康[1]日记(1949)

周树娟 蒋静 整理 赵国通校

January 1949年(1月)

19 WED

唐山大学教职员工校友联席会议在本局开会，决定在十天内就沪地原校址上课。如不行，则迁萍乡。唐振绪来访。继续传见附属机关主持人谈话。仁社周会，晤邓萃英。胡博渊托为江南大学请教务长。

24 MON

营造业公会张继光、陶桂林请吃饭，晤见方椒伯。

阅沈志远近代经济思想史。

25 TUES

工程师学会开董事会于余寓所并聚餐，到沈君怡、恽荫棠、顾毓瑔、朱其清等十余人。

尔陶辞职奉市长批准。与市长及沈宗濂谈时局。

26 WED

中午留美同学会一月份聚餐会。

交大同学会上海分会理监事开会，余去较迟，茅唐臣师被选为理事长……

29 SAT

农历元旦上午局内同人来寓贺年……

下午率聪儿往亲戚家贺年并到沈浩处。晚封景孚来电话告购石事军方有推诿责任情形，当与陈大庆通电话。夜听陕西电台广播。

30 SUN

以枋来报告与石商谈关于代续购二批工事所需石料情形并邀华英、远东来再谈。

上午率聪儿续赴亲戚家贺年。闻凌师过沪往访未晤。施振纲偕刘雨晨来访。

……

赴局办公。下午约苏沪海塘工程会谈领到款即购粮料办法。晚约以枋来谈今后工作方针。闻李副总统到沪。吴文台③来。

February 1949年 (2月)

4 FRI

市政会议。

赶修桥梁需款六百余万元领到。王节尧、颜泽滋来访。

曹石俊、钱挹珊请吃饭，晤见朴君及李小姐(按：即王月英同志)②。

下午都市计划会秘书处开会讨论三稿。

6 SUN

时局并紧张。

……

交大同学会开会，余讲“三校合作五代分工”。晚访张菊生先生谈局势并请指示出处。张说只要在岗位上尽力并为下一代计划(指我的都市计划)是没有什么的。访黄任老，外出未晤。国懋来谈。

15 TUES

晚宴请秦景阳(秦汾)先生，同席均为经济委员会老同事，计有茅唐臣师、郑权伯(郑肇经，同济21届)、程韦度、陈饮和、王涤霞、徐国懋、冯立民、陈树玉、高家栋等。曹家渡桥重修再开会筹款，余派以枋代表。下午唐山校友总会开会，余提议照长沙校友建议扩充维护母校委员会。

22 TUES

……

与毓璟等再谈交大文治堂捐款事。市商会召开疏涝苏州河会议，各同业公会均抨击苏州河交通管理之舞弊与不善。夜访(李)韧哉不晤，改访(王)子扬。

March 1949年 (3月)

21 MON

与侯德榜、茅唐臣师、恽荫棠、顾一泉(毓璟)合拟分致李代总统、何院长与中共毛主席文，为反对破坏工矿交通、公用厂场、设备事。晚访胡适之，送Cornell照片谈自由思想。又访曹石俊，阅Russell西洋哲学史。

---

①赵祖康，1900.9.1～1995.1.19，时为民国上海市政府工务局长、代理市长。1949年8月续任工务局长。

②字迹颜色不同，疑为后注。

③也可能是“壹”，字形很相似。

中国工程师学会代表团赴南京请愿前合影，右起：恽震、茅以升、侯德榜、赵祖康、顾毓瑔（赵国通提供，1949.3）

23 WED

陈良（初如）就市府秘书长职，余与张维再向市长请辞，渠允于下月渠本人辞职奉准时批准。

24 THURS

都市计划会秘书处继续开会赶做总图三稿。

为江南海塘常熟买米事托市商会……在挹珊处吃饭。

与唐臣师乘夜车赴京。

25 FRI

下午三时，中国工程师学会代表侯德榜、茅唐臣、恽震、顾毓瑔及余五人谒见李代总统，请求通令军队不得破坏工矿交通、公用地区及设备……

26 SAT

下午三时，余等代表五人晋见何敬之院长。何表示战争是残酷，并指出照昨日大公报所载中共中(央)全会宣言所谈这战争是有国际性的。何的态度不若李代总统之阔大，但亦认破坏京沪一带生产与交通建设将使国家经济倒退二十年。中午侯德榜请吃饭，同席有邱昌渭、马一民。

……

27 SUN

留京。晚李代总统请餐叙，同席除余等代表团五人外有陕主席董钊、监察院李秘书长及杨文清、许静芝。晚饭后在侯德榜处商谈另致毛泽东主席文作同样之呼吁……

28 MON

晨与茅师访邵力子先生，已外出。

回沪，催办都市计划工作。晚赴南洋医院问候佩璋病……访关富权Col. Morrill，为江苏海塘请款事又访曹石俊。

……

April 1949年(4月)

12 TUES

苏沪海塘监理委员会开会讨论续修工程二十二万元(美金)事，May亦出席。

晨访吴市长，详谈渠允于辞职前再批余拟续上之辞呈。

14 THURS

(吴)市长赴台湾。

来信惠。

29 FRI

电吴市长四请辞职……晚赴挹珊处吃饭……北新泾污水处理所被占。访张菊生先生，商市府请余任办公厅主任事……

May 1949年(5月)

19 THURS

晨会报市长、主席，讨论对时局紧张如何加强工作联系及准备万一问题，决定下星期一起合署办公，重要档案财产编册保管。又当前中心工作包括工商业维护、公用设备维护……

21 SAT

……夜听中华码头夹江炮声甚剧，至天明犹未已。夜半并有大雷雨，更为心悸。局务会议讨论准备万一事。

电惠：安否盼洽许季芸候处。

22 SUN

赴局值班处理种植蔬菜事。

……访恽荫棠、茅师、徐寄老、周浩泉。石俊来询家惠在榕近状。午前偕董赞尧视察外马路一带情况及江南造船厂所炸毁情形。

23 MON

(晨到局接惠发电“安”为之大慰)下午拟接收上海市公用事业计划大要。五时宋名适来报告电力公司重要技术人员姓名。六时赴石俊处与钱君洽谈。深夜陈市长邀赴市府，坚嘱在其出走后由余代理市长职务(自一时半谈至三时)。下午六时在市府晤瑞士领事Adleburt Koch。

24 TUES

晨陈市长邀集各局长表示请余代理并决定各局处主官留或离。又与市长、毛森决定派陆大公为警局副局长(午接同儿刘梁寓)劝访颜大使请维持上海……夜近郊战事甚剧，十二时半陆大公电话报告解放军占领苏州河南市区各警察分局。与陈大广(庆)陈市长通电话。

25 WED

苏州河南解放。晨即访颜大使，晤李赞老及刘白嗣。赴市府安定人心，转李寓晤中共人员，李公然谈移交要点。石俊及钱君来访。访刘锡祺嘱即恢复电车汽车交通。夜忙于电话洽公务……陈真如(铭枢)、李家友(陈铭枢秘书)来访，自一时半谈至三时。

26 THURS

赴民政局召集各局局长谈话，决定移交办法及□其他事项(潘公皓来)。赴李赞老处晤中解放军事联络人刘光辉……下午三时中共晨钟、钱明、宋习荣来警卫监督市府。二时至四时半与刘光辉、王裕光解决邮政大楼国军光荣投降事。茅师来商释放学生事，又介绍中共师部邵、罗两委员并以联络部证件一件授予。

27 FRI

钱君来谈。

开各局处会议报。

与晨钟洽接收事。

郑瑜因企图毁灭一部份(分)档案被捕。午赴周浩泉处晤郭春涛(王一济介绍钱立来谈)。晚赴华东联络部吴滨沐茶会，有丁寅贵、沈振家等。晤陈博明及汤君……

28 SAT

下午三时，陈毅、曾山、潘汉年、韦悫到市府接收。先请余接谈，陈表示好感，要我继续工务局事。“我们一定很能合作的”。嗣由潘与各局长谈话，韦与市府各处长谈话，余向陈述数日来交涉邮政大楼、河滨大厦缴械情形。Robert J. Doyle(*Time Life*)来访。

29 SUN

上午访颜大使致谢意，到市府与潘汉年等洽公务。午茅师请餐叙，商科联事。下午访陈良夫人、张菊生、张兢成、宋君(询王世锐近状)。潘汉年(未晤)、徐寄庼、刘念智(未晤)，晤念义、念礼等(夜访李赞老请协助营救潘公皓)

回访陈真如晤何丹戈、李家友。

30 MON

与陈毅市长畅谈二十分钟，告以余最好不再长工务局，但愿学习研究新民主主义两个月。又谈及都市计划(访尤德铸询福州情况)。

市府印信移交周霖(林)派员点收，余之代长任务可说终了矣。补派陆大公、王微君、张振远等事待洽未解决。

31 TUES

……晨与周霖、潘汉年谈。访工务局接收专员郝一军。夜访韧哉。工程师学会沪分会及土木学会开会讨论加科联与民联。

JUNE 1949年(6月)

14 TUES

……夜草建设新上海初步设施意见书，备于明日面递陈毅市长。

晚饭在伯高处晤黄万里。

上午偕军管会工务处郝一军、徐鸣视察日晖港……及肇家浜、法华浜、恒丰桥、闸北……

15 WED

与陈毅市长谈上海建设与整个国家经济建设问题，又谈及利用外资及外交政策人才利用及技术人员登记等事。扶轮沪要社(似应为“社要”)请余讲话。晚访子扬、砺平。曹家渡新桥开会，余应邀赴会。尚差钢筋六十吨。

AUGUST 1949年(8月)

5 FRI

赴浦东吴家湾视察炮台港缺口(30m宽、4.5m深)的合拢(龙)工程。动员900员工(264团步兵)及民工。晤政工主任周南。回途由德士古渡口过浦江。

……晨与周林谈本局组织事。

朱国洗在高桥海塘工地上

赵祖康慰问排工

8 MON

邀请薛卓斌来局与以枋、国洗会商决口外打桩沉梢笼办法。又嘱以枋与国洗等即粗估海塘填渡塘身所需土方数、工数、麻袋数。

与高教处李亚农洽工程师学会事。下午五时工程师团体举行座谈会……

9 TUES

与侯仁民、朱国洗等商海塘抢修第二阶段工程事。向赵朴初商拨到麻袋十万只……

13 SAT

午后与侯仁民、王子扬、朱国洗赴高

赵祖康在海塘工地留影

桥视察海塘。上午与佐周谈妥道路处事，即将拟派工务局高级人员名单送周林，请转呈。周谈各局局长与副局长须(需)先派，余请本局高级人员同时发表。

14 SUN

继续视察海塘自顾高路至海滨浴场一段。午回上海。

科联劳军开会，余因报载福州将解放，免得国特注意，不去参加……

18 THURS

下午参加浦东同乡会报告江苏宝山、南汇两县筑塘情形。上午与以枋、仁民、国洗商海塘总队派朱主持事……晚Morris请吃饭，同席有加拿大总领事Pallison及其商务随员叶君。

19 FRI

报载福州于十七日解放！上海市人民政府发表各局处主管，余被委为工务局局长，与尤德铸通电话知福州安好。下午三时与陈市长谈本局高级人员布置事并请续派以枋为副局长。聪来信。

20 SAT

留浦东，终日举行海塘抢修委员会会议，由郊区赵蕴华部长派朱处长德华主席。

去信聪儿汇款五万元。

国洗报告决口合拢(龙)。

24 WED

尤德铸转来福州电“锐到赵春安”，数日焦虑始释。乃夜晚十时余□报高桥海塘决口合拢(龙)者。又决至国洗处询详情，商再做。汪副局长晨到局，下午与之详谈。

……

26 FRI

邀请唐臣师及关富权、孙辅世……视察炮台港决口。十时过江，下午九时始回抵上海。商决用沉排及竹笼堵塞，暂缓闭气。

寄信聪儿。

28 SUN

赴局与国洗洽海塘决口第三次堵口计划。又与周林商本局处长人事问题，周等拟以徐鸣为道路处长，余仍主佐周。晚参加整编节约运动大会，陈市长讲应以七月廿。

子扬来访。

29 MON

随陈毅市长赴浦东视察高桥炮台浜缺口及堵口失败情形。下午三时接收专员张绍文召开各界大会，由陈市长、赵玉华部长及余讲话，继开小组讨论会讨论第三次堵口详细计划。晚十一时回沪。

30 TUES

……日夜洽办海塘工料。晚开会至十一时。晚饭请茅师、孟瑚、莘臣、元康、仰麒、伯高、国洗吃饭，以茅师等将北上也。

31 WED

上午再洽海塘工料事。下午与朱德群及国洗赴龙华机场及虹江桥等处看芦苇，币价约二千四五百元一担。又赴农林处访何处长不晤。与张主任秘书洽。晚求精餐叙。

SEPTEMBER 1949年(9月)

8 THURS

郊区部赵玉华来与周林及余会商海塘堵口进展及期限事……

晚国洗来谈搬移决口处沉船事。

12 MON

陪薛卓斌、官富权、孙斐成再视察海塘决口工程梢笼、竹笼等都在赶做中，栏上急工亦已做了很好。汽车已可经顾高路上塘到决口处。下午四时半回沪……

13 TUES

与刘德群及孔珏明之两子商沉排准备事及订约条件，下午与驳船业商租沉排船。参加工商局成立大会……

下午市政工程学会开会，不克前往。二野后勤部参谋李君来借西南公路工程数据。

……

14 WED

与朱德群处长同赴高桥视察堵口工程。晚开会商讨赶工各问题。

15 THURS

海塘堵口开始沉排。晨回上海与朱德群往访招商局胡时渊。晤军代表邓寅冬。

借拉沉船用工具。

下午本局开整编节约动员大会。

陪同陈毅市长视察浦东高桥海塘抢修工程(1949.8.29)

24 SAT

局务会议。与顾准商全局十月份预算。成希颙来沪……

下午沟渠处开整编节约动员大会。华东区财经委举行成立典礼，饶漱石讲话。

为两路局解决疏浚麦根路船坞。

25 SUN

参加“公交”钟泉周、王元、顾伯康三烈士追悼会……

26 MON

公益社中听时代社总编辑姜椿芳讲苏俄之外交政策。

上午市府保卫世界和平游行及筹备会开会，余被推为设计部部长……

27 TUES

偕解放日报袁益波、陆顺兴，大公报高洁，中旅社陈其英看浦东海塘堵口沉排工作。

……

OCTOBER 1949年(10月)

1 SAT

下午与以枋、仁民及各处主管商各单位编制及人员调进调出问题，至深夜十一时余始回。

晨约根侯谈海塘事赴局。嗣国洗回局即嘱与根侯谈。午后六时赴Paulick临行酒会。晨子扬来访。(下)午在尤德铸处晤陈木天带来惠及世锐信。

2 SUN

下午四时，冒雨参加保卫世界(和平)庆祝政协成功及中央人民政府成立典礼。晤陈建农及叶某(均民主人士)。与李亚农谈工程师学会登记及活动事。晨参与市府升旗典礼。

4 TUES

东北招聘委员会主委冯仲云请茶会。

与以枋研究海塘挡土墙计划。

夜草谭炳训译《市镇计划纲领》序文 。

6 THURS

农历中秋节放假。雨止，夜月色甚好……我独自吃夜饭……下午李温平来访，旋赴Paulick处送行，又赴跑马厅指导排水。晨访张惠康、李韧哉。

8 SAT

保卫世界和平庆祝政协成功及中央人民政府成立举行大游行，在跑马厅集中，余参加检阅全市出发参加游行者一百万人。

11 TUES

派汪秉琦赴浦东视察海塘，决定不用竹笼。晚徐芝田来谈。周方白来访。访桂祥谈四个阶级之分野。下午视察沥青路面工程……

13 THURS

下午赴高桥炮台浜视察扎排沉排工程(最后一块)明日起可扎放“岸排”。

14 FRI

连日研究沥青路面之各种建筑法。上午与季琦、竞成等察看拟造人民英雄纪念碑地址。

……

29 SAT

偕朱德群赴高桥出席海塘工程总结会议。

六时回沪参加招待政协代表返沪欢迎会，有陈市长、马寅初、陈叔通等演说。

……

李赋京[1]日记(1949)

李昊整理[2]

一月一日 星期六 阴

上海各校放假三天。领黄金储蓄券事，学校延期至二号下午五时为止……蒋总统发通告，如果能和平，本人退留不成问题。由此看来中国的和平或者有希望。但看蒋氏的口气，仍将一切责任推给共产党。如共方愿与国民党求和，国民党亦愿和，由这一点看共产党绝不乞和，在以前军力不若国民党军时不愿和，现在已占据了华北及东北，他愿乞和吗？这是笑话，可见国民党还无诚意，结果共产党必然还要打下去，直至将国民党推翻为止。这是今年的事了，且慢慢的(地)看吧！

从一月十一日起至二十日止上海发户口糖，每人一斤五元。去年十二月份配米因年底急于结账，民调会决定缓办。至于今年一月份配米，全由粮食储购会供给，将由六月份开始配售。这次是整碎米掺配，每张配证给十二市斤整米，三斤碎米，仍照十二月最后五天的平均价打九五折计算，每市石将不致超出430元。又本月份食米的重点配给将继续办理。邮资今日起涨价：国内平信每件五角，国际航空30元。

一月五号 星期三

晴冷 零下六度(摄氏)

……家中的钱用完了。这几天为三二年级补课，上下午共四个小时，希望在二周内可以结束。最近国内的大局仍极沉闷……由各方面的言论看来，并由我个人的判断看来，和平绝对不可能，我个人也不愿意和平，还是要继续打下去，直至

---

①李赋京，1900.9.6~1988.9.29，时为同济大学医学院教授。
②文中所有“《》”系整理过程中添加，温度标注为华氏。

蒋氏领导的政府垮台为止……公教配售十一、十二月煤油一听279元。陈诚就台湾主席职，魏道明辞职。

一月六号 星期四 晴冷

早九点至十一(点)，下午二至四(点)仍补课。上午接昆37年12月25及30号信，报告北平情形，并寄相片。下午张金波(原陕西医专同事)来沪，借一百元。今日中共电台发出广播，逕(径)行拒绝蒋总统元旦日文告的和平呼吁，并谓共党正达成最后的胜利……沪平近日复航，每周四班。本月户口普通米每斗五十六元五(计十五市斤)。国立各院校校长王之卓(交大校长)、夏坚白(同济大学校长)、李寿雍(暨南大学校长)、章益(复旦大学校长)等昨日下午在中美医院开会，因各校教授员工生活艰难，经费支绌，已联名电教部辞职。

一月七号 星期五 晴冷

今早仍补课……接袁辛照由沙泾港路250号来函云赴美留学因钱筹不济，拟托余及杨述祖(同济医学院病理学教授)在沪暂觅职业……晚在医学院遇阎仲彝(河南大学医学院外科教授，留德同学)共至留园家中少叙，后同至十六号访孙继中(同济医学院教授)。晚七时许克勤由苏州回家。今日下午河大五年级毕业生吴仙蓉及夏芝爱(供职剑桥医院)执朋友介绍信访梁之彦(同济医学院院长，生物化学教授)请谋实习机会，余已转告梁。

一月九号 星期日 晴冷

今日上午访陈方之先生(留日血吸虫病研究专家，原卫生部技监、上海中央卫生实验所所长)谈至十时许回家。陈还医学杂志并转寄杭州徐世籓(可能系徐锡藩，著名寄生虫学家)。午时昌与其同学王普怀让来家，午饭后辞去回校……从今日起上海公教人员待遇调整，按去年十一月薪额加十五倍……上海物价暴涨，面粉1000元。近日平郊有小接触，津郊战事猛烈进行……

一月十五日 星期六 晴暖

近日接昆函述最近举行期考，北平城内尚宁静。昨晚六时许，同济大学校长夏坚白在中美医院对门江阴会馆公宴全校出席校务会议诸教授约六十余人，餐毕同济附中陆校长及廖馥君报告江湾新生院及附中被军队占驻之经过，次由夏校长报告下届校务会议应讨论之主要事项：(一)如何缩短年限，节省学生时间及经济；(二)应改为学分制或学年制或二者并用；(三)假期上课问题；(四)其他。九时许散会。

……

一月十六日 星期日 晴冷

今日寒流袭沪，上海将有奇寒。昨夜因食过多至半夜腹痛心跳气喘不安，至天明始就寝。十时许樊济民(上海中央实验卫生研究所病理科同事)来谈。上午克勤与其同学赴苏州。下午与旻、昂访张妗(大公报主编张季鸾夫人)谈至晚八时于晚餐后辞去。晚闻张博亚(寄生虫学专家洪式闾教授的秘书)来访，未遇怅甚。今日共方宣布解放军已全部占领天津，南京均纷纷研究昨日毛泽东之和平条件……今日在张妗处遇刘全忍。

一月十八日 星期二 晴冷

闻梁之彦昨夜遇盗，将一箱由窗口提去……昨晚当梁与二孩赴宴，同时学生演剧，家中无人，贼遂由阳台将玻(璃)窗打破入室，按其被盗愿(原)形，该盗似与梁素日最接近之人。现正在究查中……这几天中央政府各要人及各立委都积极研究中共和谈八个条件，但仍无结果。据共方宣布人民解放军十七日已解放华北要塞港塘沽，天津与塘沽两地获解放后，仅北平一处未下，预料北平与整个华北的解放为期不远。金宝善出任卫生部部长，中央政府又下令停兑金银，并严防物价波动。今日收中美医院补发37年12月份津贴248元正(整)。

一月二十日 星期四 晴不冷

今接雪忱(李赋京夫人)一月十五日信，问应留武汉或回沪或往平，意欲留武汉开业……政府宣布拟迁广州，征询各国使节迁往，美英决不去，惟苏联愿往。

一月二十二日 星期六 晴暖

……今日蒋总统宣布引退，由李副总统代行职权。蒋氏早应该下台了，现在始下台对于和谈或有一点帮助……

一月二十三日 星期日 晴暖

今早由松江乘汽车回沪至徐家汇昂校附近下车，乘二路电车回家，电车今日罢工，乘车不花钱。政府决定先行商谈派邵力子等五人为代表。政府决定不迁。今日北平公布和平协议。昨天上午起双方休战，过渡期间成立联合办事机构，城内驻军移驻城外，省市机构维持现状，邮政电信T亭，报纸继续出刊……下午克勤返家，樊济民来访送猪肉一斤。

一月二十四日 星期一 晴暖

早接同济夏校长函云江湾同人眷属

疏散，凡留园及善钟路教授之有两间房子者应腾出一间让江湾同人居住，俟恢复常态后，仍退还原处，余等接此通告后自应协商对策。今日已将三年级内脏学结束。德国书店之《解剖学》一部四册已以美元六十一枚买到，同时领到解剖学馆备用金五百元正(整)……张博亚来信云曾去京向教部交涉医师执照事……

一月二十六日 晴暖

昨夜发热发冷或为疟疾后发亦未可知。今早沈文光(同济医学院解剖学同事)送来配给物，由抽签所得，价一百二十元。早接雪忱函及董院长(董克恩教授，时任湖北省立医院院长)函……下午毛毛由陆先生送来沪。南京加速撤退。一月二十八日是除夕，一月二十九日是元旦(旧历新年)，闻张学良杨虎城将放释。

一月三十日 星期日 晴暖

二十八日夜是除夕，我们做了些小菜想请孙继中教授和沈文光吃年饭，晚上去请孙先生，始知他最近在苏州结了婚……当晚只沈先生一人来，我们全家聚餐。元旦(即正月初一)那天我们起来的(得)很晚，到十一时许与昌昌共七人去给张妗子拜年，并在那里用午餐，回家后始知李光泽来拜年。晚上齐登科与林院长(时任中美医院院长林竟成)及沈尚德先生(同济医学院及解剖学教授)来拜年，谈了一会儿时局。这几日因过年无报。初二日(即一月三十日)早晨到学校接赋林寄昌昌一千元，并接雪忱及昆信，昆报告北平和平后的情形，我很放心……下午王培信(寄生虫学专家，洪式闾、李赋京在西北医学院的学生)夫妇和刘经理太太来拜……晚沈文光买了六张票请我们在杜美看影戏，演的是凯琳作品《可爱可敬的妈妈》……

二十九日晚马学伊(江湾国防医学院朋友)来取物，要与同伴四五人离上海经衡阳武昌回磁县。

二月四号 (正月初六)(笔误，正月初七) 星期五 晴冷

上海人过年仍很起劲，除给刘先生、王凤振(同济医学院解剖学教授)、齐登科拜年而外，并没有到别处去，家里预备的食物只够五天，一过破五就不能支持了，可是过年之后物价猛涨，香烟年前一包只十四元，年后一越(跃)竟要八十元。我们的钱已快花完，而学校发薪无消息。过年后克勤同他的同学回苏州，可是家里人来的(得)不断，前天随祖荫来，史延祚由南京来信说在国防部医务处工作，于必要时要来上海避炮火，可住成问题，昌昌来说他们学校有搬的消息。

听说武汉又吃紧，雪忱将如何？北平解放后解放军已正式进城，有数万人游行胜(盛)极一时。昆来电说镐昆均安，我放心了。国民党求和心切，可共方表示极冷淡，仍准备过江，南京政府将迁穗，京中已停止了办公。青岛似乎解放军有占据之企图。今日张金波来家谈张汇泉已离苏州……今日在同济公报上看见郑太朴(数学教授，德国哥廷根大学留学同学)在赴港轮中遇灾身故，多年老友一旦永别，万分悲痛。

二月十号 星期四

昨日接南京孙毓华、张静吾(神经内科学教授，留学德国哥廷根大学医学院同学，时任国立河南大学医学院院长)、张博亚、汪履震信。今早美容来，暂住门口木房内。大姊来信拟于二月十一号派沈先生来接毛毛。

二月十六日 星期三 晴冷

……前天去山西路南京饭店看唐姑父，他说住沪已一个月了仍找不到教育部负责人，飞机票买不起也买不到，奈何。毛毛已于今早由菊菊领去送回松江。沪杭路工人罢工，赴松江路已不通。美容生一子，已由医院回家。

二月二十一日 星期一 阴雨

数日无要事，昨夜杨述祖夫妇带来四个葱油饼，大家吃了一顿，后来谈起旻旻上学事，叫旻旻休学一学期，他们不赞成，我认为他(们)说的也有道理，所以仍决定叫旻旻上，今天就和旻同去见她校长，幸而准许续学并免交学费半数，共缴一万五千元正(整)，正在为着这款子作难，忽然小王送来三千六百元特别办公费，勉强凑够了五千元，余剩下的一万元预备换七个银元补足全数，所以到了午后我到河南路去换，银元贩子真多，问问价钱，大头只换一千三百元，我觉得真不上算没有换。正在人群中挤着，忽然当面碰见倪方于(李赋京注：住黄渡路35号)，问他唐先生(唐德源，陕西省教育厅厅长)说已去南京，还要来，来时可去北京路福建路太华旅馆去找，并打听出杨钟健(著名地质学和古生物学家，中科院院士)已来上海住刘博九处。即刻就去访……

二月二十二日 星期二 阴雨 暖

……今日一早到学校，姚教授借Objektmikrometer(物镜测微尺)及Ocularmikrometer(目镜测微尺)各一个，说两周后还，同时王事务员发应变费15000.0元。这笔款发的(得)真好，旻的学费不成问题了……近日政局仍未好转，李代总统说如毛泽东愿约他，他可赴平一行谈和平。

三月四日 星期五

这几天各方面都没有信。侯先生听说王大夫来沪，曾来信报告苏州情形，说河大医学院张汇泉(河南大学医学院院长)辞职后，由李士伟继任……

三月五日 星期六 阴冷

早七时半赴其美路同济理学院生物学系上胚胎(课)，十二时归。电车费一百五十元。下午三时杨臣勋与竹漪青在茂名南路长乐路口二六五号华懋公寓十一楼结婚，送礼一千元。下午寄张效宗(微生物学教授，在河南大学医学院时的同事)及张博亚信。买面一袋一万一千元，黄豆一斗四千元。近邮费又加价，平信25元，快信75元，挂号105元,航平105元，航挂185元。

三月十一日 晴暖

收超钟点费及特公费二万四千元及三月份薪金五万八千元。

三月十四日

打电(报给)雪芹(朋友)，本日与张静吾赴苏州，晚住西海岛侯淑敏(朋友)处，雪忱已由宁返苏，次日至河大医学院与医四年级学生谈话。当日下午二时许与雪忱回沪。

三月十五日

新聘解剖学馆助教刘维德到校。下午陈学穆及陈太太来访。三月初旬孙科内阁塌台，最近由何应钦组阁。北平仍未通邮，昆昆仍无信，大姊由松江来信，云静贞已定(订)婚，天暖即来沪。同日接复旦大学陕西旅沪同学会函请指导赐教。

三月十七日 星期四 晴暖

收超钟点费二月份一千八百元及三月份二万四千元。三月十二日昌昌离沪赴台。

三月二十日 星期日 雨暖

写信给大姊，谓静贞不必等高中毕业，初中毕业后即可结婚……华北对外通汇中央公布办法，但平沪间汇兑现仍停顿……近日物价猛涨，大头突涨至七千元。何应钦的内阁已组成，其名单不日即公布。华莱士抨击公约，认(为)世界将裂成两个集团，希望勿为和平口号所惑。今日收到《大众医学》报(稿)费一万一千八百元。

三月二十二日 星期二 阴雨

接昌昌(信)知已平安到台北。何应钦新

内阁组成，八部两会大半都是新人。

三月二十六日 星期六 阴冷

……今日寄昌昌信。杨锦英来信，约赴苏演讲，地址在西海岛国立河大附设产校。今日赴江湾理学院上课，还汤世珍五百元并赠《大众医学》一册。生物系四年级女生冯静仪向予索题做毕业论文……中共因谈和，其总部已移北平。毛泽东、朱德、刘少奇、周恩来、任弼时、林伯渠等均于本日到达北平。双方虽各准备和谈，但双方均积极备战安庆外围作战。沪齐鲁别墅后门发现碎尸，悬赏破案。今收学术研究费九千九百六十元。

三月二十八号 星期一 晴暖

上午还上海医学院尸体两具。

三月三十号 星期三 晴暖

今接昆三月十日信及杨铭鼎由三原来信。昆云北平和平后一切照常，北大公费生生活仍保留公费。北平吃的东西很便宜，天气和开封一样常刮风。小婶婶因赋傑信不通，家中生活成问题，赋鎬亦安。

三月三十一号 星期四 晴暖

今日政府谈和代表已由南京飞北平。昨日寄昆昆信或可由此机带去，何应钦出席立法院报告新阁施政方针。火车票明天涨价，京沪线最高票价达十万余元。二十九号政院通过三月份上海生活指数为二千七百倍。

四月一号 星期五

今日和平谈判在北平开始，但各地战事仍积极进行。下午接昌信。

四月二号

寄宋玉吾杨锦英及克勤信。下午七时夏校长在北四川路校本部请医学院诸教授便餐。

四月四号 星期一 晴暖

今日早九时许与克勤、雪忱及三子同赴昂校参观并赴龙华踏春，至龙华寺遇河大医学院四年级学生樊国栋及第八医院张维禄(李赋京注：陕西华县西关天生福号)。一时许观飞机场，餐后回家。下午杨太太来家借两万元。今日接杨铭鼎信。

四月五号 星期二 晴暖

午后与雪忱赴东长治路886号华南医院访陈学穆及李通权。

四月七号 星期四

今日下午与忱至总邮局给昆寄物，但因寄至共区纳税太多，故不能寄，归途至大马路吴良才处配眼镜。

四月八日 星期五

今日因同济学生纪念四一南京学生惨案总请假一日无课……下午王培仁由美回国来访。

四月十日 星期日

下午二年级期考在第三教室举行。

四月十一日 星期一

下午三时许三年级前期考试不及格学生共十一人，在善钟路办公室举行口试。晚饭后三年级不及格女生张丽卿来家说情，予约于次日在善钟路口试。接赋傑信雪芹已于四月一号由北平动身回归绥，昆函云欲送行。今日台币为一对一。今日寄昌及叔母信。

四月十九日 星期二 晴暖

数日来国家大局无新的进展，北平和谈进行了十几天，由非正式的个别谈话，进而在空殿举行正式和谈，结果如何，实情未透漏，但传说对战犯可让步，但先决条件解放军须先渡江，因此国方派去的代表黄绍竑回京请示，据报载特为此国民党元老于右任曾拟以私人资格飞北平，但最近看看情势前途未可乐观，又迟迟不去了……雪忱已由苏州返沪。河大闹的(得)不成样子，事实上已成无政府状态，学生因争公费闹个不了……杨锦英回信来了，因河大医学院不能搬来上海，所以我也不能去苏上课，等将来来了再说。王培仁由美回国来到上海，我介绍去河大，但因张静吾离校，已将培仁事托代理院长孙洋正，成功与否，尚未可知。前天郑太朴开追悼会，我与梁之彦、张静吾等往吊，归在家吃午饭……赋傑汇来的钱已由中央银行(在四马路外滩)取出，当日就买物，同时在大马路取眼镜。近来因学校发款甚多，已决意买一无线电值金元券一百六十元。三年级前期考试已结束，曾与彦院长至St ü bel(同济医学院德籍生理学教授)家中会定分数线，结果二十余(人)不及格。二年级神经解剖学进行至脑干的细致构造，但是否能进行到暑假而将该课顺利结束，因战事演近的情形，实未敢预测。

四月二十四日 星期日 晴暖

……由上海去南京的火车只能开到常州、无锡，苏州竟已受动摇，上海自昨日起戒严，如面临大敌。张金波欲回南京而不能，竟把海军服脱去换了便服，侯先生已于昨日去杭州了，但沪杭的路已不能通。昨天克勤由苏州回来，今早又急着赶回去，是否能买到票还是个问题。二三年级的试卷才改完，送教务处了。昨天到江湾上课，理学院的同人学生都极慌乱……今日上午曾与雪忱访张舅母，十一时许，同张舅母至丽都饭店看于右任，谈二十余分钟辞去，于云三五日内赴穗。

四月二十五日 星期一 晴

天气渐热，解放军近太原，南京秩序恢复，要员豪客纷纷离沪，闻南京失陷后，前南京市长沈怡被捕。北平和谈失败后，中央派机去接和谈代表团回南，但和谈代表都留北平而不愿归。近日上海充满战时景色，四郊居民纷纷向市区迁移，而城内到处街上可见搬家忙。今日大头换七十万元(即每块银元可兑换七十万元金圆券)。

四月二十六日 星期二

无锡以东无大接触，沪苏沪杭车昨仍通达。

四月三十日 星期六 大风 阴

数日来上海外围各处战事告紧，苏州、昆山、吴兴、长兴以及武康等处相继撤守，于是上海的人心又更紧张起来，有钱人和大官豪富都早已闻风而逃了，到处忙于搬家，郊外的向城内搬，复旦闻已被兵占据，同济理学院及工学院及北四川路校本部都移至善钟路办工(公)，医学院早已停课，课堂改作逃难的宿舍。理学院生物学系搬解剖学馆，冯振文与余同室工作，沈尚德的工作室改作五个学院院长的办公室，沈文光避开了。医学院的大院子堆满了家具，走廊住的是教授家眷。昨日冒雨至西藏路邓院长处访问王培仁谈了许久，后又遇安耕九(原武功农学院同事)，知彼已搬至亲戚家居住。昨日下午陈意灵及陈淑贞来家谈及松江情形，人心不静，来沪避难。今日寄昌信，命其若能来沪则趁早来沪，以免上海解放后不能再回家。昨接赋洋信，云病不重，家中平安……今日上海银元价老袁头六百万元(即每块银元兑换六百万元金圆券)。

五月一号

因同济大学及各学院搬至善钟路，无法安插，曾由夏校长致函各学馆主任速将各馆之图书仪器装箱寄存中美医院，将房子腾出以供逃难各院主任教授之用，我们自接到大学当局这种通知之后，梁院长召集前期各部教授讲师助教在院长室开临时紧急会议，在会议席上，梁院长报告中美医院昨日下午有同济学生二百余人持训导处条子来与林院长交涉，要住中美医院。中美医院为着保护医院，开了一次后期部及医师会议，议决将西楼腾出来让善钟路前期部速将各学馆的东西搬至医院保存，将善钟路的房子腾出来叫其他学院住，这个议决案固然保存了医院，可是破坏了医学院的全院，于是我为了保存医学院和应付校长，由梁院长召集前期部全体同人开了一次紧急会。在这会议席上，大家热烈辩论，通过十二条应变办法，决议医学院决不迁出善钟路放弃了医学院而迁入中美医院，我们愿意尽量腾出房子让给其他逃难的学院住，但各学馆仍保留最后据点，以为将来恢复医学院之用。解剖学馆将尸体实习室标本陈列室及沈主任的房子腾出，沈主任搬至王教授办公室工作，我的房子因太小，仍保留不动。在可能范围与生物系动物系合用，其他各部不得搬入。

五月四号

写信给友妹及朱仲甫(笔误，朱天佑，字仲孚)，但因无邮票晚发。上午定海卫生院杨院长送来前陕西医专学生郭景璋(李赋京注：定海县卫生院)函。

五月五日

报载杭州撤守，现坚守嘉兴，解放军意图截断浙赣路。昨日中山公园旁大火烧毁两千余间，为四年来空前大火。昨教务部杭部长立武邀大专校长谈话，市府将组教授顾问团，本市各院校事务将由文教处负责。

五月七号 星期六 晴暖

早接昌信云不愿离团体故不能来沪……青岛五日晚八时以后突然发现大批蝼蛄，漫天漫地飞遍天空，迷信者说是凶年之征兆，但自何方飞来没法查考……

五月十号 星期二 晴热

数日来解放军占嘉兴、昆山截断沪杭路孤立上海，兰溪对外联络中断，(福建)浦城一带发生激战，嘉善以西地区隔河对峙。李宗仁讲时局，中国在两大(国)之间，应为自虑，希望能避免卷入第三次大战……上午张静吾、薛温良及薛太太来家填表格向教育部驻沪员申请领薪。

五月十三号 星期五 阴热

今早与忱同赴静吾家，与薛温良夫妇同至陕西南路昔日予之母校内华北东北及京杭教育部国立大学流亡教职员登记处领钱，由十时许等候到十一时，因该款还未由银行领出，故暂时不能发，请下午二至五时许再去。我们等的(得)不耐烦遂分途归家。昨日接赋傑四月十六日由归绥来函云雪芹及两侄均已到绥。同时又接张金波函知已随陆战师到了定海，那是一个三面环山一面临海风景清幽的小城市，河大逃避到那里去的很多……同日寄信杨铭鼎报告取钱领药事。昨日上午郑效兰来述及李志尚(西安陆军军医学校一分校同事)在美国有意回国，因及妻子在共区颇不放心，并云予交付志尚的钱购物，志尚很作难不知应如何处理，今天予写信给李志尚并写信给赋傑报告上海最近情形。今早未起床远远闻见大炮声音，的确这几天解放军离上海更近了，沪杭线上已越过枫泾将要到达松江，京沪线上已经到了陆家浜，由时说江边的浏河失而复得，由这些事实证明上海的包围圈越来越小，但解放军未必就要即刻拿上海或者他要包围上海而直取广州……昨日至学校由各方面得到消息说政府令上海各中央机关限五月底离开上海，愿随行的随行，不愿的即停止发薪。这消息关系当然重大，我们希望不能成为事实。前天上海市举行保卫上海反共宣传大会并游行。陈市长盼市民沉着应变，鼓励军民合作。

五月十四号 星期六 晴凉

昨夜整夜外郊大炮声不绝，据云解放军已由太仓、嘉定近至狮子林及宝山，上海市面尚安静，但到处挖战壕，就像这边准备巷战的样子，各大小街头充满了摊贩，衣料及日用品非常便宜，但食物日见涨价，今日小王送来研究费银元两个及六十万元金圆券。今日上午得悉松江已解放。

五月十六日 星期一 晴凉

今日小王又送来一块船洋，数虽甚小，但都很救急。这几天共军又向前进了一步，据报载月浦、杨行已转移，虹桥机场附近有接触，黄渡、南翔放弃，南汇联络中断。从昨日起武汉国民党军已转移，改由警察及自卫队维持治安，白崇禧抵长沙，华中长官公署迁衡，上海美航公司决定撤离上海。今早隔壁黄潮海家已迁台湾，将房子腾出。

五月十七日 星期二 阴凉

昨夜整夜大雨，我以为上海郊外的战事可以暂时停止了，可是事实上大炮仍然不停的(地)放了一夜，到今天早晨仍然轰轰的(地)放着，无论这方面吹的(得)怎样好，怎样将谋兵勇，怎样物资丰富，怎样海陆空全体出动，可是今早一看报，上海的包围圈又在缩小了，缩小到快要到市区了。今早我本想到学校去办公，只因忧约定今早要去中美医院照X光和看看上次检查的结果，所以我留在家里看家……在上海被包围、武汉弃守的情况中(下)，而反说川陕有周密的防共部署国(民)党军决守关中秦岭，我虽信而未能尽信，我天天在期望回陕西，这样我回陕的日期又要延长了。上海市区的肉已涨到五百万元一斤了。

五月十八日 星期三 阴凉

今日章先生家眷强搬入隔壁黄潮海曾经住过的房子，与楼上沈太太起了冲突，大闹了一早晨，原因是沈太太想搬入而被章家抢去。沈太太怪黄家临走前不把钥匙交学校，而私自交章家……四郊的战事虽然激烈，但上海市面上都仍然镇静，繁荣，满街挤满了人，大街人行道上摆满了摊贩，东西十分便宜，尤以衣料及日用物最廉。下午我与忱领着李嫂去林森路买衣料，跑过了国泰戏院，仍然未买到衣料，不是嫌太薄质料不好，就是嫌价钱不便宜，跑来跑去还是空手而回，唉！人心太不知足了，忱肚子大了，当然也是有点吃力，于是我们就回来了……

五月十九号 星期四 阴雨

……这几天外面打得很热闹，到处远远地闻见炮声，可是在市区都得不到一点确实消息，并且连说话也不自由，听一个行人在等候八路电车，等得不耐烦气愤说八路为什么还不来，说者无心可听者有意，一个穿便服的特务竟把他拉走了。昨日与姚先生闲谈，姚先生交给我昨日陆小姐由中美医院带回的津贴三个船洋和叁佰几十万金圆券。今日下午小王又送来五月份薪俸一千叁佰八十万元，除去扣借支四百万元剩九百八十万元。

五月二十号 星期五 阴 微雨

江南已入黄霉(梅)时期。刘行月浦等地战事沉寂，浦东战事全面展开，空军炸射高桥附近各地，虹桥机场方面国军重新部署。(上海市警局局长毛森)下午至愚园路1200弄11号三楼访陈学穆谈半小时归，适秉志老先生(著名动物学家，中央研究院院士)与苗雨膏先生来访。

五月二十一日 星期六 阴凉

昨日来战事重心移至浦东，解放军拟由高桥向浦口(西)击吴淞，并由浦东庆宁寺金字桥等地渡江直取外滩。故外滩由昨日起戒严。月浦—刘行线战事则反沉寂，上海圈已缩小到市区了，连日上海市食物价猛涨，市政劝人民种菜，可是上海一般居民谁有空地。徐家汇无恙，昂仍上学。上午十时许与忱访张静吾谈至十一时归家。

五月二十二号 星期日

……

昨炮声稀少，且远。下午刘太太与惠丽来，谈及上海军政当局强令解除该厂的自卫组织，说那是共产党办法，并在枪杆威逼下拿去两千匹布。上月该厂薪水系用布发，本月的薪水将如何发给颇成问题。

五月二十三号 星期一 阴

今日报载南郑二十日电，西安于二十日下午一时局势突变，国军已主动撤离，南撤各种机关多已抵南郑。

五月二十四号

情势紧张，解放军占七宝，故徐家汇一带戒严，昂校停课。南昌国军已于二十二日下午转移，同时樟树国军亦已撤守。今天夜里从九、十点起外面炮声渐密，愈来愈近，我们开开留声机，上海广播电台那位女播音员很快活的(地)向大众播送好消息，说国军在浦东大胜利，我们在月浦，在高桥等地也将匪军歼灭了，我们已获得初步的胜利，可是事实上外面传来的炮声愈来愈近，我们在房子里气闷得实在没有办法，看书又看不进去，最后和昂昂在炮声隆隆中玩了一回Puck(扑克)牌，玩到十二时各自就寝，昂很快的(地)睡着了，可是我和忱仍然睡不着，只听见外面的炮声加(夹)杂着还有机枪声愈来愈近，就像在东南上(陕西方言，即东南方向)，跑到厨房向窗外一听又像在西北上，并且看见火光，我们一直听到一时，忽然在附近机枪和步枪一齐响了，我们怕是败兵退进市区来抢劫，忱急忙起来(把)素日储蓄的银元分为几步(部)分向各处藏匿，又想分一部分给几个孩子带在身上，就这样忙了一阵子。后来听见炮声枪声更近了，实在响的(得)怕人，就这样紧张了许久，直到二时许忽然枪声停止了，远处的炮声也渐渐沉寂了……于是我们也就睡着了。

五月二十五日 星期三 晴

昨夜因睡着的(得)很晚，所以一直睡到八时许才醒来，不久旻旻由学校转回来说到学校去的路因戒严走不通，她说沿途有许多穿黄绿色军服的人站岗，听街上人说上海已经从一点钟起解放了，我们听见这话还是半信不信的(地)说道，真的吗？可是事实上真的解放了。五月二十日西安解放了。五月二十五号，早晨二时许人民解放军由上海西区开进，上海解放了。昨天还悬旗庆祝胜利，而仅一夜之隔竟然解放军长驱直入占领了上海……我兴奋地立即下床洗脸吃了一点早餐，同几个孩子先到同济去看，马路上静肃肃的，没有电车汽车，行人也很少，可是并未戒严。行至富民路口，遇见送报的，交给我一份《新闻报》，说《大公报》尚未出版，报上的大题目便是“上海今晨解放”，兹将本日的新闻剪下来以作上海解放的纪念……下午我和忱及旻昂景诸儿到街上闲游顺便访张静吾。我们由襄阳路走到林森路便看见解放军站岗，身穿黄绿色军服军帽肩负着带刺刀的长枪，在马路右面有排着队走的队伍，帽子不一律，没有步伐，可是走的(得)很快，目不斜视，街上没有电车汽车行驶，只有许多人都站着看，面带笑容，外国人看了，似乎也很惊奇，随后又来了一队送饭的，有的担着，有的抬着，行人慰劳他们的东西，他们不要，他们只吃他们自己做的，商店大都关着门，只留下小小的窗卖东西，墙壁上贴着各种标语，街上又横悬着欢迎人民解放军的标语，解放军也有连日作战过于疲劳的，在行人道避(僻)静处睡觉的。张静吾全家都在家，同时又遇见梁之君(彦)，谈到六时许又由原道回家。对于解放军一般人都认为纪律太好了。

五月二十六日 星期四 晴热

上海尚未全部解放，现在所解放的只限于苏州河南全部，河北溃退的国民党军仍在顽抗，外白渡桥、四川路桥、河南路桥、老闸路桥等处仍有敌军。仓惶退到苏州河以北的敌军，还有四川北路一带强占民房，晚上到处敲门。从外滩向东北望，看见熊熊的火光，可能是杨树浦对岸的大油库被烧。首次进入市区的解放军是陈毅的第27军。国民党头子离沪前扣留了不少飞机师……本市国民党军临走前炸毁轮船十余艘，毛森临走(前)下令枪杀九个学生。国民党市政府市长陈良已经在前晚逃跑了，市警察局暂时由徐旭处理局务。本市人民团体自动维持治安……本日下午张舅母同两位同乡曹元勋、张永诚、刘全忍来家，张妗子送猪肉二斤。

五月二十七日 星期五 雨

经过昨夜人民解放军的努力，已将苏州河以北的敌军击溃，现已占领全上海。今天收学校发五千九百二十万元金圆券。今早十时许电昆报告全家安好，电费在十字以内者银元一元，在二十字以内者二元，在三十字以内者三元。在此过渡时期，金圆券已不用，而人民券则尚未通行。

五月二十八日 星期六 阴

上午因事乘二路电车至中美医院找杨述祖，在中美医院午餐。二时许步行归家，行至陕西南路与长乐路转弯处，忽闻在右边楼上有人高声叫李先生，我转过头去看，认识是李松年，于是进蒲园至门首，李先生与其夫人刘桂德同下楼引入室内，同时遇陕西孙先生，谈话之间得悉西安情形。

五月二十九日 星期日 阴

上午王培仁乘京沪首次由京开沪的火车来到上海……今日上海战事全部结束，上海成立人民军事管制会……开始接收上海市政府，从六月五日起上海市停止金圆券流通。

五月三十日 星期一 阴雨

早至学校接赋萧托转王培仁电，下午培仁来已将电报转交，同时李松年夫妇及河大同学郑承钧来访，郑同学托找事，但无希望。学校催点器材，命院产保管委会从速造册。今日写信给董院长及王培信……军管会接管资源委会在沪机构，浙沪警备部成立，宋时轮任司令员。新邮票今天发行，平信本埠15元，外埠30元。

五月三十一号 星期二 阴雨

今日接开封国际和平三分院许鸿彬函云开封平静如平……今日医学院同学通知，学联通知自治会前后期各派教授一人，明天下午一时参加解放后第一届五卅(纪念会)，陈毅演讲。今日河南产校学生张学莹小姐持杨锦英函由苏州来上海购产科模型。

六月一日 星期三 阴凉

今日上海市学生联合会、上海市教育协会、中国技术协会联合发起的上海市各界青年纪念五卅代表大会定于本日下午一时在交通大学新文治堂开会，同济共领到二十张入场券，同济医学院前期部参加的学生有吴滋霖、南登崑、姚民定、汪无功、黄显堉等五人，京以教授身份被选参加。今天是五月端阳节，家中预备便饭请培仁、意灵、意明等参加聚餐，我因为要参加开会，所以不能陪他们，午后一时许余乘电车至交大新文治堂，候至二时许始得入堂，堂外戒备森严，堂内挂着向毛主席、朱总司令致敬的横额，主席台前挂了全上海青年团结起来的字样，台上并立毛主席朱总司令的大幅巨像。在未开会时青年们已在开始唱着《你是灯塔》等歌曲。陈毅市长于二时许到达会场，全场热烈掌声和乐声的欢迎中，陈毅市长脱帽向青年们招呼走上了主席台。参加的团体有市总工会筹备会刘长胜、上海区国立专科以上学校教授联谊会陈望道、人民解放军青年战士魏来国、新民主主义青年团李昌等，他们很愉快的(地)唱《东方红》《解放进行曲》《打得好》等歌曲。学联、技联、教协献锦旗两面。陈市长讲话的要点有三：

一肃清反动，二建立革命秩序，三加紧生产；最后提出五要：一要大方，二要整齐，三要能忍耐，四要朴素，五要……

六月四日 星期六 晴热

……上海解放后，各方面积极组织各业联会，除学联而外，各种职业都成立联会，今天报载青岛解放了，国民党军登船南逃，美军已于上月底撤离……昨晚在中美医院开院务及教授联席会议研究本院今后的工作计划及同济校址问题，因梁院长陪共党人员参观医院，主席由陈任(同济医院眼科主任)代理，闭会在工人食堂晚餐。

六月九日 星期四 晴热

这几天昆昆仍无信，其他各处亦无信。上海除报上看见各种联合成的组织成立而外，表现人民政府处处尊重民意。人民(解放)军进入上海后，军事政治以及外交都算是成功了，就是对于经济尚无对策，所以一般银牛以及投机分子受隐匿在上海的蒋特工作者在地下的煽动，大大的(地)活动，使上海金融紊乱，人民政府已着(手)打(击)整理了。今天报载人民政府发动大学生动员大规模宣传，同济前期部学生开会讨论取缔银牛，稳定金融，同时讨论如何出去宣传……学生出去宣传，想于星期六停课，我很赞成。从本月六日余已开始上课，昨日王培仁已离沪回西安接赋萧。前日送忱至中美医院检查，由杨宜弟(武忠弼讲师未婚妻)领导检查后参观临产室。(该院医师刘新华)。今日河大同学吴仙蓉及刘素兰来访。吴在海宁路778号浙绍医院王同观(妇产科教授)处工作。

六月十三号 星期一 阴凉

这几天上海的学生发动二万余人与工友分头在各区演说，为一般市民解说银牛的可恨，劝大家不要用银元。有银元的人都送到银行兑换，一元兑一千二百元。经过这几天的宣传，与政府检查，金银投机分子遭受打击，物价昨日普遍下落。人民政府除即将举办折实存款和广泛组织合作社外，对重要物资的配售亦将同时办理，以吸收通货，稳定物价。二马路证券大楼非法经营银元的投机分子的检查工作昨天告一个段落，嫌疑较重的有小广东周汉卿等二百多人，已于昨天上午十一时送往看守所寄(羁)押，听候核办……下午李松年夫妇来访谈及西安房子事。

六月十四号 星期二 阴

上午九时半上海军事委员会请上海各大学教授在戈登路美琪大戏院看《人民东北》

及解放军入北平仪式，得到许多新认识。归家后张惠生送来维持费人民券四千元……

六月十五日 星期三 阴雨 凉

……渭河以南胡匪一个军大部被歼灭，泾渭河谷马匪部被杀伤二千余。中国人民解放军军徽及军旗样式确定。

今日上海开始办理折实储蓄，以米一升、布一尺、油一两、煤一斤标准价合为一单位，昨天单位价302.3，存提都以当天单位价付人民币。美帝继续援匪进行内战活动。招商局江安轮昨天下午六时自汉口开到上海，这是解放后从汉口开沪的第一艘轮船。

六月十七号 星期五 晴

……下午解剖脊髓及脑示教。今日下课接郑效文函云南京市立医院及铁路医院均需要医师，如毓琛(即雪忱，或者忱)能去，至为欢迎，又云杨院长(杨培森，时任京沪铁路医院院长)拟来沪接收沪杭铁路医院，如毓琛能在该院做事更较方便，毓琛已去信愿在沪工作，早阎仲彝与阎毓亭同来访谈至十时，余因上课先辞别去善钟路。

六月十八日

上午七时二十五分钟忱在中美医院生一男孩，由刘医师用钳子取出来的，侯先生在侧，母子均健。下午寄克勤信报告忱生子等……上海解放后《申报》和《新闻报》都停刊了，唯独《大公报》还仍存在着，她曾于六月十七日发表宣言，承认以往的错误而勉励将来……这几天上海有几件事值得记录：(一)上海军政大学招考三百学生，已开起(始)报名，菊菊也想参加了；(二)上海学联号召学生参加革命工作；(三)政府号召万人以上参加南下工作，各校代表返校展开动员；(四)今日各校学生及各医院护士数千人为上海市民打防疫针……同济不日即办理接交手续，同济的讲助教联会将发行解放特刊，其中有我写给特刊的一篇文章……

六月二十日 星期一 晴热

忱于生产后身体健康，伤口无变化，食欲甚佳，孩子重七磅，看起来还不能看出像谁……下午克勤回来了，他说二十八号河大迁回开封……今天学校放假，医学院全体学生出外打防疫针。至校接王嫂、章甫(鲁章甫，河南大学医学院教授)、夏一图(河南大学医学院教授)、王好礼及王培信函。王嫂报告开封房子尚完整，月出二十二斤面勉强够维持，章甫劝我们回河大。王培信说江苏医学院妇产科接洽的有人，等那人不来再说。今天在北平成立了新政治协商会议筹备会，参加的团体及党共有四五十个单位，选出毛泽东、朱德、李济琛等21人为常务委员……近日敌机不断来沪轰炸扫射。

六月二十五日 星期六 阴雨 凉

近日接静吾由苏州来函，云月底将随河大回汴，医学稿子将于《大公报》登出……今日早晨七时许与同仁由善钟路乘中美医院车至工学院参加同济大学接管庆祝会，在大礼堂举行。九时半开会，人民政府方面来的有军管会特派员，有卫生处处长等。先由夏校长讲话，叙说同济历史及近况，后相继由政府局方来人讲话，最后由同济教授代表、讲助代表及学生代表讲话，由主席呼口号散会。接管特派员说今后同济的校长仍为夏校长，各院院长以不动为原则。闭会后领饭票吃午饭，每人发一碟一双筷，盛一勺菜，一勺米(饭)，味尚可。开会前每人发一红星，用针别在胸前。饭后仍乘中美医院车至中美医院看忱及孩子……四时与李嫂乘三轮车回家。今日寄张静吾及克勤信……近穗匪帮往台湾及四川逃命。沪平筹备通车，七月上旬可实现。华东军政大学第一批今起考试，昨日菊菊来云，今日将参加考试，菊菊换上了蓝竹布旗袍，口红也不涂了。

六月二十八日 星期二 阴雨

26号忱由医院搬回家，时天大雨。27号晚王同观夫妇来访，王先生住爱文义路1220弄一号八室，电话号32569。28号同济院产点交委会清点各部，同学生出动清查，当日完毕。十二时许张静吾先生来沪云明日即回汴……寄静吾信已收到。

七月一日 星期五 晴热

今天是共产党二十八年成立纪念日，今日下午学生工友教职员开会讨论七七纪念日如何参加上海纪念大会游行，大家推举代表筹备。捐中美医院津贴一月以作筹备之用。今日邢文爍(留学德国哥廷根大学同学)来院云曾推荐余为国防医学院解剖学教授，余因同济不能辞职未能接受。

昨日及今日连接松江陈姻伯桂生老先生及武昌董克恩先生信……

七月四日 星期二(笔误，星期一) 阴雨

上午给昆在愚园路人民银行汇人民券一万二千元，并至庆云里访严敬斋(严庄，国民党资深人士)。晚八时与学生至闸北新浦路看《白毛女》，这是共党解放乡民的戏剧。

七月五日 星期二 阴

晚同学在院园开晚会请共党施复亮[①](住林森中路一二八五弄六九号三楼)讲演，内容是东北见闻与解放后的观感，但因雨会未圆满结束。

七月六日 星期三 阴

今日同济同学因纪念七七配合全上海各集团在大街游行，观众及游行行列人数甚多，胜(盛)极一时。七月一日由北车站出发之北上火车于五十四小时（后）抵北，现已平安返沪，值得纪念。今日上海大专教职员联合会成立，同时举行庆祝解放大会。在大会上陈市长毅演讲，号召大家认真学习毛泽东思想。

七月七日 星期四 阴雨

今日是七七纪念日……学校及公共场所及商店均放假一天。

七月十日 星期日

同济开始放假，今日上午访张舅母未遇，归途访李松年……小儿健康，比较大了。

七月十六日 星期六 晴热

这几天一切很沉闷，战事仍停顿无进展，但物价渐渐上涨，尤以米价为甚，最近已由三万涨到五万……前天菊菊由松江来沪，预备于二十五号去苏州上学。晚在中美医院开会，讨论教授分组学习共产主义事，结果组织了三组，两组在善钟路，一组在中美医院，各组推荐组长一人召集学习……

七月二十日 星期三 晴热(90度)

……昨接克勤信云已抵汴，但因河大工学院迁回后无法安插，想仍南来另考学校……昨日人民解放军于陕境内解放宝鸡，歼灭胡匪马匪四个军。湖北境内解放宜昌、沙市等城市，并大军向湖南境内推进……铁路近讯：(一)平绥路大同间铁桥已修复。(二)从上海到太原已通车。

七月二十二号 星期五 晴热(95度)

沈文光辞职准备南下，昨日下午倾盆大雨，予等由留园乘汽车至北四川路同济本部参加校务座谈会讨论下学期如何开学，夏校长提出许多问题，与军管会特派

①有误。施复亮(1899～1970)，原名施存统。1922年在中国社会主义青年团第一次全国代表大会当选为团中央书记。抗战胜利后，参加筹建中国民主建国会，当选中央常务理事。1949年，参加筹备并出席中国人民政治协商会议第一届全体会议。

员共同研究：(一)同济先修班是否继续存在，结果德文在各学院一、二、三年级学习，先修班取消。(二)同济附中由本年起停止招生。(三)附机应当直属大学，并增加设备扩充校舍。

七月二十三日 星期六 晴热

今日寄大姊及克勤信，如河大上学有办法可不必来沪……下午中国人民解放军华东军区人民学院学(原稿如此)汤肇虞来访，交涉借解剖图事，汤先生住上海市(30)翔殷路2号。今日大公报公布上海市人民政府征收地价税暂行办法，兹剪贴该布告于下以作参考：

……

湘北我军浩荡挺进，浏阳平江相继解放，大军越过金井直趋长沙，鄂南公安、枝江、长阳亦告光复。

七月二十六日 星期二 晴热

昨日下午七时，同济医学院前期部在善钟路操场凉亭开会慰劳解放军，出席有教授、学生、员工及人民解放军，予因风雨未去参加。本日夜十二时许，忽大风雨将余等由梦中惊醒，风愈吹愈大，门窗振动，树木倾倒，隔壁木屋房顶被揭去，直至次日早稍见平息。八时许，予与旻去学校，行至弄口见街上水深数尺，行人断绝，予等乃复回家。

七月二十九日 星期五 晴凉

今日寄菊菊信，勉其安心读书，菊菊日前来信云已随军大学生抵无锡，初至该地住无锡竞志女中……同时接前河大同学张清源(李赋京注：鲁协张恺)及张仲洁由南京来函云去年六月离河大，十二月又回开封学习，后又调京工作，现在军大，不久又调回二野医科大学工作……李宝实(耳鼻喉科教授)来函介绍本校毕业生李立咸作(做)助教……今日上海市多处之水已全退，予等不用涉水去学校了，下午与忱同至虬江路铁路医院访该院院长杨培森接洽毓琛就业事，据云能于院外找房子，安插家眷，如此孩子的问题可以解决。归途中遇姜林相着人民解放军衣，见面不认识了，相在南京600号卫生部工作。

七月三十一日 星期日 晴热

今日收昆儿七月二十日函云第一次汇款已收到。近日来上海各方面极力宣传劳军，并宣传下乡生产。据报载广州蒋政府派特务深夜入中山大学捉人洗劫财物，中山大学学生教师百余人被捕。近来海口被封锁影响我们上海的产业颇大……昨日大众及文化界大集会纪念人民教育家陶行知，要学习陶行知的精神……

八月一日 星期一 晴凉

今日上午八时许，赴国际大戏院参加听讲国际形势。后至北四川路同济校本部参加校务会议。今日所开的会是人民政府同济的首次会议。今日人民政府在八月一日人民解放军诞生纪念日发表上海七国立院校人事，从(重)新组织人民的院校，今天出席同济首次人民同济校务会议的有军事代表杨西光，新校长夏坚白，教务主任刘先志，文法学院院长郭绍虞，工学院院长李国豪，医学院院长唐哲、薛德焴，秘书长杨烈及其他校务委员刘笃、汤胜汉、梁之彦及学生代表曾昭耆等。在这会上杨代表说：从今天起同济已成为人民的同济，他和蒋政权下的同济不同的地方就是人民同济的校务委员都是由学生、教职员中推选出来的而不是由校长派的。会开到十二时许吃饭，饭后又持续开到五时许始散会……近日华中大军又续克常德、醴陵等七城。晚过教授送来施德复(奥国领事)请帖，留德奥同学于八月三日午后五时在林森路1469号(近善钟路)举行鸡尾酒会，届时参加。同济的联络员是郑简。

八月二日 星期二 晴热

今日早九时，梁之彦、唐哲新旧院长在李赋京、刘联络员及曾昭耆监交下进行移交……

八月三号 星期三 晴热

今早在北四川路校本部开校务会。一、通过国立同济大学组织大纲草案。二、决定各院系主任及各科主任：a.医学院院长唐哲，前期主任沈尚德，后期章元瑾，解剖馆李赋京，生理馆司徒博，生化梁之彦，内科王宝楹，细菌杜公振，公共卫生林竞成。b.工学院院长李国豪，机械系陆振国，电机系黄席椿，造船系杨槱，土木系李国豪，测量系叶雪安，实习工厂郑兆益，高职朱振德。c.理学院：化学系曾石虞，物理系王福山，数学系程其襄，动物系薛德焴，植物系陈邦杰。d.文法学院：法律系司法组刘笃，行政法学系范扬，中文系郭绍虞，历史系吴泽，德文陈铨，哲学系熊伟。e.附中晏华璋，护士学校(保留)。下午奥公使馆鸡尾酒未去参加。

八月四日 星期四 晴热

今日开始《大公报》改《解放日报》。全市军民异常愤慨，纷纷控诉英舰紫石英号暴行……从今日起关内八大铁路畅通……今早乘电车去北四川路海宁路国际戏院听范长江讲国内形势。昨日飞机炸毁江南造船厂，损失严重，难以恢复。

八月六日 星期六 晴热

今日开校务会予照常出席，通过校章，并检讨各院教讲助人事，先由工学院起。程潜将军率部起义，我军前日解放长沙，西北我军猛追逃敌，解放秦安、庄浪两城。

八月八日(七月十四日) 立秋

这几天无大变化，昂昂考取上中，旻旻考取南洋模范。暑假学习会仍继续进行，八月八日讲知识分子问题，八月十一日讲新人生观，同时在下午七时半由梁之彦博士领导讨论……今早王凤振来访，谈及北方最近情形，乡村很苦。在军事时期，谈不到建设。在南京遇杨钟健。孩子按裘太太(裘法祖教授夫人裘罗懿)介绍人工营养法，成绩很好，较前一天大了，已知注意环境，且能发音作笑，我们给他起名叫昊。数日来人民解放军解放长沙及湘潭、安化、宁乡，赣南攻克兴国县城……

八月十八日 星期四 晴凉

校务委会商讨人员升级问 题……东北因事多人少，极须(需)大批科学家和教育家以及工程师，技术人才，故上海科学工作者团体联合会及高教处联名恳请出席参与筹划共商动员选择，余因事耽误未去……昨日下午军委会卫生部工作人员来院参观各部门，余领导参观解剖学馆……昨日解放会川、莲花二城。

八月十九日 星期五 晴热

今日解放福州，下午四时发起教授座谈会，推王凤振、王公振、章元瑾(同济医院医生)、沈尚德及××等五人为委员……

八月二十日 星期六 晴热

大专职教暑期学习会今日总结并举行联欢，大会上：(1)由主席周予同致辞。(2)陈市长讲话。(3)高教处处长讲话。(4)暑期学习工作委员会刘佛年总结报告。(5)最后电影《红场大检阅》……今日寄克勤转静吾信及杨铭鼎信。

八月二十三日 星期二 阴凉

昨日下午4：00上海卫生局在八仙桥青年会召开医药卫生界座谈会，我按时参加，在会场遇到邢文爔(留学德国哥廷根大学时的同学)及前武功农学院兽医组主任吴信法及崔迈农……吴任上海市立第一宰牲场场长，崔任第二宰牲场场长。计到军委会卫生部副部长姜齐贤、二野卫生部齐仲桓部长、四野卫生部部长张汝光等以及本市卫生局局长崔义田，上海医药卫生界等四十余单位代表三百余人。陈市长亲临致辞，他指出科学与政治的关系，指出科学若为希特勒掌握使用就奴虐全世界，如为蒋介石掌握就用之打内战，屠杀中国人民，若为苏联所握，则造福于世界人类……科学家应认识到这一点，大家要提高政治觉悟，学习毛泽东思想，彻底全心全意为人民服务。十一时散会，与唐哲乘三轮车回家……收松江糯米，菊菊信云已随校迁南京……铁路医院电话通知毓琛任职令已下，当日即去报到……

八月二十七日 星期六 晴凉

昨日上午邢子冶(身份不明)来校同访唐院长，介绍药理馆江助教，参观同济药理馆。下午与忱赴铁路医院拜访该院五官科主任医师毓琛保定同学崔荣第先生，在五官科坐(座)谈，后随崔先生及该院事务员参观配给的房子……后忽发警报，遂与崔先生夫妇等至院中防空壕躲避……今日上午，北四川路校本部开校务会议，十二时回家……

八月二十八日 星期日 晴凉

今日报载二十六日已解放兰州及攻克兰州西南永靖。上海大批外国人登记要回国……

八月三十一日 星期三 晴热

……昨日上午在校本部开校务委会，商讨教师薪级审核规程。今日借解剖馆经费二万元，于下午送忱、昊及李嫂至铁路医院宿舍祥麟里东街(虬江路1111弄)17号二楼……今日折储牌价升至八一三元，物价又续涨。最近解放长山列岛，是华北华东反封锁的伟大胜利。

九月一日 星期四 晴热

……昨夜不慎未关门致手表被盗，可惜，穷教授不知何日方能再买……

九月三日 晴凉 星期六

昨日上午由校归，适大姊由松江来沪，较前瘦多了……大姊述松江解放后的情形，甚详。解放军在乡下催粮甚紧，农人无力负担，特至城中向地主索取，地主逃避，大姊房东隐沪不见，军管会向大姊要房捐，否则被逐不许居住，逼不得已来沪寻房东回松亲自交涉……今早因陪大姊未参加校务会。下午忱回家知表被窃发脾气，大姊在旁笑说滑稽……军管会以同济文法学院学生人数过少，决定并入复旦大学，原有教职员将由高教处分别予以适当处理。暨南大学解体，其各院系并入其他学校。今日各报发表上海市国立专科以上学校统一招生笔试录取揭晓，晟晟名列备取，员彭年名列医学院正取生，可贺。

九月四日 星期日 晴热

早九时许至祥麟里东街看雪忱，午饭后乘五路电车至湖北路及大马路购物……晚饭后与景回家，中途在15路公共汽车上遇徐墨耕(国立河南大学化学系教授)……人民解放军两广纵队已誓师南下解放两广，现已与华南游击队会师。这几天各处庆祝第三十五届国际青年节。

九月五号 星期一 晴凉

今早八时至校，为二年级内脏学不及格之学生张婉英、何善述二女生补考，十时完毕后，与新到助教周开渠、马孝义及李立咸至唐院长处交涉宿舍及工作室。由唐先生处出来遇梁之彦，至王凤振处闲谈，十二时许回家……今日报载台盟驻平办事处正式办公，谢雪红任主席，谢雪红发表声明痛斥美帝侵台阴谋。世界青年大会会议我代表萧华任主席，蒙古、希腊及朝鲜代表均发言。我们因为要一边倒，所以极力与苏联联络、团结，加强友好，并进一步巩固中苏友谊。上海六百万人民希望中苏友协沪分会筹委会成立，在发起人大会上饶漱石讲话，特别声明我们要一边倒。

九月八日 星期四 晴热

六号那天下午医学院开院务会议讨论几个学生补考问题。

九月七号 星期三

早晨开校务会议，讨论新聘教授加薪使(事),后代表来，说将来早则一学期，迟则一年半不定，要给同济找大房子作永久校址，所以现在希望不要动。文法学院并入复旦后，文法学院的房子让给革命大学，同济忍耐一时。散会后已一时许，晚又参加医前期召集庆祝国际青年节及欢迎南汇、川沙下乡工作同学返校及新生院同学来校晚会，学生代表叫我以教授代表名义讲话，予以青年为题向在场的全体学生广播……

九月八日(星期四)

早至学校，前中央大学医学院化验室化验员邢丕祯来访，现住在宝山路宝山里67号龚祖群先生处。今接昆八月二十七日信及隼叔七月二十九日信云信已收到，得悉毓琛生子可喜，目下正在努力作黄河有系统的著述。今日折存牌价为835元。

七日电，人民解放军于五日中午解放青海省会西宁城。七日电，台湾高雄港于八月二十三日发生军火爆炸事件，国民党载运军火的商轮“众利号”被炸沉没，毁军火九百八十吨。重庆三日电，重庆陕西街朝天门中正路一带发生大火，烧毁房屋在万幢左右，居民无家可归。晚孙毓华由南京来访谈至十时许辞去。

……

九月九日 星期五 晴热

今天上午至学校与沈尚德及王凤振教授开坐(座)谈会，商讨下学期课程事宜，至十二时散会。

……下午三时许，与昂至忱处同访崔大夫……晚接侯宗濂先生(教授，时任国立西北医学院院长)电报，拟聘京任教国立西北医学院，盼速返陕，电复。

九月十一日 星期日

早七时许，昂离家搬至学校。上午沈尚德、王凤振来家说××二(两)助教又不愿走了，托他们说情仍想回来……旻由学校回来说今年学费可免去一半，这样，这几天的家用就不成问题了……晚接昆八月五日信及菊菊九月八日信报告军校最近情形……

九月十二日 星期一 晴热

上午开校务会议， 事前×××、×××二(两)位助教来辞职，说已接南京的事，这种不忠实的行为确使我生气，但我决不留他们，让他们去吧，将来不能再回来。在校务会上已将此种行为报告给唐院长告叶尚恩，他们都说不对。下午在家未去学校，即写信给克勤叫王嫂速来，同时给侯宗濂说暂时因已接同济聘不能回来，若寒假路通可能回来，一切面谈吧……

九月十四日 星期三 晴热

上午开校务会议……今年国立大专亦应缴学费，其标准不超过二万六千元，可是许多学生还嫌太多。(1)接中国动物学会函，约于本月十八日(星期日)上午九时在岳阳路320号中央研究院三楼会议室开上海会员大会商讨重要会务。(2)又接医学院通告，于九月十五日(星期四)下午二时在中美医院C3楼开第二次院务会议。(3)翟立林、周彭年及贺祖耀等454人发起为郑太朴治丧，订于本月18日上午8时30分在上海永嘉路太原路口中华工商专科学校参加郑太朴先生治丧委员会，商讨一切……

葛昌琳[1]日记[2](1949)

葛贤镄 葛贤键 整理

戊子年

一月六日　星期四 晴 三十四度

源嫂来信，谓回盐时船过龙华遇盗，衣服被劫一空。可称不幸。

打扫客室。

一月八日　星期六 晴 三十七度

范海璧来，吃茶。

源嫂自盐回来，云：盗劫衣物损失不大，被抢去大衣一件、皮袍一件，钱钞未抢去；伯远现独居祠堂中。

收拾小书房。

一月二十二日　星期六 晴 五十二度

长儿往“中西小学”考试。

送二表妹红烧肉、蛋一大碗，令长儿和昭媛送去。

送冯大嫂红烧肉、蛋一大碗，年糕一杭篮，令唐妈送去。

蒋介石退休，飞奉化，由李宗仁代大总统职。

一月二十四日　星期一 阴 五十度

下午，到“老大房”买糖果，用去一千四百元。

二月二十五日　星期五 雨 四十九度

“新经济方案”公布，黄金、白银可自由买卖；发行银元。

四月十六日　星期六 晴 六十度

唐妈、昭媛自乡出来，云乡间兵队很

---

①葛昌琳，1904.1.19~2002.1.9，家庭主妇。
②日记中温度如非特别说明，系指华氏温度。

多，米每石六十万元。送我鸡蛋五十枚。给其银元一枚(大头)。

四月十八日　星期一 晴 五十七度

源嫂来，吃晚饭后而去。

小菜价又涨一倍，猪肉每斤十万元；鸡蛋每只六千元。

四月十九日　星期二 晴 六十三度

晨，赴菜场售去“孙头”银元一枚，得价十六万元；买菜用去廿三万元，可吃两天。

四月二十二日　星期五 雨 六十六度

买米一石，银元七枚半(合三百六十万元)。(共军)镇江、江阴等处登陆，物价飞涨，鸡蛋每只一万二千(元)、肉每斤二十万元、面包每只四万元。

四月二十三日　星期六 晴 六十六度

孳宝来，拿去所寄物两包裹。

孙逵方夫妇来。

南京情形不明。

四月二十四日　星期日 雨 六十七度

范海璧来，吃茶点；渠将离沪赴福州，年送其紫晶印盒一只作为纪念。

劲弟寄存衣箱两只、磁(瓷)器一蒲包。

马路上搬家者很多。

四月二十八日　星期四(朔) 晴 六十五度

晨，去买菜，售去“孙头”一枚，得一百万元；买菜一百〇五万元。

焴宝后天结婚，送其银香烟盘一只、意大利石人一座；得回使一百万元，即分给三仆。闻刘宅已驻兵，有四百多名，纪律尚好。

四月三十日　星期六 雨 五十九度

焴宝结婚，因时局紧张提早举行，男、女家都在家里。新娘穿旗袍。宾客稀少。用茶点。龙和长到朱宅去观礼，我和年先回家。刘宅驻了不少兵。璆姊精神尚好。

五月八日　星期日 晴 七十三度

下午，和龙到东新桥买绒线二磅，每磅银元一元五角。见沿路均是地摊，有卖套鞋、钢精锅子、被面、洋伞等等，都系厂家发不出工资，以出品发给工人，工人设摊求售，一路人山人海，拥挤不堪，即乘电车返。长儿和年去散步。

孙氏合家来。

五月十二日　星期四(望) 晴 七十度

龙去学缝衣。

闻炮声。

五月十三日　星期五 晴 六十九度

晨去买菜，忽黑云密布似有阵雨，行人急走，菜场浑(混)乱；后云过未雨，乃得从容回来。

源嫂来，收拾壁橱，饭后而去。

竟日闻炮声隆隆。

五月十六日　星期一 雨 六十五度

和龙到刘宅带回箱子一只。

同孚路摆满摊头，价很便宜，买大化呢八尺，价一元；锅子一只，亦一元。

炮声渐希(稀)。巷中驻兵。

五月十七日　星期二 晴 六十五度

送璆姊蛋糕二大块，叫二宝来拿去。

炮声又密。

孙姑奶合家飞港。

五月十八日　星期三 晴 七十一度

嘉根搬来寄存书数小箱。

孙姑奶奶给龙手提袋一只、香粉三匣；给老太爷“来路”汀头八罐、风扇一只。

炮声无。

五月二十一日　星期六(小满)晴 六十七度

长热退尽，起来在房中玩；大便通畅，胃口甚好。

小菜大涨，猪肉每斤三千万元，蔬菜每斤一百万元。

傍晚，闻西南角上炸弹声甚密。

龙往刘宅。

五月二十二日　星期日 雨 七十度

清晨，炮声震耳，窗门振动；后悉战事在高昌庙。

五月二十三日　星期一 雨 六十七度

下午，和龙往亚尔培(路)一带看摊头，走到金神父路而返。一路行人拥挤，摊头林立，日用百货各色具(俱)全，价虽便宜但购者不多。

五月二十四日　星期二 晴

下午，二时源嫂来电话，云“中西小学”令家长去接回学生，因局势有变。适年饭后在家未去，即由他去接。后二表妹亦来电话，当告其已去接。我往“青岛商店”买牛肉一磅，备明日饭菜之用；见一路店铺均已闭门；回到家里，年和长亦即回来。

闻解放军已过林肯路。

五月二十五日　星期三 晴

晨，一时梦醒闻远处枪炮声甚密；二时有信号，枪声、枪炮声渐近；至三时机关枪声已在巷口，时年亦起来，长儿亦惊醒，机关枪声有十分钟方渐渐向东而去；悉解放军已攻入市区，展开巷战矣。天明后打电话至书征、培余处，悉该两处亦解放。下午，和龙到巷口去观看，各处铁门紧闭，行人稀少，路上有解放军站岗，墙上贴满标语，巷口铁门上有弹痕，警局门上有刺刀痕，门前有解放军站岗。午饭时已不闻枪声。

汪志卿揩其妻来避难，悉新闸路、大通路一学校内尚有国军拒不投降，双方开火。乃打电话致三哥，询其距离该处远否？并邀其来住；渠即揩三嫂及小秝、小毛来，留其住在楼下客室。

五月二十六日　星期四 雨 七十一度

苏州河以北乃有巷战，三哥一家再住一天。

晨，赴菜场买菜，蔬菜已很多，鸡、鱼肉类尚少，价仍贵；买了三元。

五月二十七日　星期五 雨 七十度

全沪战火熄灭，商店开业。

三哥一家上午回去。

五月二十八日　星期六(朔) 雨 六十五度

晨，去买菜，价仍贵，蛋每元十六个，肉每元一斤六两。

源嫂来，饭后而去。

五月二十九日　星期日 雨 六十七度

年赴行办公，“新华银行”因有官股，现由军管理。

五月三十日　星期一 雨 六十六度

上午，和龙出去买发粉四汀、香草水三瓶，费二元。物价均已回涨，尤以“美货”为甚。

秀如父子来收拾车间，姑奶奶有杂物寄放。

六月二十日　星期一 晴 七十五度

年放假。午后二时有飞机来炸，骇得心跳不止，夜不安眠。

六月二十一日　星期二 晴 七十八度

上午，送长儿往校，回到家中又闻飞机声及高射炮声；至九时去买菜，回到家中飞机二次又来，高射炮声大作，骇得四肢无力。

源嫂来，她亦骇得走不动。

六月二十九日　星期三　雨　七十五度

长儿腹泻，有热五分，服“消困锭”四片。

培余、孳宝来，因青海路屋顶架高射炮，璆姊拟来我家暂避；当告其有老太爷在，吃饭不大方便。

飞机又来轰炸，闻闸北铁路附近死伤多人；静安寺公墓落一炸弹，炸开墓穴四处，未伤人。

六月三十日　星期四　雨　七十四度

璆姊上午来，吃中饭、吃点心，五时而去。一天飞机不来，很安静。

长儿痊愈。

七月二日　星期六　雨　七十五度

长和年去理发。

飞机又来炸沪西，声音很远。

七月三日　星期日(上弦)　晴　八十三度

晨，去买菜化(花)了三千七百元，鸡一只，价二千六百元。回来又闻飞机声、高射炮声，骇得急忙跑回家。午饭时飞机二次来炸，闻炸声在东南角。声很远。

虞宽裕送来乳腐一大甏。

七月五日　星期二　雨　八十三度

璆姊和南宝上午来，六时去。

“商务”请陈叔通，在我寓。

七月六日　星期三　晴　七十七度

下午，军民大游行，我和年及龙、长冒雨往巷口观看；六时经过巷口有军队数万，各种工人、学生，因雨大未看完即回来。

七月七日　星期四(小暑)　雨　七十三度

璆姊来，午饭后而去。

耀飞、眉轩等来看老太爷，因平湖征粮事。

买鸡一只，二千二百元。

八月二十八日　星期日　晴　八十度

管妹回门，在“新华”一处楼上设宴请媒人，我和年作陪；鱼翅席价四万元。

三哥来，玉官免职事渠已知悉，看他气闷，为之劝解一番。

九月五日　星期一　晴　八十四度

颜小姐补课结束，送其修敬三万元，条子绸衣料一件。

老太爷去照X光，因心脏扩大；照后悉

心脏无病，惟大血管硬化，无大妨(碍)惹，

明日决北上，年随去。

九月六日　星期二 晴 八十三度

提要：闰七月十四日

北京“新华银行”前门外廊房头条八号，张超一先生留交。

长儿开学。

老太爷和年动身往北京参加“新政协”开会，四时半往“百老汇”大厦集中，然后往北站，六点半开车，明晨可到南京。我清晨五时即醒，早饭后送长儿上学，回来往“新华”一处。下午，和龙乘汽车再往“新华”一处。三哥、杨树勋、徐赓起来送行。一天忙碌。

九月八日　星期四(白露) 雨 八十五度

晚，七时收到电报，悉老太爷和年已安抵北京。

陪大姐去照X光，费五千元；照出右肺发炎。路遇大雨，衣履尽湿。

九月十二日　星期一 晴 八十三度

收到年第一号信。

九月十七日　星期六 雨 九十度

寄第三号信。

天气大热，半夜有大阵雨；屋顶上小猫四只被水冲下。

九月十九日　星期一 晴 七十五度

寄老太爷衣包一个，托“商务”寄至北平分馆转交。

晨，送长往学校；后去看二表妹，邀其来住几天，她允来小住。

九月二十日　星期二 雨 七十四度

赴金问淇处通小便。

璎姊来，六时去，

收到老太爷致龙信。

九月二十一日　星期三 晴 七十五度

上午，和龙往“中纺公司”买布，用去三万余元。

朱怡(颐)云来，住一宿即去。

北平政协开会，晚上八时听毛主席广播，老太爷列名在主席团。

九月二十二日　星期四(朔) 晴 七十五度

璎姊上午来，饭后即去。

收到年第四号来信。

九月二十三日　星期五(秋分)

晴 七十七度

收到年第五号信；寄第四号信。

九月二十四日　星期六 晴 七十八度

收到年第六号信。

《解放日报》来要老太爷的照片，当即检出寄去。

十月一日　星期六 雨 七十三度

璆姊来，吃中饭。

北京，中华人民共和国政府成立，老太爷列名政治协商会议主席团。

十月七日　星期五(望) 晴 七十一度

收到第十一号信。

高妈往“南屏学校”，明天动身赴京。

十月八日　星期六(寒露) 晴 七十二度

全市庆祝政府成立大游行，我和龙、长及昌权在巷口看；从下午二时半看到七时，只看了一半；晚饭后觉得很累，即未去看；半夜三时尚闻唱歌声、口号声，队伍不知在何时走完。

收到第十号信。

十月十五日　星期六(下弦)
晴 六十五度

昌权、昌杶同住此，昌杶考取“唐山交通大学”。

南市及外滩一带多处被炸，死伤二百余人。

收到第十四号信。

十月十九日　星期三 晴 六十七度

收到第十五号信，悉老太爷和年十九日动身，廿一日可到申。

十月二十一日　星期五 晴

晨，四时昌权往北站接老太爷和年，六时回来，未接着，云：火车因防空停在昆山，须下午四时可到。后来等到五时方到，系“商务”汽车去接的；老太爷和年都略形黑瘦，想因旅途劳顿所致；带回北京食物多件，分送亲友。

十二月四日　星期日 晴 五十五度

三哥、培余来，培余因房屋被兵占居，要老太爷去向当局说说。

十二月十日　星期六 晴 四十八度

老太爷去开“上海市代表大会”。

劲弟来，留其吃夜饭。

十二月十八日　星期日 雨 四十六度

开同族会。

书征来。

十二月二十一日　星期三 晴 四十九度

上午，往静安寺“新华”一处，定菜六样，明天老太爷请陈叔通吃饭。

十二月二十二日　星期四(冬至)

雨 四十七度

下午，往刘宅拜寿，年和龙亦去，吃面和蛋糕，五时半返。

染发。

老太爷请陈叔通吃饭。

十二月二十五日　星期日 晴 四十三度

年和长儿去看徐干娘。

下午，老太爷赴宁波同乡会出席“商务”工会成立大会，登台演说，忽然中风，右手、足不能动，即送“中美医院”，由张荣庆坐汽车来接年，年即赴医院至晚回来，悉老太爷确系中风，惟尚不严重。

漳官夫妇来，留其吃晚饭。

小便又不通，夜已十一时至“中美医院”通出，费六千元。

十二月二十六日　星期一 雨 四十三度

晨，赴菜市买鸡一只，煮汤由年带往医院；一天问病者，电话不绝。

老太爷病势剧变，下午三时热度高至三十九度半。

十二月二十七日　星期二(上弦)

晴 四十六度

年清晨回来，悉老太爷昨夜打“配尼西林”针后，今晨热度稍退，尚有一百度〇六，神志有时清楚，有时不清。午后，二时和年同往“中美医院”，走进病房见老太爷跌在地上，房中无人，骇得手足无措，急唤看护及茶房把病人抬至床上；见额上跌破、右眼青肿，热度三十八度三分(摄氏)，神志清楚。我先回来，年十时返，悉老太爷热度退去，为之放心。

十二月二十八日　星期三 晴 四十九度

老太爷热度无、神志清。据李中庸医师云，危险时期已过去。下午又有热七分。

十二月二十九日　星期四 晴 四十八度

老太爷热退尽。

十二月三十日　星期五 雨 四十九度

老太爷热无、神志清；食鸡粥、牛奶。

孳宝来，吃中饭；送来鸡蛋四十只、麪二匣，望老太爷病的。

十二月三十一日　星期六 雨 五十度

徐大庆小姐来问病。

璆姊来，送来鸡蛋廿只。

因老太爷病，阳历年未摆供。

进城日记(1949)

罗 文[①] 罗苏文整理[②]

4月27日，扬州南13里耿家庙。明天过江准备15天粮食……过江后，全大队番号“南下纵队二支队三大队八中队”。

5月6日，收到总拨款582700元……王(尧山)部长传达饶(漱石)政委6日在丹阳的报告。“整个军事上进上海没有问题”，“5万多干部，10余万军队目前主要的(工作)是组织接管。华东局根据毛主席最近的指示，提出党的政策在接管城市的补充指示”。“军事代表是对军管会负责的，在军管会统一领导下，宣传接管政策，要掌握物资、财产、机器、人员、档案、文件、账簿，接收后了解、监督生产。”“军事代表遇到问题请示军管会，军管会请示市委，市委讨论确定，严格请示报告制度……”

5月17日，林同志传达：宣布上海市的组织。市委秘书处长林立，秘书科(打字员、书记员；文印、文件往来；收发；文件、档案)、材料科、机要科(电报、电话、政治交通)……

5月20日，业务范围：文稿撰拟、收发、政治交通、电话、油印、打字及速记等，接洽、联系、接待有关机关来往干部诸事宜。机要工作，掌管收发电文及机要文件的保管。干部配备35人。

5月23日，秘书科：赵丁夫、罗文。……26日，南下干部总队独立支队第三大队第八中队全部到达上海。

6月2日，南翔。……进上海市里人数21人，收发、档案、文件起草三种工作首先

①罗文，1909.8.21～1997.5.4，曾用名娄光舞。时任南下华东党校队长、支委，(中共)华东局暨上海市委办公厅资料室副主任，党内任支部书记、总支委员。
②摘自罗文《工作日志(1949.4~12)》。

建立。传达、收发、政交、电话、打字、油印、布置会场：罗文、李展、夏忠，我的电话号码：13156号来，13159向外。

6月11日，秘书处人数：工作队7人，秘书科12人，材料科10人，政交9人，勤杂2人，未分工作22人，房间305室。

6月15日，档案：金石、潘嘉、王青、李达南、张林，现有档案3000份，在丹阳曾初步整理，分地区、中央、各中央局……

甲类：中央、西北、华北、中原

上海、南京、杭州、镇江、无锡、芜湖、徐州、济南、常熟、平津

青岛、山东、鲁中南、渤海、胶东、潍坊、昌潍、华中、浙江、苏南

皖南、皖北、苏北、华东局、军区、财办、华支、三野

乙类：统计、参考材料、研究材料、敌情材料、其他

丙类：党刊

丁类：印钤登记

6月20日，工作分工。归档：王青、金石、李达南；盖印、抄写、收发文件：潘嘉、张林。

1.作息时间：6点起床，7点早饭，8–12点办公，12–2点午睡，(下午)2–5点办公，5:30晚饭，7–9点自由活动，9点睡觉。

2.学习：早晚学习，指定文件内容，如社论等；此外有关阅读。

3.工作：尽可能遵守办公时间，必要时可，随工作。……

7月13日，干部会议：清查我内部人员；门禁、传达严些，晚上闭门窗、配锁；请产假、发生火警时急告37分机；档案、抄写、收发。27日，整编节约动员大会。……档案资料过去(有)两家，现在合起来了。

8月3日，资料室情况：在山东时吴1人，及通讯员，共2人；到丹阳增到17人，多系青年。工作研究分工，有计划。

负责资料室的职责：1搜集、管理、编写，检查；罗：组织业务学习，了解干部，思想领导。

8月7日，李处长召开干部会；资料档案合并到秘书处。

8月18日，秘书处处务会议。秘书组：赵、潘、裴、肖；会议工作组：陈、梁、梁；文印组：曹、吕。

8月21日，支部生活：掌握批评、适当地作为批评，开展思想斗争；发展党员；健全党的生活。目前我支部保证贯彻整编档案，有条理地提高工作效率。

8月23日，组长会议。分类组：8.1(8月1日)至今，有材料1.4万份，每天平均分类650份；缺少桌子、臂套，反映对剪报组不照顾；生活散漫，早晨不起，学习不发

言；贴剪工具别人借用不还，有困难……支委会议：分工、编组、学习、会议、改选小组长、中心工作、党的教育(新团员可参加)、建团的问题……

8月25日，工作汇报。档案管理确定专人负责，统计数字，借出多少件；收集和管理材料统计；分类中有何问题；根据工作计划检查完成(情况)；对领导的意见，怎样检查；下一个月作些什么(D刊卡、全部汇集)……作资料室工作的条件：1.有干部，2.有材料，3.好方法，4.有时间。

8月26日，小组长联席会议。资料室：学习态度、准备工作。学习中有个人兴趣观点；对学习认识上有何改变，学习态度上、工作情绪上，金组、赵组、管组……逐段讨论，最后综合讨论……

9月4日，处务会议：各部门工作成绩统计数目字，干部对工作认识逐步提高。如对秘书工作，初不了解，认为麻烦，后认为是机密工作、参谋工作，由不安心到安心；由不熟悉到熟悉。深入实际研究不够；研究了解上级意图不够；还有些应付支差被动；对华东各地秘书工作指导帮助不够。……档案资料都是些死材料，应从工作情况着眼。……资料室须整顿一下，不要什么都剪，有价值都可剪，向编辑整理材料发展，有些大学生，训练一些学生编东西，如上海一周经济，不应老照顾政研究室需要……

9月5日，小组会议：所有档案均注意有副本(注意与市委分家)。

9月12日，资料室大组会议：特别是今后工作，资料室工作的任务方针；圈报范围不明确，不知人家要什么材料；农业生产材料剪贴太多，但有无用不详……

现有工作：1.事务，2.死材料，圈圈、剪剪、贴贴，长此下去怎么办呢！堆满屋子有何用呢？忙得怪有劲，结果无底。今后应注意研究材料。……今后要注意全国性，不限华东。……研究问题自由结合，先找一个组试一下。档案材料和其他材料不能混，因为它有机密性。现有的工作方法改进，材料范围缩小……剪贴工作效率已提高1倍，但报纸是逐步增加，现已增1倍多， 一个战略区1－2城市报，一个战略地方报剪1－2地区报。余合订起做参考。……我们所说研究，是有丰富材料，半成品材料，或产品材料，交别人研究更好参考，总之，我们做到主动供给材料。

10月5日，秘书处办公条例，档案组：整(理)中央文件、党刊卡片、铅印汇报、档橱；资料室怎样做的，做了些什么工作，有何创造、困难；工作方法、思想认识；统计、阅览室。

10月18日，两月(8、9月)综合报告：(档)案：651件(8月296件，9月355件)；……借出177件。书：来源：1149种，1946套，万有(文库)两橱，12橱；大众丛书一套，24史两部，线状书81箱，154包；外文220册。借出488本。报：华东43，东北16，华北13，华中9，西北1，合计84。借出1719篇。合计借出2384件。圈者26；9月18843篇；全部45000篇，合订74种。25日，工作会议：1.中央文件的处理；2.党刊制卡；3.分类；4.档橱；5.汇报。

11月9日，报纸资料组工作会议：我对全面工作照顾不够；大家认识提高了，工作也得到改进，花费了脑力；今后再在研究工作上下功夫……

11月11日，晨，档案组工作会议。

11月14日，资料室会议：文管会李亚农召开会，组织编《上海一览》。1.编；2.搜史料；3.审查。……杂志3人，阅览2人，图书3人。搜集材料：满足苏联摄影队材料，编《上海一览》(沿革、地理、财政、教育、文化艺术、交通、工业、商业、农业、渔业、群运、社会掌故、今后展望)，上海重要法令、各机关人名单、统计月报、新上海工作建设设计所……

11月25日，下午欢迎会，魏(文伯)：资料室是华东局上海市委的，有党内和党外一般资料。搞此工作须有头脑，有政治头脑，今天需要，明天需要，有条不乱(紊)。作风上要细腻，不能粗枝大叶……有档案，较单纯；报纸资料较复杂，须人多。

死材料变成活材料，由低级到高级，如经济问题，是(将)所有经济问题搜集来整编材料，成为有体系的材料。在此工作中培养一批干部。如学会写社论、写专论、出题写文章，一月或半月学(写)一篇，写好拿来修改。同时学政策，充实自己，写文章看那篇报纸写得对不对，写时怎样下手。

作(做)此工作是长期的，三年到五年，才能使用，看大家努力如何。有的材料了解不够可到下边去亲自了解，一问三不知就不好。互相学习，帮助首长了解情况。斯大林三十余秘书。不能出风头，(要)下苦功，用脑力，有几分书呆子味道，(做)无名英雄，由无名到有名。有名都是由无名来的。

团结、互相研究、互相帮助，不骄傲。学必须问，打破爱面子，不怕争辩，不怕有相反意见，有恒心，有毅力，时间有限，读物很多。虚心，有恒心，要钻研。学习工作的工作方法，(要)多买几本书看。大家来自各方，不能(有)宗派，工人是国际主义，取长补短，自大是耻辱。作风、生活习惯，不强调，但在政治上、思想上、原则上不能让步。

娄尔品[1]日记(1949)

陈立群 整理选编

一月九日 星期日 气候 晴

……

今日为宝大祥小主丁祥熊生日。绸业中之捧丁者，举行一年一度之“丁寿公宴”于丽都饭店。年只三十有余，安能年年称寿？此种不合理之无谓消耗，在此隆冬，冻死骨屡见之际，厕身其中，更多感慨。此真资本主义社会中(其实欧美之高度资本主义社会中，恐亦鲜有)至不合理之事，劳民伤财，实有打倒之必要也。……

一月二十一日 星期五(下弦)气候 晴

天气温暖如春，对我倒颇舒服。

为承昌账结算事，返厂特早。工作至傍晚，方告一段落。晚，得无线电讯，政局大变，和平有望，不免兴奋。晚间看交大考试卷……

二月二日 星期三 气候 阴

为振亚公司[2]主张立即复工事，早上去访申凤章内姑丈，邀其共同会商。

午后，很顺利的(地)商讨一番，盖在申各股东，彼此均开诚，无阴谋暗算也。父留申凤章、陶梦第晚食，余并喝半小杯白兰地酒。

尔康昨自苏来，告我等仲叔父病胃出血，幸以痊。彼亦参加振亚事。孰料午后有长途电话来，谓仲叔父胃又出血，尔康兄漏夜赶往苏州，余亦颇为年高体弱之仲叔父担心，万一不测，家庭中且多纠纷焉。

正弟偕四弟媳赴甬转奉化拜年，彼到暂时离此麻烦之上海。

……

二月三日 星期四 气候 晴

新正(春节后)开市，市面又波动甚烈，

不但早晚市价不同，且有瞬息万变之概。经济不稳定，对我等实在做事业者，物质上损失甚大，精神上负担亦多。此种政府，可以休矣！

……

二月四日 星期五（立春）气候 晴

……

市面继续上涨，恨此币制，恨此当局。

虽忙一天归家，又逢公共汽车罢工（大约又是不守纪律的兵士打从业员）。抵家不早，妻儿晚食已毕，我则在路上花了二小时。

二月六日 星期日（上弦）气候 晴

……

振亚公司来申开股东会议。叔南叔，周吉棠，钦墀（代表福叔），尔康等同来，在南京饭店开一大房间为会议之所。讨论一番，意见分歧，未有结果。

晚，父在南华燕云楼为振亚股东洗尘……

二月八日 星期二 气候 晴

校中上课，但与我所定时间不合。学生且来电话，谓人数不齐。振亚开会，且有他事乃不去。

昨日原则既定，今日虽仍争论不休。大体已无问题，乃得作一结束。

午后，苏州又来长途电话，谓仲明叔父胃又出血。尔康兄甚为惊慌，当晚赴苏。余亦殊为担心，不知已转危为安未？

晚食后归，抵家已将十一点，妻犹未睡，讲些振亚事，午夜才睡。

二月十二日 星期六 气候 晴

返申。

又起一个早起。清晨，告别出门。道路上积水结冰，北向行甚冷。

搭九时许之由苏赴申快车，因占座，故须早去。到车又未移入月台，由红帽子迳（径）上，父母俩殊为不便。久候，方开车，午后到达，在天津路[3]午食。

市面又大（涨），离庄二天，又如隔世！

……

---

①1912.3.25~2008.7.6，时任上海同章绸庄经理、云林丝织厂南厂总经理、湖州承昌绸厂总经理，交通大学航管系教授。

②曾为苏州最大丝绸厂，娄家是其第一大股东。

③指天津路195弄14号，是主要家族企业“同章绸庄”所在地，也是娄尔品父母居住地。

二月二十二日 星期二 气候 阴

上午在交大授课，九时至十一时，赶返城中，半天过矣。

饭后以事出外，便访周仁，谈话不少，各人有各人之处境与遭遇，在此世上，固各人有各人之难处也。

……

二月二十三日 星期三 气候 雨

起身尚不太晚，出门亦早，天雨，殊为讨厌。

经济又要有新方案，一变再变，民众俱(惧)怕再受政府之骗耳。

联营公司开董监(事)会，余被推选为促进结账之委员，又将增加不少事。

……

三月二日 星期三 气候 雨

夜卧不甚好，起亦不早。

市面起波动，物价又跳，从经济方面看，亦觉国民党政府之无办法，末日之不远。

为杂事奔走于外，归，杭州客人来，随父请彼等吃夜饭于新雅，返不早。妻因学校欢送某先生归国亦在外吃饭。

三月十六日 星期三 气候 阴

厂中虽放工，对我亦无甚影响。

日昨指数发表以后，物价又大涨，良以薪工阶级领得金圆以后，急于购物、购银元，以保持其劳工所换得之购买力也。在此末世，芸芸之众生，莫不甚苦，其谁之过与？

一乐聚餐，是织绸业同行，得些消息。返家尚早，妻儿俱未睡焉。

三月十七日 星期四 气候 晴

狗儿伤风咳嗽，已较好，心中亦高兴，甚者，父母之爱子女也。

厂中补发工资，张罗大批现钞，取得即返以免工友久待。现钞甚少，今日终算对付过去，正是：人人有人人之苦处与难处也。但退一步想，大环境固不好，我之小环境尚称圆满，亦该自足也。

交通银行来信，谓对我态度不好之行员，已得处分，甚喜。

妻甚烦，不知何故？

三月十八日 星期五 气候 晴

不平凡之吃喜酒。

醒得早，起身亦早，往交大授晨课，尚甚从容。

饭后，料些杂事便回打浦桥[1]，偕正弟往逸园饭店吃喜酒。盖今日为美达洋行李云章结婚之期也。帖子上正写明四时行礼，余等于五时到达。礼堂陈设富丽而无结婚之状。贺客先吾而至者，交头接耳，私议切切，询之熟友，方知今日结婚颇有问题，盖李君前妻离婚案件犹未了清耳。警察局派警保护，俄而对方由前妻等率领军人前来，事件愈趋严重。又顷，喜幛花篮全部撤去，由前妻演讲。草草留客吃饭，而外面纠纷，犹未了结。饭毕，警局派警备车来，前妻、新娘全体带入警局，贺客亦各自散去。结发为夫妻一旦反目，相冤如仇，真是何苦。当然，今日之事，过失均在于男方也。归，以此不平凡之吃喜酒，告岳母及妻，相与感叹。

三月三十一日 星期四 气候 晴

天又转晴，大约已正路矣。

行弟不适，昨夜复出门，独自看电影，不支而返，今日乃在家休息。因之，余事更忙。

发工资，带现钞，返甚晚。工人拒收本票(现钞缺乏取不到)，果然错不在我，工人却怨气无处发泄，向我等大闹，结果本票打8折，又是一笔无形损失。处此不像样政府之下，人人均苦，各人有各人之苦处。我终想法体谅对方，但人不能谅我耳。

……

四月二日 星期六 气候 雨

天有不测风云，朗晴方二日，今日又大雨不止。

星期六上午，又忙又挤，匆匆过去。饭后不久，便冒顷(倾)盆大雨，至交大上课，虽有公共汽车，衣履尽湿。

厂中补发指数找钱，米价狂跳，厂中努力贴得现钞，工人又觉吃亏，遂又争吵，又弄得甚晚，妻等又担心。

四月六日 星期三(上弦) 气候 晴 在湖州[①]

睡尚佳，四时许醒，五时起身下楼。仲婶母已为我早起，更为我煮鸡蛋，作早食，待我体贴宠爱，不啻我母，中心甚感。雇洋车出门，天气甚寒。抵汽车站，购七时之对号快车票，中途停一二(两)次。九时三刻，即抵湖州，较诸轮船便利良多。至厂巡视，午后织工与我谈话，亦觉甚忙。

晚，邀厂中高级人员共同吃饭，饭后谈谈交换意见。

投宿东吴旅馆，有“荣誉军官”命茶房叫“姑娘”不遂，打茶房，掷茶杯，真

①指徐家汇路618号，当时是担承经理的“云林丝织厂”与居住所在地，即今“日月光广场”所在地。
②湖州是娄家独资的“承昌绸厂”所在地，时任经理，前往湖州处理相关事宜。

不耻之尤。结果旅舍当局召驻军捉去。

晚间，在旅舍看看小说，倍觉孤寂，不免遥想妻儿，睡甚迟。

四月二十三日 星期六 气候 晴

和平谈判决裂，时局急转入下。共产党解放军已开始渡长江而南，贪污无能之国民党政府军队，兵败如山倒，不堪一击。一切经济上之压迫与金元(圆)券通货膨胀之痛苦，将整个解决矣。历史上观之，昔日革人命，今为人所革，皆自食其果也。

过得甚紧张，非常忙乱。晚上父依照预定，请厦门客人吃饭。席中大家有些不安，滋味也差些。

返不早，路上车少人稀，备觉凄凉。

妻为时局之转变，恐在转变之时，要乱，殊为不安。

四月二十六日 星期二 气候 晴

雨后天晴，似觉一爽。

清晨，至交大赶早课。入校，虽阳光普照，同学们三五成组，颇觉异样。遇学生，方知午夜军警用坦克车从后门冲破校门侵入，遍扰宿舍，捕去学生甚多并教职员工数人。当时全部武装，机枪乱发，击伤学生多人，似此情绪，当然不能上课。找修弟[1]未见，乃离去。今日校中，固一片魔鬼方去之光天化日景象也。我真愿永此光明！

返家，妻方与轼儿等赴天津路，真不巧。

四月二十七日 星期三 气候 晴

起尚早。早食后，至钱铸九画寓，但觉此君颇为闲散，一似云间野鹤，良可羡也。

杂事良忙，盖市面已死，工厂欲罢不能，自觉责任有心，着力无从。如上海战事延长，则空前大难，不知将如何渡过也。

晚，与行弟走访张汝梅，知警备司令部下令疏散学校，交大员生，统限于月底迁出。如许清苦多年之教职人员，如许青年学生(尤以外埠青年之公费生)均将无枝可依，流离失所。人为的惨事，真未能想像(象)，倒行逆施，“官”逼民反，此其时乎？归以语妻，相与长叹息而已！我不但同情，中心异常悲愤。

四月二十八日 星期四(朔) 气候 晴

厂中工人要求本日先发一部份(分)工资，我素抱以诚待人之本旨，乃各处张罗，奔走竟日，又累又烦，虽自觉在尽我所负之责，亦不能自慰。

自己弄得穷甚，除最必要之车资外，难关心时事。夜报也舍不得买，其他另(零)

钱更无论矣。

不投机，不取巧，致力于实业，乃致(至)穷困如此，不但本人，亦且连及追随我之人们，虽谓局势造成，能无冤乎？实使人寒心。心境不好，与妻谈谈，话不投机，更觉大家无味。

四月二十九日 星期五 气候 雨

结婚第九年纪念日。

倦甚，初夜睡甚熟，但午夜醒后，思念倍增，真是寝不安食不甘也。

工人们要求发银洋等以应变，我家致力实业，手中只有成货原料，际此市面停顿之时，应付深感困难，真度日如年矣！

早归，与全体工人们谈判，甚费口舌，累甚。我岂剥削劳工之辈？虽扪心自问而无愧，人不我谅，奈何？结果虽能大体解决，展望前途，未敢乐观。

今日乃结婚以后最恶劣之结婚纪念日，未拍照、未庆祝，但恐将为我生平记得最牢之结婚纪念日矣，妻当有同感也！

四月三十日 星期六 气候 阴

倦甚，睡甚熟，午夜噩梦，毒蛇口若鸭嘴，咬我左臂，惊而醒。似梦似真，其实亦适足以象征余近日之生活也，人生本若梦！

本票、大头(袁大头，即袁逆世凯版银元)、金条。我收现钞(金圆券)，以原料换金条，以金条换大头(以分发工人)，以大头换现钞(找另[②]碎)，无处不受剥削损失。办工厂之末日，一致(至)于此，而投机取巧者，犹无往而不利也！我愿速完，一切均完！

返家后，复偕妻外出，随父一同在新新酒楼吃饭，系安和洋行经理白茄义(Bagai)与华女黄瑞仪之婚宴，对我亦算是难得之苦中作乐，遗忘麻烦于一时。

五月二日 星期一 气候 晴

星期日过去，又是星期一，去卖人造丝，以备发工资用(以前购入时合黄金五两，今日出卖只每箱二两，再以黄金换大头，每两只换三十四枚)。如此趋势，我厂吃完之日，已不甚远(虽自以为比较殷实)，真觉心悔。

晚近，连日处于逆境，脾气甚坏。对妻及孩子们亦不好，自己想想，肝火何必如此之盛。乃压制情感，对大家都好些。

---

①修弟为小弟尔修，时在交大电机系就读。
②应为“零”。

五月四日 星期三 气候 晴

天晴甚暖，早上又去画照，已大部完成。

为谋货物之出路，装些去广州，行弟打算去一趟。

返家尚早，问妻在钱寓画照，前往看看，不料妻方离去，未遇而返。

时局依然沉闷，使我心中也沉闷。

五月七日 星期六 气候 晴

厂中工人又要借钱，似乎是件心事。

与行弟奔走半日，买去一张结汇证，价甚不好，且几乎卖不出。既出口矣，价被中央银行杀，等于充公，令人冤甚。

午后复有些杂事，返厂不早，工人并未聚众等我，却也出乎意料之外。

……

五月十日 星期二 气候 晴

天晴甚热，确是初夏天气，以事出，跑得甚热。

午后事少，早返，知妻在钱寓画照，乃前往，时钱先生犹未归，候之片时，钱先生来，为妻画可一小时，乃全部完成。

四川之行作罢，固所愿也。

苏州仲叔父，托人带信来，知苏州亲友平安，并知苏州之情况，皆所关切者也。

五月十三日 星期五 气候 阴雨

睡甚熟，起亦不早，但依然甚累。想上星期既忙，又没趣，所耗精力甚多，一时不易恢复也。

行弟已购票，明天赴广州。

晚上看看旧杂志，又是累而懒，乃与妻儿早睡。

昨夜今晨，天津路闻炮声甚响。

五月十五日 星期日 气候 晴

晨，应钱铸九先生约，往画照。钱先生本谓已画好，只须稍稍改动，但一画确又整个半天。正式完成，画得甚好，前后共耗去十余小时矣。

午间至庄，稍有些杂事。

因事至徐家汇，晤张汝梅，彼处亦有炮声，大家谈谈时局。

归来时，倪惠之已另有去处，雇三辆车搬去。

妻明日校中开音乐周会，以是大忙。

五月十七日 星期二 气候 晴

天晴矣。早上与妻同出，至钱铸九寓，看已画好之肖像。又略加改动，钱还送一张风景(画)给妻，一并取返。

为工业紧急(筹)货款，差不多奔跑整个下午，结果拿到一半钱。

……

五月十八日 星期三 气候 晴

昨夜炮声多些，但睡得依然甚熟。

早晨，偕端一同外出，至天津路。为工货，又奔波，但其余一半钱，仍未拿到。

归尚早，妻煮黄鱼(这几日黄鱼最贱)，夜饭吃得甚好。

五月十九日 星期四 气候 阴雨

临睡炮声隆隆，天降大雨，路上灯光暗淡，使我睡不着，起床数次。

早晨起来，想想似乎今天事不多，不料却奔波一整天，甚累。

午间得临青路厂[①]电话，谓彼处炮声甚响，乃入内一看，其实亦无非陈馥泉等胆小鬼耳。

返不早，妻儿方晚食。今日提早戒严，一切均觉紧张些。

五月二十日 星期五(下弦) 气候 阴

夜间静得好像乡居，但中心不安，否则定能酣睡也。

睡不甚佳，早上找钥匙不得，殊为焦急，结果在天津路。事忙心烦，自觉我之糊涂Dull,反劳妻东寻西找，一场忙乱。

五时许归，南京路等大小店铺均已关门，足见人心恐慌。

五月二十一日 星期六(小满) 气候 晴

一夜又甚安静。天不雨，但亦不晴朗，一切均显得阴阳怪气。

尔德大姊今晨出医院，新生之小毛头尚属不恶。

访张汝梅于徐家汇。西区形势紧张，不减于沪东(虽西区无逃难者)。返家略迟(抵家可七时)，妻已焦急。

五月二十二日 星期日 气候 阴雨

临睡登楼一望，听四处炮声。午夜被炮声惊醒，再登楼观望。平明，又醒。大雨如注，炮声与雷声共鸣，隆隆之声不绝。转侧方拟再睡，震天一响，亟(急)披衣而起，登楼远眺，东南向之江南造船厂已在着火，火光升至半天，极为可怕。

住南市左近之工友，纷纷携物搬来，市民亦争相奔避，不知所趋。

早晨炸声太响，全市神经紧张，为战事发生后所未有。

临青路工人要停，冒雨来庄，无理取闹。

妻儿岳母，终算不骇，免我多念。

①临青路厂，属于娄家“云林丝织厂”的一部分。

五月二十三日　星期一　气候　阴

一夜无炮声，安静异常，出乎意外，是以睡眠甚安。

事不多，在庄无非值班(on duty)而已，拿本旧小说看看，表面似甚闲散。实际上中心甚为不安。

返不晚，但因久候电车，车又迟缓，抵家甚晚。

晚上洗一澡，登楼远望，各地烽火甚多，枪炮之声不绝。闪光起处，轰然之声传来，继则炮弹临空之抛物路线，显然可见，满是火药意味。至十时许，始下楼就寝，妻已等待甚久。

五月二十四日　星期二　气候　晴

枪炮之声虽通宵不绝，但因疲劳，睡甚熟。

晨间赴庄，事亦不多，反觉无俚。

午间，闻沪西一带情况不佳，乃于二时许返厂。至大世界，拟搭法商公共汽车，则汽车已在预备“进厂”，乃赶乘无轨电车。抵家，妻及媖儿尤在学校，校址较西。方拟去接，彼等适归来，似觉甚慰。

晚上提早至新钟八点戒严，不准通行。时天犹未昏，左近市民，群集路上观看，结果鸣枪二(两)下，群众始各闭门。一切更觉得非常之非常，甚兴奋。

入夜，炮声极烈，但远在北面，相去甚遥耳。

五月二十五日　星期三　气候　阴

睡尚佳，天未明即醒。闻路上已有行人，即起视，则虽在昨日所宣布之戒严期内，行人已随意行走，中心异之。俄尔，对门已在撕去国民党之各种标语。下楼打听，则人民解放军已站立打浦桥头，安民布告，亦已张贴，盖本市已于今晨解放矣。

目睹一切情况，渐趋正常，但无公共车辆，乃别妻带轼儿骑车同赴天津路，孰料路上尤不十分太平，时有枪声，绕道再三，始到达。父母等均非常惊慌，并责我不应带轼儿。

天津路因苏州河北犹未解决，各桥头战事甚烈。父亲把大门上锁，我遂去得来不得，与轼儿同睡于天津路。

不能出外，但得与各方通电话。

五月二十六日　星期四　气候　阴雨

睡未久，枪炮声中人声鼎沸。大家起身，则南京饭店七楼着火，俄即救熄，正是：愈是胆小愈多惊慌。

枪声不绝，又被锁在天津路一整天，轼儿更闹着要回去，真是无聊，连看小说也少劲。

妻与我通一电话。

五月二十七日 星期五 气候 阴雨

全市解放，枪声已无，庄上门开。

早晨骑车出门，至外滩及各桥头看战迹。黄浦江中满是沉船，皆败军所破坏者，好不凄惨。各桥堍工事亦未移去，天后宫桥[①]上，尚有中型坦克一辆，大炮面南，故无怪天津路一带炮声甚响也。

午后雨稍止，与轼儿返，与妻等似已久别。

晚上洗一澡，甚舒。

五月二十八日 星期六(朔) 气候 雨

在天津路二(两)夜未睡好，故夜卧特酣，起亦不甚早。

赴庄，想出卖一箱人(造)丝以作开销，无正式市面，乃不果。

事仍不多，午后赴徐家汇访周仁未遇，便至校中一看，外表上尚未被军队破坏，但内部颇为凌乱耳。

……

五月三十日 星期一 气候 阴雨

睡甚佳，但终觉疲劳殊甚。睡在床上，腿酸非常。

①即苏州河上之河南路桥。

解放矣，厂中工作未断，但营业绝无，加紧生产而未有销路，仍是(靠)出售原料度日，前途不知将如何也，心甚忧之。

……

五月三十一日 星期二 气候 阴雨

天公仍不作美，一切仍显得阴沉。

闻张华增已加入上海市之人民解放军军事管制会，协办接收贸易方面事务。

厂中过节依然吃吃，售原料而吃，味亦不甘，但妻儿等均吃得不坏。父亦来厂，俾大家能谈谈。

六月二日 星期四 气候 阴

厂中还有不少开支，再卖人造丝。

与各有关方面谈谈，一致认为对外贸易前途光明，工厂前途亦甚乐观，惟最近将来之一时期销路未复，实为最困难之时期，不知将如何渡(度)过耳。

返家尚不晚，与狗儿一块去买一只台湾西瓜，盖上海解放以后，沪台交通断绝，妻谓左近水果店中，西瓜尚不贵，而余等从未一尝也。

六月四日 星期六(上弦) 气候 晴

醒得早，起亦较早。

湖厂仇、杨二先生在，在庄谈湖厂事。

午间得交大通知，谓已于二日起复课。午后乃往学校，校中一切渐复正常，虽门窗破碎，校具凌乱，全校已充满朝气。

学生尚不来，因此未能上课，往出纳处，却领得些薪水，有银元三枚及一些人民币。

晚上与妻俩去看会电影，九时返家，可算是月来回家最晚之一天。

六月六日 星期一(芒种) 气候 阴雨

为预谋出口生意之推动，以应目下之急，在外奔波。

午后，在途中遇大雨，甚狼狈。

湖州各厂复集议，由湖来申之主要人物，报告经过。集议良久，终以营业前途无希望，殊乏对策耳。

时间晚，又在天津路晚食，乃返，便购枇杷，归饷岳母，妻儿大乐。

六月七日 星期二 气候 阴

甚累，乱梦甚多，睡不好，良以各方无办法之事太多耳。

上午十时，至交大授课，课前访钱铸九谈谈。学校情况已渐恢复，但终觉尚需相当时间，始能正常耳。

湖州、杭州有关工厂均要钱，各方面俱无办法。

返家晚食，奔跑甚累，但又无多结果耳。

最近之时期最为困难，我甚希望时光过得快些。

我忙，妻亦忙，但家庭中尚甚快乐。

六月十一日 星期六(望) 气候 晴

岳母生日，老寿星一早便起，大为忙碌。早晨吃生日蛋糕。

午后返交大，学生们为拒用银元，出外宣传，不上课，乃返。俄而内外甥辈渐来。及晚，父母等亦来，忙乱一场。妻顶忙，但岳母甚快乐。孩们得大吃，甚乐。

六月十二日 星期一 气候 晴

为湖州承昌事，出门良早。不料承昌会计朱肇新及工友代表等俱来上海，为湖州厂内货物不能变现，无法周转，大费口舌。

端亦去天津路闹了一天。

大姊为小毛头满月，请吃面。

返不早，妻儿已睡，但觉累甚，劳而无功。

六月十四日 星期二 气候 晴

早上赴交大上课，天气甚好，但学生开小组会，讨论合作社等问题，因之又未上课，但对我却觉得去次学校，换换环境，良佳。

承昌之事，直到傍晚，始于无办法中想些办法出来。

……

六月二十日 星期一 气候 晴

为振亚(苏州)方面想收购成品，与叔南叔出外接洽，奔走甚累。事情未告段落，明晨续办。

生活过得甚觉无味，前途且少展望，过一天算一天，想来天无绝人之路也。

与叔南叔谈谈振亚事，在天津路晚食。返家甚晚，妻犹在等我未睡。

六月二十一日 星期二 气候 晴

一早出，与叔南叔至中蚕公司，接洽收购。

再往徐家汇交大上课，安知学生们为南下工作团“打气”，学生再放先生。老远跑去，甚累，甚失望。

天津路吃端午节酒，同时请刘西屏先生(彼明日返杭州)及仲明婶母，妻儿、岳母均去天津路，返又不早。

六月二十二日 星期三(夏至) 气候 晴

昨日国民党飞机前来轰炸，炸坏浦江中英轮一艘，以致各轮船俱不敢进(港)口，航行又告断绝，对于本市影响甚巨。即以我私家论，行弟恐不能如期归来，昨日谈定之一批出口交易，亦因船不来而停止，更使偶然一批深寄希望之事，暂告搁浅。

在达昌商谈湖州丝织厂整个问题，谈得甚晚，天又甚热，返未能洗澡即睡。

妻不知我迟返，等得心焦。

六月二十六日 星期日(朔) 气候 雨

醒得早，起亦早，独自写些我关于丝织业目前解决困难和发展意见。

雨甚大，冒雨赴庄，亦无事，乃续写稿。

午后，至青年会参加沈胜白等之工商研究座谈会，张华增等亦在，听得各方面不少意见与消息。

华增买电气冰箱，使我感觉他思想上与享受上并不配合。

晚上继续写些，到深夜完工，妻亦伴我。

六月二十八日 星期二 气候 雨

睡甚熟，起身不甚早。往交大上课，妻亦以事赴学校，一同出门。今天终算上一课，对做(教)授的我，觉得喜出望外。下一次上课，不知将何日也。课后访周仁谈谈，好久未见，彼亦感彷徨。

购些另(零)物，返家不早。抵家，闻妻自早上外出后，中午未回，迄今犹无音讯。媖儿却在家说谎，谓妻已赴天津路。一急一气，媖儿便被我重打一顿，继而正拟出外寻找，妻却已回来。见家中乱成一片，尚不知其故在妻本人也。晚饭因此亦甚觉乏味。

六月二十九日 星期三 气候 雨

与叔南叔约，出门甚早。

傍午得张水生电报，彼已离台湾至香港，念念不忘于海关，仍想复职，要我探示电复。无何，至海关总署，晤许景渊，商讨办法，继则下雨甚大，又乏雨具，搭海关班车，开至许寓，午饭焉。

午间，飞机来空袭，见数B-24型轰炸机，许君甚惊骇。

晚上，父请叔南叔吃饭，礼焉。返家不甚早。晚近以来，处境多逆，应付为艰，妻不我谅，犹嫌我少为之伴。

七月五日 星期二 气候 晴

平明，睡梦中被轰炸之声震醒。未克再睡，上午精神甚坏。

赴交大，又不上课，本学期完矣，下学期不知如何？

承昌事，好不容易得一暂时解决之道，仇聘三去湖。

杂乱事多，做事都是defensive，安得进展？

……

七月六日 星期三 气候 阴雨

到庄尚早，为杭州方面料机事，忙去半天。

庄使小昌，被父辞歇，又生不少麻烦。父亲刚愎，不明事实，处处促生更多之麻烦。

午后，知今日七七大游行，交通继绝，即返。不料公共交通已无，在人丛中行行重行行，一直走回家。抵家，妻带孩子出吃喜酒，亦未吃成而返。

游行中丝织工人被打伤一个。天又暴雨，游行者被冷雨所侵，恐致疾病矣。

七月十二日 星期二 气候 阴

杂事甚多，心中亦烦。

晚，绸缎业在新礼查菜馆开扩大座谈会，有民主人士之演说，散会已九时。公共汽车未赶上，搭电车返。孩子们俱睡，与妻俩吃些水果，始就寝。

天气仍凉，但有害农田，甚足忧虑。

颐生哥来，告我椿年三哥有信自苏州

来，告近况，甚慰。

七月十五日 星期五(中元) 气候 阴雨

米价大涨，今日发工资，各方需要汇集，预算打破，大伤脑筋。

勉强各方筹款，银根又紧，返乃不早，甚无意思。

大家忙乱，但觉我家之事，太乎散，处此乱世，更难应付，真是：做既不是，罢又不得。

晚上，懒得不想做事，又偕妻儿早睡。

七月二十日 星期三 气候 晴

天热人累，似乎我之累，永不能恢复。

带狗儿出门，赴天津路，甚乖。返家较早，与妻去看场电影。

八时许，门口救火车飞驰而过，电灯忽然熄灭。余以为左近失火，殃及电线，急登楼一望，毫无火光，而路人鼎沸，群趋东向，方知救火车救火归去，驶上行人道，撞断电杆木，电线折断，卧于行人道上之乘凉者，死伤甚多，祸在旦夕，诚不子虚。

天热无灯，燃洋烛。洋烛软化，不便殊甚。

七月二十三日 星期六(大暑) 气候 晴

天气甚热，但已正常，尚感舒畅。

晚上海关离职者聚餐于康乐，余与胜白、华增为召集人。食后由离关最早，现在青年会服务之“民主人士”吴耀宗演讲，讲目下上海之情况甚明。虽无明确结论，暗中指出目前之经济问题毫无办法，毫无前途。困难要克服，但不知如何耳。返不早，妻犹未睡，稍稍告之。

一早得尔行电报，谓已抵天津，不日候车返申。

七月二十六日 星期二(朔)气候 晴

大风过去，天气晴朗，但路上积水甚多，公共交通未复。骑车出，仍弄得衣履皆湿。至天津路，知庄上亦进水盈尺，幸而损失不大。

海火洋行失窃，我处寄存之物，亦有部份(分)窃去，诚无名损失！

傍晚，搭公共车返，道经沪西低地，悉在水中。此次风雨之灾，全市损失至大，报载为三十年来所未有，天灾人祸俱至，真劫也！暴风雨，乃有形者，工业城市之上海，其经济上早已在无形之暴风雨中。工商界之得免于崩溃者，不知只百分之几耳。向前展望，毫无前途，忧心如焚，不独为自私之事业而已。

晚电灯，仍不好，与妻俩忙一番，接临时灯。

八月三日 星期三 气候 晴

午夜醒，妻不在，乃因睡不着而出外看小说，妻脆弱，心绪亦不宁矣。大家都睡不好，都为着心绪。

醒得早，起得早，睡不着，亦无法。

为厂事(拟减工)至十一时方出门，访周仁于交大，彼亦困苦。因飞机来轰炸，等待间，谈更久。

晚上又与行端谈话，睡不早。

八月十二日 星期五 气候 晴

岳母去后，似觉冷静不少。

睡尚好，但觉累甚，真想找一清静之处以安身。

为公会(工资)等问题，开会殊久。晚上复与承昌工人代表等谈，又是夜深，返家已十一时，妻犹未睡，等待得担心。

八月十四日 星期日 气候 晴

北平来电，岳母已安然到达。

起身不甚早，睡眠仍不能恢复余之疲劳，甚矣者，劳心之苦也！我不愿如此，但落在其中，不得不然，奈何！目前一切问题，无不棘手，前途亦均黑暗，我不愿想，但又想得太多，但愿我之管之事业，均能生存下去，则工友之生机等，均能维持，则我有何求，个人之进退得失，早已置于肚外矣。

上午与云林工友代表谈谈，要工友在厂倒闭前了解厂中困难，恐怕已不可能，奈何！

湖州第二批工人代表来，明日又要赴总工会，我真想逃避我所办不了之事。

妻带孩子赴津珠家，希望他们能快乐一天。

八月十五日 星期一 气候 晴

睡尚佳，精神甚劣。自己之事，关乎切身，念念不能或忘，但又想不出解决之途径。今日我方体念到绝路之意味。

为承昌事在总工会调解。总工会之私营企业部，全是调解纠纷。问题均不是劳工要增加待遇，皆是资方之不能支持。在此小天地中，亦可见到上海私营工厂之惨状！承昌事本为不易解决之事，一场争议，无有结果。返家倒出乎意料的早(只六时许)。

此种无味生活，磨得我甚累。晚上，什么不想。为避免多想，看小说以消遣，妻犹以为我迷于小说也。

八月十九日 星期五 气候 晴

睡至子夜，起如厕，妻亦醒，大家均睡不着。虽夜深人静，而万念俱集，烦心之苦，一致于此！考虑多，牵挂多，都是人生之烦恼。人生是苦难，我今日更能体会。

晚上，工商经济研究会聚餐，请直接税局副局长演讲营业税等，因此返家不早。

八月二十二日 星期一 气候 阴

昨晚终算睡得不差，虽是乱梦多，睡得却长久，但仍觉累。精神恍惚，我顶好能好好安息一下。

厂中事，湖州承昌事，又烦一天，真无意思。

观念应当改变，确实改变。以往种种，都是错的，刺激甚深。

晚上去听劳军音乐会，是音专校友师生所主办，妻亦参加大合唱。我本甚倦，目的在乎伴妻同归耳。启幕以前，台上之大钢琴忽然翻到，真是少见之事。节目甚多，大致不坏，十一时许散，返抵家中，已将子夜。

八月二十七日 星期六 气候 晴

身体甚累，本想不出门，但又约詠鹏于劳工处，不料出门后，遭到空前之麻烦。

被承昌工人聚众用强拉至旅馆，迫作城下之盟，衣服拉破，腰带拉断，像做犯罪之人。

在天津路晚食，乃返。抵家，气得呆坐，不知如何。欲告妻，亦不愿讲，乃叫妻去问别人！

八月三十日 星期二 气候 晴

睡得终不甚佳，我亦真觉不知如何是好。

叔南叔决定在此时期，将振亚开工(开8台机)，不顾全体股东之反对。钱落人手，一切俱由人打发。此后恐一切投资，无人再有兴趣。私营企业，前途完矣。

在外开会，返家不早，带狗儿出门。狗儿在天津路，甚感寂寞。

妻亦带孩子出门一次，免得轼、媖见狗儿出门而闹。

八月三十一日 星期三(上弦) 气候 晴

绸业市场为整顿成交单，开市前开会，一早去一趟。

月底银根紧，真怕工钱发不出，担心非常。欠债，办工厂，作此吃力不讨好事。但愿能天天混得过，安求发扬光大乎？

工钱弄好，与妻俩在大华看场《居里夫人》电影，又在外吃些东西，始返家。我们以后亦得尽力苦中作乐，乐着一些，也是好的。

九月五日 星期一 气候 晴

睡也不少，精神终不佳，身体亦不好，我最好能安安静静地休息一下。

午饭后因香港货装不出，奔走一番，又是劳而无功。近来人变得麻木一些，因此也并不太失望。

……

九月十一日 星期日 气候 晴

星期日早上与弟辈商量“节布”如何出售等，在四楼，适飞机来轰炸。又看一会飞机，傍午方出门。

……

天又热，晚上热得令人不想睡，真反常。

九月十六日 星期五 气候 晴 赴苏州

早上至交大宿舍，访周仁。周仁往授课，散课犹不来。等待极久，终未遇。周太太却与我诉说不少对周仁不满意之话，使我深觉彼等良苦，似乎是一对怨偶。

振亚明日在苏州开股东会，父亲对振亚，兴趣已大减，天气又极热，余为极(减)少父亲麻烦计，自告奋勇，代表父亲赴苏。

与陶梦池表叔同搭六时之火车。五时到北站，尚得座位，车厢中更热。虽开车而热浪不减。车行尚顺利，七时半抵苏州车站，行旅尚称便利也。

抵仲叔父家，久别相晤甚欢。

晚，宿于楼上，一时孤寂，惟以妻儿为念耳。

九月二十三日 星期五(秋分) 气候 晴

睡尚佳，精神亦好。

赴庄，做不少杂事，营业大局似稍好转，余但求能过去，在现阶段中根本无发展想也。

晚，工商研究会聚餐，工商局副局长讲工商政策。返尚早，妻儿俱未睡，与之糖吃，皆大欢喜。

九月二十五日 星期日 气候 晴 至苏州

因累，睡尚佳，乱梦甚多，但梦境虽乱却比现实好！

打算出门，去湖州，心中虽不甚愿，实际上是强迫，亦只有硬着头皮去耳。资产乎，负债乎，至今日益为明显。

携简单行李，偕单春生、承昌职工代表、湖州军管会代表二人，同赴火车站。夕阳西下时上车，离申已昏暗。一路无话，中途靠某小站，列车冷气刹车损坏，不能开动者良久，以致到苏已八时。余及单春生进城，投宿仲叔父家，其他则宿旅舍。

与仲叔父等谈良久，始睡。一阵孤寂，不免使及妻儿耳。

九月二十七日 星期二 气候 晴

晨，去看湖州市副市长刘明，共产党办事精神好，吃苦勤劳，副市长之生活，只像昔日之卫兵，令人钦服。

想法汇款买丝，增加原料，以安定厂中一般人心。

写二(两)封信，一封致父母，一封致爱妻，以释彼等之念。

午后，金圆券汇票户来纷扰，同至区政府，工人皆集，未有结果。但觉处处不得安静，处处皆是问题。

天气转晴，秋高气爽，奈我困居厂中，望青天白云而叹息耳。

九月二十八日 星期三 气候 晴

换一较大房间，但睡仍不佳。醒绝早，有的是可以睡觉之时间而睡不着，天下事，往往均如是也。

晨，访父执沈筠如老先生。彼目前退休，厂务俱由儿辈管理，比父亲看得开。至福音医院，访厂中同仁汪上智。彼病甚重，危期虽过，而骨枯如柴，状甚可怜。

与工人坦白会谈，情绪尚好，亦算强差人意。

至人民政府司法科(即法院之前身——法院犹未成立)调解金圆券汇票纠纷，余乃主角，终得一解决方式。

晚，与春生晚食，召永鹏，会谈于旅舍。睡不早，即早睡也睡不着也。

妻儿或在望我矣，但我尚无头绪耳。天热，傍晚又下雨。

九月三十日 星期五 气候 晴 地点 湖州

厂中蚊虫多极，上床早，看会小说。殆倦甚始睡。盖恐早睡反而睡不着耳。但醒得更早，天只微明，出门看看，并看开引擎。

经骆驼桥，见妇人四名，被迫扫街，围观者甚众，谓系赌徒，因打麻雀而受此处罚。余素来反对赌钱，深觉此种处罚之得当焉。

午后，又与工人谈厂中事，明日想作归计，但又不可得，更觉不快。想念妻儿不止，即对于上海事业上有关之一切，余亦殊为挂念也。

天更热，在外不但不洗澡，衣服亦少换，更不舒适。

十月三日 星期一
气候 阴雨 地点 湖州

一觉醒来，只十一时许，翻覆二三小时未能入睡，思念更繁。

想作归计，由当局派人一同与工人会谈，讲条件，想争取时间，赶十一时许之汽车未得，复因厂长仇聘三不肯负责，又生转折。虽嗣后事件急转解决，二时许之末班汽车亦赶不上。

至汽车站，有小汽车，但因客少，费用太大，乃购明晨对号头班快车票，决定明晨返申。

晚，与仇聘三、杨月清、朱肇新、娄詠鹏一起在外吃酒饭，顺便看庆祝提灯会。灯会本已平常，电灯又忽然损坏，嗣后一场细雨，灯笼大部破裂，草草了事。

离湖在即，心中不免兴奋，想妻儿均在望我早归矣。

十月十日 星期一 气候 晴

双十节已被人民政府所取消，不复是国庆，是以各业今日开市。

出外，知海生洋行经理，忽于日昨逝世。人有旦夕祸福，但在此非常反常之时，孰为祸，孰为福，有时且不能知矣。

印花部工人今日发解雇费，张罗大宗现钞，亦是一件大事。

……

十月十九日 星期三 气候 晴

娄尔珍嫁李伯申。

早上穿新衣，带辙儿同出，奈辙儿昨晚发烧不适，深为不巧耳。

匆匆化(花)去上午，午间陪客人吃饭，之后至公会开会，至钱业公会到贺。蔡府结婚，父亲征婚，余且被拉来宾致辞。继而一同赶至金门饭店，宾客已集，全家俱在。父主婚，妻奏琴。俄而举行婚礼，礼毕见礼吃饭。余夫妇且抽出时间，至外间拍全家福照片焉。忙乱至散席，虽未能尽如人意，亦算一切不差。

十月二十三日 星期日 气候 晴

睡至八时，大家俱睡得畅快。

起身晚，星期日，一切都慢一些，不觉已九时许。急急出门，应英妹约，往拍照(嗣传之二兄得一儿子)，又往左近学校拍照，返以及午，乃在英珠家吃饭。饭后至天津路，行抵浙江路桥，苏州河涨潮，苏州路已被潮淹，浙江路桥南积水更深，即北返。则顷刻间，归途亦断水，适来电车一辆，乃摆至海宁路，复公共汽车涉水而返。

……

十月二十四日 星期一(霜降) 气候 晴

南京路庆云银楼改装之棉布绸缎号

全家福，站立者为娄尔品先生，坐者为太太陆钦信女士，怀抱小儿子娄有辙；大儿子娄有轼、大女儿娄有媖分立左右(1949.10.19)

开门，本庄有不少货物携往寄售。今日开幕，乃一早去道贺，并派人帮忙。

午后以事至地政局，遂早返。忽然有兴偕妻去国泰看场电影，片子不坏，散场步行返家。

附(相关人物)

家人：

父 娄凤韶，苏州振亚丝织厂最大股东，股份27.5%。上海云林丝织厂东厂(临青路)大股东，并独资开设上海同章绸庄(天津路195弄14号)和云林丝织厂南厂(徐家汇路618号)，湖州承昌绸厂。

母 蒋云

妻 陆钦信

岳父 陆仲殷(是元)，苏州振亚丝织厂大股东之一，股份15%

岳母 管尚礼

长子 娄有轼，长女 娄有媖，幼子 娄有辙(小名狗儿)，幼女 娄有明

姐 娄尔德

弟 娄尔行，娄尔端，娄尔正，娄尔修

妹 娄尔英

其他人物：

娄仲明，娄凤韶堂弟，苏州振亚丝织厂股东，股份5%

陆季皋(是福)，陆仲殷(是元)弟弟，苏州振亚丝织厂大股东之一，股份15%

申凤章，陆仲殷(是元)妹夫 苏州振亚丝织厂小股东，股份2.5%

娄尔康，娄仲明长子

陆椿年，陆仲殷(是元)长子

陆钦墀，陆季皋(是福)次子

颐生，陆仲殷(是元)之甥

张华增，娄尔端妻兄，娄尔品税专同学

陶叔南，陆季皋(是福)的学生，苏州振亚丝织厂小股东，股份2.5%

张水生、许景渊、周仁、沈胜白，税专同学

津珠(过志源)，陆仲殷(是元)外孙女

颖官(王志渊)，陆仲殷(是元)外孙

娄詠鹏，远房侄子

单春生、陈馥泉，职工

陶梦第、陶梦池、周吉棠，生意伙伴

娄尔珍，娄仲照之女，嫁李伯申

那天，我正在被查封的证券大楼里[①]

林乐耕[②]

我是宁波人，父亲开了恒隆钱庄。因为受他影响，我从学校毕业后就开始做证券了，当时只有16岁。刚开始在上海汉口路华商证券交易所做练习生，主要是在交易所“写黑板”，就是在黑板上抄写股市交易行情。1937年抗战爆发后，上海华商证券交易所宣告停业，但场外交易从未停止。我在华商证券交易所工作四年多赚了些钱，父亲开钱庄，也给我很多经济支持，我就在上海汉口路422号证券大楼里开设了自己的公司——乐茂证券号。

乐茂证券号，当时上海老证券都知道。开张时只有两间写字间，不久迅速发展至12间，职工有七八十人，装了对讲机八十多部，电话五部。这时乐茂生意很红火，12个房间大概容纳三四百人，因为生意好，挤了五六百人，一天的净利润大概在十根大金条。当时确实赚了不少钱，买了房子、汽车，家里有私家护士、司机、佣工等八人。

遭遇蒋经国打“经济老虎”

1948年我遭受了一生中最难忘的事情，当时蒋介石派蒋经国来上海打经济“老虎”。在这次蒋经国“打老虎”的过程中，我也被牵连，被羁押59天之后，由当时的上海市检察院以违反“交易法”起诉，最后在律师的辩护下无罪释放。

1948年8月19日，国民党召开“中央政治会议”，通过货币改革方案。当晚即由蒋介石以总统名义发布“财政经济紧急令”，并公布“金圆券发行法”，其中最主要两条是：禁止

①2009年3月罗羽琪、荣华协助整理。

②林乐耕，1915.2~2011.8，旧上海证券交易所大楼内乐茂证券号创始人。

私人持有黄金、白银、外汇，凡私人持有者，限于9月30日前收兑成金圆券，违者没收；全国物价冻结在8月19日水平。与此同时蒋介石派出经济督导员到各大城市监督金圆券发行。蒋经国受父命，带一批少壮派骨干到上海进行经济管制，打击投机奸商，时称“打老虎”。

那天，我在家里请几位朋友吃饭，突然接到上海市警察局局长电话，说有事叫我去。所以我就乘了自家汽车去四马路警察总局，到局长办公室一看，沙发上已有三人：申新纱厂老板荣鸿元、杜月笙的三儿子杜维屏、造纸大王詹沛霖。局长说今天十分怠慢，说完自顾自看文件，不久他又以要和太太看电影为由走了。随后，来了几个警察送我们上了两辆车头架着机关枪的警车，将我们送到提篮桥警察医院，当时车后还跟着我们各家的十余辆汽车。我们先到医院，叫了油爆虾、熏鱼、白切鸡等菜饱餐一顿后，乘电梯到病房里检查身体。第二天，荣鸿元、詹沛霖两人先被带走了，不知去向。第三天，我和杜维屏被转到马思南路第一看守所，关了59天后乘警车被送到了浙江路法院。

送到法院后，由于我们四人被羁押的事，早已人尽皆知，故开庭当日中外记者极多。我和杜维屏一共请了12位律师，其中包括知名度甚高的沈钧儒、章士钊、顾祥贵等大律师。市检察院以我们违反“交易法”起诉，但章士钊等据理力争，以充分的事实依据、严密的逻辑论证，说明我们没有违反“交易法”。最后法官判我们无罪释放，判决后朋友、同行一拥而上，纷纷向我们表示祝贺，这场骚动上海滩的风波，就这样平息了。

难忘1949年查封证券交易所

上海解放后不久，实行币制改革，取消伪金圆券，发行人民币，以伪金圆券与人民币10万比1的比价迅即收兑，但金银外币仍流通，尤其是银元成为市场的主要流通手段。当时上海证券交易所已被明令禁止营业，但实际上并没有停，每天有几千人聚集在那，不仅操纵了上海的金融，还控制、影响着全国各主要城市的金融状况，因此被认为是上海市操纵银元、黄金投机的“大本营”。此时陈毅市长发表讲话，要打击银元投机活动。军管会决定查封上海证券交易所等银元投机机构。接收部队于1949年6月10日上午9时到达证券大楼，迅即封闭所有门道，禁止人员进出，控制楼内证券经纪人行动，经清理和甄别，最后对投机商二百余人逮捕法办。当时乐茂证券号就在其中，但我见机行事，溜了出来。后来听说总共抓了三百多人，这些人后来被罚钱了，钱拿不出来，就关在里面……

1949，接管和建校

向 进[①]

一、接管国民党军队联勤第二总医院

1. 学习政策纪律，组建接管队

1949年4月，中国人民解放军渡江战役之后，第三野战军积极准备解放上海。三野后勤卫生部及直属单位驻在苏州木渎镇一带，部署卫勤保障工作和接管上海市国民党军队的医疗卫生机构。首先，卫生部对全体人员进行城市政策和入城纪律的教育，主要是学习毛泽东主席和朱德总司令发布的《中国人民解放军布告》中的约法三章。其次，还组编了若干个接管队。领导已经知道原国防医学院已迁往台湾，而配属给该院作为教学医院的联勤第二总医院仍在上海。当时我任卫生部医务副主任，被编为接管原联勤第二总医院的接管队队长，该队有五名联络员，即卫生部直属医院医务主任王微、医疗队长张瑾和陈实、华东医学院早期学员高间和宓坚。接管队的同志们开会学习和讨论接管工作的具体办法。

卫生部请过去在上海生活过多年的一位同志对所属全体人员作报告，介绍上海市政和社会情况，包括城市的商业、公共交通、生活习惯等。我们这个队还请原国防医学院的毕业生在我军当教员和医生的刘植珊同志介绍国防医学院的组织和校舍情况。他讲了我的几位老同学在那里工作，并绘制了该院校舍的略图，他的介绍使我们有了一个初步印象。

---

①向进，1915.6.2 ~2014.7.3，时任接收原联勤第二总医院军代表。

2. 冒雨到南京调查

为了使我们对原国防医学院有进一步了解，大约在5月23日，卫生部李振湘副部长派我和保健科科长胡墨林同志在黄昏乘火车赴南京调查。我们在苏州车站看到一列从上海向西开的火车，有很多敞篷的车厢，也有几节客车车厢，各车厢挤满了躲避战火离开上海的群众。当时下着小雨，我们是解放军，不买票，急急忙忙爬上了节敞篷车厢。火车开了一段时间，我们的军装被雨淋湿，胡墨林建议我们还是要挤进客车车厢去。火车在一个车站停下，胡墨林拽着我往一节客车车厢硬挤进去。火车开开停停，5月24日黎明才到达南京火车站。经第二野战军后勤卫生部介绍，到二野接管的国民党中央医院，见到了我的同学徐采、黄永乐、肖轼之等。他们说，原国防医学院院部和基础部分已迁往台湾，在上海只留下原联勤第二总医院，在该院工作的有我们的同学张国治、孔庆德、许月娥、顾越泉等，还介绍了该院的其他情况，这样，我们就对原联勤第二总医院有了进一步的了解。

3. 掉队了，几乎误了接管大事

1949年5月26日，我和胡墨林同志从南京乘火车赶回苏州，在苏州城内遇到卫生部的一位同志，他说卫生部已经率领直属医院、干部轮训队、华东医学院早期学员乘汽车开往上海，现在只有炊事班的一部卡车还在木渎镇。我们赶紧步行了20华里走到木渎镇，搭乘运载炊事用具的车子追赶大部队，到半夜才赶上直属医院的车队，立即爬上一辆车子，心中的一块石头才落地。好险啊！几乎误了接管大事。5月27日黎明前进入上海。卫生部机关、直属医院、干部轮训队、华东医学院早期学员进驻原国防医学院校舍。

4. 接 管

我和接管队的五位同志在市区见到李振湘副部长。他要我们当天上午到大西路(现在延安西路)原上海市立六院(现华东医院院址)去找原联勤第二总医院的院长王士成。李副部长对我们说，我们这个接管队是第五接管队，王士成是国民党军队桂系的人，桂系与蒋介石有矛盾，他借口还有伤兵，拒绝将医院迁往台湾。我军攻打江湾一带时，他为了躲避战火，将医院迁到大西路的市立六院和愚园路的幼儿师范、市西中学等处。我们带着介绍信于27日上午到市立六院找到王士成，说明我们是代表解放军来接管联勤第二总医院的。除王士成外，还有该院的行政部主任在那里，他们安排了我们的食宿，初步汇报了该院的情况。不久他请来了我的老同学放射科主任孔庆德和我见面，内科主任张国治当时在昆山县老家探亲。27、28、29日我们分头到该院几个临时住处了解情况。5月30日上午，在愚园路幼儿师范礼堂召开该院全体人员大会，由我宣布中国人民解放军上海市军管会任命我为接管联勤第二总医院军事代表的委任令，介绍五位联络员，正式接管该院。5月31日至6月1日，该院全体人员和设备迁回上海江湾五角场原址。

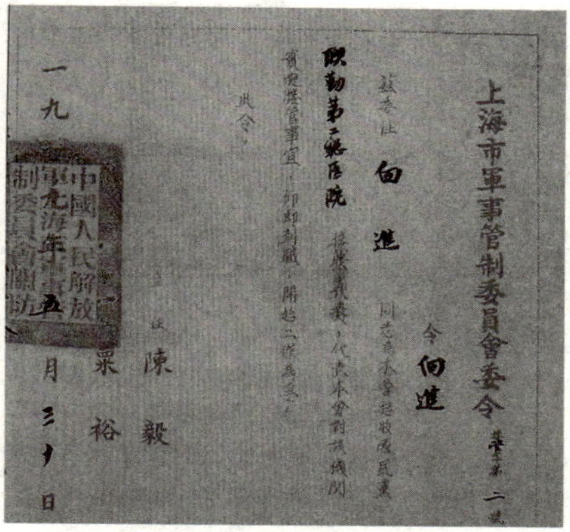
上海市軍事管制委員會委令
令 向進
茲委任 向進 同志為本會接收國民黨
聯勤第二總醫院 接管軍事代表，代表本會對該機關
實施接管事宜，仰即到職，開始工作為要。
此令
主任 陳毅
副主任 粟裕
一九……五月三十日

上海市军官会委任状

在搬迁过程中，卫生部派华东医学院很多学员协助。蒋军的伤兵由军管会有关部门妥善处理。6月份进行全院各部门、各科室的接管和改编为我军医院的工作，包括组织编制、清点人员、了解医护技术人员的业务技术情况，遣散行政人员，清点仪器设备和药材，组建我军医院，发放薪金。华东医学院的一些学员参加了对医护技术人员的宣传教育工作和其他接管工作。我们坚决贯彻执行党关于接收国民党军事机构的政策，区别对待技术人员和军政人员，留用医护技术人员，遣散了行政人员。第五接管队，始只有六人，随着接管和改编工作的进展，卫生部逐渐增派彭克、来越、殷明等二十余人参加工作。李振湘副部长告诉我，彭克任院长，来越将任行政副院长，殷明将任副政委，王士成将改任副院长。

七月中旬，卫生部调我筹建华东军区人民医学院，我把接管和改编第二联勤总医院的工作交给了彭克同志，离开了医院。五位联络员除张瑾和陈实同志留在医院工作外，另外三位都回到原单位去了。

二、筹建华东军区人民医学院

1. 创办华东军区革命化、正规化的医学院

1949年6月，我正在接管联勤第二总医院的时候，华东军区暨第三野战军后勤卫生部部长崔义田和副部长李振湘向陈毅司令员和饶漱石政委请示创办华东军区人民医学院，得到他们的批准。随后李副部长在联勤第二总医院召开筹备委员会，请该院科主任和在沪

部医学院師生合影

的原国防医学院的教授参加，向他们说明我军将在原国防医学院旧址筹建华东军区人民医学院，请他们积极参加和推荐教师。这个会议我参加了。与会的有些教授，例如卢振东、张鹏冲和张奕栋在建校后成为华军区人民医学院的教师。筹备委员会的顾问李穆生推荐了应元岳，还陪同李副部长到附属医院北面荒地上指出地下有很多无人认领的人体骨骼。之后派人挖出了许多人体骨骼供解剖学科教学应用。张国治主任向我说明了原国防医学院的主任教官、副教官相当于地方高等院校的教授、副教授、讲师，对于我们以后任命教学职称有重要的参考价值。

7月8日，在原国防医学院旧址，成立华东军区人民医学院筹备处，指派我为主任，唐志炯为副主任，唐志炯立即开始工作，7月14日我离开原联勤第二总医院到筹备处工作。卫生部指示筹备处任务是师资队伍建设和创造一些必要的物质条件。

华东野战军卫生部医学院师生合影(1949.6)，第三排左5为华东军区后勤卫生部政委王仲良，左6为副部长李振湘，右2为华东军区人民医学院教育长向进。

2. 广纳天下人才，建设师资队伍

临床教师有原联勤第二总医院的大批专家为基础，但还要请一些。原国防医学院的基础课教师大部分到台湾去了，少数到地方的医学院校工作去了。因此我们最初的工作是登记留沪的原国防医学院的教学人员和招聘社会上的医学教育人才，以卫生部的名义在《解放日报》刊登启事，请他们前来登记和应聘，以便量才使用。卫生部的启事：原国防医学院撤消了药科，人民医学院决定开办药科，因此我们对药科师资也登记招聘。来登记录用的有：生理学科的卢振东教授，化学学科的蒋峻仑教授，生物学科的郁康华教授，外语学科的英语讲师杨小石和助教肖耀珍，病理学科吴中立，药科药物化学学科张鹏冲教授和药剂学科张弈栋副教授等。经介绍，邀请和聘请的有下面一些教授：上海解放后，吴之理同志从东北来上海时，崔义田部长请他邀请应元岳教授来华东军区人民医学院工作，因为吴是应的学生。后经李穆生介绍，李振湘副部长和我到他家聘请，他慨然应允来我校任内科主任教授。1950年春，我到协和医院拜访老师张孝骞教授，他说："你们的人民医学院请到Y．Y．YING(应元岳英文姓名简写)，很好。"张孝骞是应元岳在湘雅医科大学第一班的同班同学，他对应是了解的。侯祥川是全国著名的生物化学家和营养学家，崔义田部长请他到我校担任生物化学科主任教授。全国著名的眼科病理学家林文秉，经兼课教授陈友浩推荐，并陪同我到他家聘请他来我校担任眼科主任教授。朱鹤年是全国著名的生理学家，30年代他在长沙湘雅医学院当教授时，李振湘和我都认识他，李振湘从镇江江苏医学院请他来我校任生理学科主任教授。李承祜是全国著名的生药学家，原在国防医学院药科任教，药科停办以后在同济大学任教，人民医学院筹备期间主动来校参加工作，被聘请为药科生药学科主任教授。经张鹏冲介绍，聘请仇士杰和李正毅来药科药物化学科和药物分析学科的副教授。经李承祜介绍聘请同济大学的嵇联晋担任生物学科教授。

解剖学科汤肇虞教授是第二野战军医科大学介绍来的。细菌学科叶天星教授和生物化学科杨志铭副教授是随联勤第二总医院一起过来的。

一些青年教师和医生是我军自己培养出来的医学院校毕业生，例如赵亚南等同志；有些是上海和其他城市普通高校和医学院校培养出来的毕业生，例如吴孟超、倪国坛等同志。

经过各方面两个多月的努力，登记和聘请来几十名专家教授，加上附属医院的医学专家以及大量的青年教师和医生，人民医学院的师资队伍初步形成，阵容相当可观，为开学创造了最重要的条件。真正做到了广纳天下人才，服务我军军医教育。有些学科还缺少一些教师，在开学以后继续努力招聘。

3. 艰苦创业，创造必要的物质条件

筹备过程中建校物资条件是很差的，原国防医学院的旧址只剩下空房子。卫生部派来了人民医学院总务处(张德友为处长)，在筹备处和总务处的领导下，组织修理房屋，制作课桌、课凳、实验台等。课桌、课凳是一些旧的不结实的木料制出来的，其中有些使用起来还有点摇晃。到礼堂开会，每人自带凳子。显微镜是从市场上各个医疗器械商店买来的，有的是旧的，数量也不够，几门课程要共用。物理、化学的仪器和试剂也是从市场上买来的。记纹鼓是卢振东教授在市区请工人制作的。叶天星和杨志铭等人保存了一些细菌学科和生物化学科部分仪器设备，可以继续使用。因为有些学科在开学以后不是马上上课，仪器设备可以继续制备。教材不完备，从书店买一些旧的教材，自己编写油印一些，教师讲课时学生记笔记。同志们克服各种困难积极创办学校，贯彻了上级领导要求我们艰苦创业的指导思想。

4. 学生早在苏北集中，只等来校学习

1949年1月，第三野战军卫生部在江苏睢宁开办干部轮训队，抽调部队营、连在职医务干部170人学习。他们于5月27日即进驻原国防医学院校舍，部分学员参加了上海的接管工作。7月下旬提前开始了业务学习。

同年1月，中共第三野战军前委决定创办华东医务干部学校。3月，第三野战军卫生部抽调华东医学院原教务副主任朱之闻和英文教员顾亟等干部组成招生组，以华东医务干部学校的名义(不久沿用华东医学院校名，实际上它是后期的华东医学院)在扬州、南通一带招生(6月上旬渡江后在苏州也招了一些学生)，以便在上海解放后进入华东军区人民医学院学习。崔义田、李振湘兼任正副校(院)长、左英任教务处长(不久唐球任处长)、朱之闻、李树森任副处长。截至7月，共招收新生810人。3–8月对这些新生进行了政治教育。

1946年入学的华东医学院早期学员队在队长严仲野、教导员许高群率领下于1949年3月从睢宁南下至扬州，与新招收的同学见面，并举行了联欢晚会。5月27日他们随卫生部到上海，进驻原国防医学院的空房子。部分学员参加接管原联勤第二总医院的工作。7月16日恢复上业务课，聘请原国防医学院和华东军区人民医学院附属医院的教授和专家讲授药理学、X线诊断学、外科学、妇产科学和儿科学等，直到9月，约两个月，理论学习阶段结业，即将转入实习阶段。

8月15日，在扬州开办的华东医学院院部机关和810名新生组成几个学员大队由苏州迁入上海江湾新校址，与筹备处、干部轮训队和华东医学院早期学员队会合，正式组成华东军区人民医学院，共有学员980名。

开学前后，有一些原国防医学院的学生从台湾逃回上海，说是在台北收听到陈毅市长的广播讲话，我军在原国防医学院旧址创办了华东军区人民医学院，号召原国防医学院的师生来人民医学院工作和学习，因此他们逃回上海来上学。我没有听过陈市长的这个广播讲话，打电话问崔义田部长，他说确有此事，把这些学员收下，让他们入校参加了学习。

5. 组织机构的建立和开学

经上级任命，崔义田兼任院长，李振湘兼任副院长，我任教育长(7月中旬王仲良政委在一次干部会议上宣布我任教育长)，唐球任教务部主任，唐志炯、黄志尚任副主任，李树森任政治处主任，张德友任总务处长。干部轮训队改称一大队，新生本科为二大队，学习专科的新生编为三大队。早在开学以前，7月14日，卫生部派出的人员将原联勤第二总医院接管和改组完毕后，华东军区人民医学院附属医院宣布成立。上级任命彭克为院长，来越、王士成为副院长，殷明为副政委。

1949年9月12日正式开学。华东医学院早期的学员队结业典礼与新生的开学典礼合并举行，华东军区政治部主任舒同同志在开学典礼上讲话。

选自《向进自传》(未刊稿，2010)

1949，一个百岁老人的回忆[①]

徐之河[②]

1948年冬，国民党军节节败退，解放军进至长江北岸了，各校怕学生闹事，提早放假，教师大多回老家去了。潭、周是四川人，崔克纳是芜湖人，他们都先后回家去了。我因离家多年，老母在家，便趁机偕景椒回家过春节。回家途中，我们先到衢州住了几天。在衢州，二哥、三哥购有房屋和田地。二哥的五架屋前后三堂，屋后还有荒废了的小花园，三哥的房屋在其东边，是连在一起的，较旧，是收租和长工居住的地方。那时二嫂和三嫂两家住二哥房前堂的东西两边，六哥一家住在第三堂。三家的人口不少，可能比后徐老家还多。景椒嫁到我家时，三嫂也住在家里，她很喜欢景椒。景椒上学时三嫂常给她零用钱。二嫂原住上海，我和景椒常去看她，她也很喜欢景椒。景椒在南京工作时常到六哥家玩。此次在衢州，四妯娌聚一起可能是唯一的一次。我们在各家轮流吃饭，与各家小孩玩玩，热闹非凡。但年关已至，不久我们便回家看母亲，过春节了。

自从1938年秋离家去重庆后，我已有十年没有在家过春节了。老家的春节忙碌热闹，节前要炒花生、南瓜子，做米糕、年糕、大锣糕，包粽子，还要买各种年货，杀猪、羊、鸡、鸭，要谢年，迎新春，迎新年。正月初一要聚集在厅里“领饼”，要互相拜年，节后要到娘家拜年吃新年酒，上灯后十天内还要舞龙灯、狮子灯，让小孩无比高兴，使大人疲劳不堪。我们是难得回家的，除参加一些礼节性活动之外，余下的则可袖手旁观。当时老母七十多岁，还管家务，还有大哥、大嫂、五哥、五嫂协助，一家过得十分安泰。我们结

①选自《百岁回眸：变迁与思索》(上海社会科学院出版社，2016)。
②生于1917年5月4日，时为暨南大学教师。

婚的用房现在妈妈住着，我们住在四叔原住的房间里，那里有一个朝荷花田的窗子，空气特别好，妈妈爱景椒的心思，常不知不觉地流露出来，景椒真幸运能得到那么多人的爱。我们到家没几天，她二姐就叫人来接我们去回龙庵了。回龙庵经多年的经营扩建后，已成佛教圣地了。庙有前后三堂，两边还有钟鼓楼。前堂有阿弥陀佛、韦陀和四大天将，中堂是观音菩萨，三堂是大雄宝殿。在那里念经吃素的，有三、四人，还有种田的长工，二姐看到我们回家，不知有多高兴，景椒是她最喜爱的妹妹，是她最亲密的亲人，竟破例地让我们在翼屋里吃起鸡、鸭、鱼、肉来。庙的天井中种有橘树，每年可产橘一担，知道我们要回乡，留着给我们带回后徐吃的。下午又陪我们去荷宅边去看景椒大哥、大嫂，那时景椒妈妈已去世，大哥嫂因老家被日本鬼子烧毁后，迁来荷宅边住的。大哥嫂已五十有余，没有生儿育女，雇了一对长工夫妇，给他们种田做饭。他们见我们去很高兴，请我们大吃大喝了一顿，回家时还带回许多鱼干。原来大哥在家无聊，几乎每天都要到河里去钓鱼，他们又不太吃，解放初期还托人给我送鱼干呢！

新年伊始，大叔、四叔等家因我们难得回家过年，轮流请我们吃新年酒。大叔无后，夫妇仍住在老屋的小厅间，大婶很能干，对我母子女成群并有出息，有些不服气，见我母偏爱我妻，有些看不惯。这次请客，故意只请男的不请女的，我当时没有意识到，看到母亲在家做酒席给景椒等吃，始知其意。真的，大家都是请我和景椒一起去赴宴的，大约是有意气我妈和景椒的吧，唉！

新年一过，老家被毁后迁居保安的景椒二哥嫂又来轿接我们去吃新年酒了。保安距我们家有近二十里路，我们觉得坐轿不好，一路基本上是跟着轿步行的。妻二哥原是我初中的先后同学，但高中毕业结婚后就在家吃老米饭了。其妻是戴雨农妹妹的女儿。我们到保安后，她外婆很客气，戴弟、戴子及其他几家戴姓，都轮流请客，很少在家里吃饭。他们对我及景椒都很尊重。据说戴笠回家训子弟小辈时，常以我家七个兄弟能读书、有成就作榜样，要他们学习呢！当时戴家的住房很一般，只有戴弟的新居相当漂亮，可惜1949年后因造水库给拆除了。

新年很快就过去了，我们又匆匆地离家回上海。当时谁会想到这一别离，有的是永别，有的是长达四五十年的别离呢！

上海更加乱糟糟了，谣言四起，物价暴涨，人心很不安定，我们也不知道如何是好？但要上课，只得安心下来备课教书。船到桥头自会直，到那时再说吧！

景椒身体比以前好多了，还是那样的酷爱清洁，每天除买菜烧饭外，还要把住房大扫一番，使我们有一个洁净的生活和读书的环境。有几个朋友见景椒太爱清洁不以为然，竟说太求干净真的要“净”的。

四月，解放军渡过长江解放了南京，国民党军大部分到了上海，说是要死守上海。当时我们还住在青云路暨大宿舍，那里离郊区不远，当我们听到炮声，知道离战场已近时，决定放弃住房，搬到溧阳路老家与二哥等同住。那时二嫂已带部分小孩和三、六艘及其子女从衢州退往福建转台湾去了，上海家中只有二哥及读大学的奉化和高中就要毕业的君衢、慧芬四人居住。

在上海即将解放前数天，当时在招商局工作的我读小学时的老师，忽然派人送来六张船票，要我们快点上船去台湾，否则就来不及了。二哥他们匆匆收拾行李，要我们也去。我因想到八年抗战的流离，国民党大势已去，听广播解放军善待知识分子，加上兄弟都去，老母无人照顾等，很想不去。与景椒商量，景椒说我决定好了，她总是听我的。于是我们就决定不走了。这时李福样恰来看我们，我们便将两张船票给他了，以示决心。当时奉化听说我们不去，也要留下来跟我们。奉化是二哥最爱的女儿，二哥听此说，眼泪也掉下来了。奉化不忍，最后还是跟着二哥、慧芬、君衢一起走了。不料这一别就是近四十年。

二哥等走后，虽只有几天就解放了，但这几天真是度日如年。次日早晨，便有几个国民党军官，可能是原住楼上六哥朋友(当时已退福建)的朋友，到我们家来说，他们退到上海缺住房，希望我们让出一间给他们。我和景椒很生气，便说我还有几个在大学读书的子弟及他们的朋友要来住，不可以。他们大概听到有大学生来住，大学生不好对付，便客客气气地溜走了。当天下午，三哥留在上海的司机，开着三哥的汽车来家找我们，说是单位已撤退，他想在我们处住几天。我们正觉得孤单，便答应下来了。同时我还打电话叫初中同学，景椒姊夫之弟郑之也来住，以便有个照应。

解放前的一天夜里，我们已经睡下，忽听得有人爬墙，进我们家来了，景椒有点害怕，我只得好言劝慰。司机起来后，叫郑一起察看，始知有几个全副武装的败兵，想在我们家躲藏。他们之中有一个，原是居住楼上的那位朋友的熟人。司机便出面交涉，要他们把武器丢到屋外阴沟中，以求安全。同时，同意他们换上便衣，住在楼上阁楼中躲避。司机说，估计要解放了，军车留在家里会有麻烦，让他把车开到远一点的地方去丢掉吧，并嘱咐我们在他未归前不要开门。大约十时许，我们忽接到住在黄浦区的一位朋友的电话，说是他们那边已解放了，不要紧张，没事的。那天下午四时，忽然见对面中学的旗杆上，升起了红旗，我们知道这是解放的标志。但我们仍紧闭门户以防不测。

大约过了半个多小时，有几个头戴着解放帽，身穿学生装，手中拿着老式步枪的人来敲门，司机便把门打开让他们进来。门一开，他们一句话也没说，就进花园中巡看了，但未进屋便退出去了。在这过程中，我和景椒不知哪里来的力量，一直心情平静，不慌不忙地等着解放。啊！解放了，动荡的年月可能结束了，真希望能有一个自由、民主、繁荣昌盛的新时代啊！

1949年秋，我转上海商学院任教。记得我们报到后，就参加新中国成立大游行。那天下雨，从单位列队步行到人民广场再回来，路很长，虽很兴奋，但因长期未走过那么长的路，回到家中已经累瘫了。当时工商管理系主任，是由“上法”名教授孙怀仁兼任的。我到上商见到他时，他说正缺教授，想开两个新课，不知你有兴趣否。我说：哪两个？他说：“动作时间研究”和“工作(工序)研究”。我说可以，就在工商系开这两个课了。那时上商是名校，每次招生不多，很是难考，学生水平都很高，每个系只有近百个学生，许多课都由其他学校的老教授兼任，专业教授只有我一个人，还有一个助教。因此我们同事、同学之间的关系十分密切，是尊师爱生的，迄今当年的学生也已八十多岁了，还有人来看我。当时我开的这两门课，是泰勒制度科学管理的主要内容。工序(工作)研究，是研究生产一件产品至少几个工序，工序如何简化，如何联结，怎样才能在制品过程中减少工序。“动作时间研究”是研究动作经济，如何布置工作地，才能在一个工作地上完成一个工序最省力省时，每个工序要花多少时，要通过写实测时决定。动作经济原则平时工作活动都用得着，许多学生对此课兴趣很大。传出去，其他系(如统计系)学生也要求我开这些课。我只得把两系学生合在一起上课。

对于我开的课受学生欢迎一事，孙主任很高兴。我因离院近，备课要到院图书馆找外文参考书，常去院部，孙听说后知我备课很认真，很欣慰，有一次我去院部他碰到我，对我说：“你来要到系办公室，有事与小刘(助教)商量一下就定下来。”从此我成为他的助手，连他到北京等处去，都要我帮助他照顾一下。

1949年上海解放，我和妻子一起走进了一个非常陌生的世界。我父虽是贫农出身，但他们是靠忠孝节义等封建道德发家的。我妻出身于老地主家庭，她的封建思想更浓，凡事都讲忠孝节义，要忠于统治者、亲人和老师，要孝敬长辈，夫妇要讲节义，待人要讲仁义。我家的亲友，大多是地主阶级中人。解放初期，他们即遇到困难，像蜂巢被戳破的黄蜂，到处乱飞，寻找生路。我俩所住的溧阳路旧居，他们许多人解放前都来过，很自然地到上海就找上来了。一时间我俩家中常常亲朋满座，吃饭要分好几批，我的薪水只能供应粗茶淡饭。当时米价飞涨，排队都买不到，如不是妻子解放前夕囤了六个月的粮，真是连淡饭也做不出的。我因还要备课，有时有些怨言。我妻则安慰我说，人家有难，应当救助。一般亲友，见我们没有办法，而警察又常来查户口，住了数日也就走了。但还有一些亲人，如四叔、大哥、九弟等，却是必须想法使他们能在上海住下去的。于是决定让他们在上海开柴炭行和面店。但缺少资金，我一个人借不到那么多(要上千万元)，除我向友人高利借一部分外，景椒还自告奋勇地向她友人借来三百万元。幸九弟守信用，在他们离上海前把这些钱都还清了。

妻一直担心亲人们的安全。警察到家，常由她接待，说我接待会讲错话，带来严重后果。六哥解放后不久，就偕友人来上海。说要找船去港或舟山，妻便让我从速想办法。听说大哥缺少川资，便催我快去借钱，她还拿出部分首饰相助，让他能早日离沪去找左达叔。五哥带巨款很不方便，希望带些金银首饰，我妻便把金戒赠他，她多希望亲人们能避此劫难，平安抵达目的地啊！但我俩却是在胆战心惊中度日的。

最使人惊魂不定的是一次大搜捕。

那一天早上天才亮，一个便衣警察便来我家，说四叔、大哥等不见了，要我到公安局去交代此事。我以还要上课为由以对，说上好课后再去。他很不高兴地填了一张单子，要我下课后到市公安局报到。当时绍福(外甥？)住在后门边的汽车间里，见此情形，非常惊慌，说这是当局提人的惯用手法，决不能上当，他有乡政府给他的通行路条，可供我用，要我马上逃走。我想，如我逃走，一定会连累他的。加上当时家中只有我一人工作，我走了妈、妻、文等怎么生活，心里七上八下。看看住房花园，环顾四周事物，想起楼上有病在身尚未起床的妻，想起蒙在鼓里的妈妈，不觉流下泪来。但仔细想来，我并没有什么问题，为什么要逃呢，便决心留了下来。于是便安下心来，叫车去上海商学院上课了。

三节课很快就上好了，我便匆匆赶往公安局报到。到公安局，问站岗警察，说是要上四楼报到。进入公安局广场，只见到处坐满了绑着双手的人，连上四楼的楼梯上，也坐满了。见此情景，我不禁心慌起来，但强行自制，不久也就定下心来了。到四楼进入办公室，忙把条子交给接待我的那个人，他却不经心地看了一下，就说：你回去吧，以后有事再通知你。我既喜又忧。

为了使家人安心，我便匆匆忙忙赶回家中，仍瞒着妈妈，却将此事告知妻子。妻说：你真也太冒险了，如果有事怎么办，三十六计逃为上计。以后有事不要管我，只要你好，我会自谋生路的，我会千方百计地来找到你的，不要因我而冒险了。

我们溧阳路的老家，原是六哥租来供一家数口住的，后来二哥子女较多，住起来就感到拥挤了。解放前夕，二哥举家赴台，我俩搬入后两人住起来很宽敞。但四哥、绍福与韵芬两家来后便住不下了。四哥一家一到，我俩便让出正房，到弄堂隔成的小间去住，我怕妻有意见，但妻说，他们人多，又是哥哥，便痛痛快快地让出来了。此房解放前一直没有缴过租，是我们和四哥一起补缴了房租并过了户的。为了补缴租金并过户，妻子换了她心爱的金器。当时二楼还是六哥那位朋友的妻子占住着，我们认为要收回来。四哥当时已去香港，四嫂已找到职校一个教职，我任教授。妻认为我们不能出面和她们争吵，于是，她便勇敢担负起讨回住房的责任。

那时四叔等还在上海，怕吵闹对我们不利，说我们家那么多的产业都丢了，不要吵了，人家要暗害我们的，但妻不以为然，于是她勇敢地据理力争，终于收回了楼上的房间及汽车间。我们乃迁入二楼大房间，妈妈和思华住二楼小房间，绍福一家暂住汽车间，四哥一家住在楼下。

母亲是因为五哥怕她留家痛心，大约在1949年底就送来和我们一起居住的。

七种毛泽东著作在上海的紧急印刷发行

吉少甫①

1949年2–3月间，中共港澳工委的文委领导之一邵荃麟以及三联书店首任总经理徐伯昕召集我和唐泽霖在皇后大道香港生活书店二楼紧急磋商。当时解放军正准备向江南挺进。黎明前的上海，政治局势十分复杂。国民党特务和反共分子散布了不少谣言，不断逮捕和枪杀共产党人，制造恐怖事端，大批物资转移，溃败前的国民党企图搞乱上海政治经济。迎接解放的普通上海市民极想了解共产党当政后会有哪些保障时局稳定和民众温饱的新措施，广大知识分子急于了解共产党的建国纲领和政治主张，许多民主人士更急需知道共产党对他们将采取何种政策。当时党的宣传教育工作迫在眉睫，而南下大军处于战斗状态，不可能随军携带宣传品和书籍到沪。为解放上海后尽快稳定局势，安定民心，使上海人民及时跟上新中国前进的步伐，中共南方局港澳工委决定在上海解放之际，出版《论联合政府》《新民主主义论》《当前形势和我们的任务》《中国革命和中国共产党》《在延安文艺座谈会上的讲话》《矛盾论》和《实践论》(仅凭个人的回忆)等七种毛泽东著作单行本。纸型由香港新民主出版社提供，印刷力量借助上海群益和上海三联原有的关系，由三联书店、新民主出版社和群益出版社三家出人运作。

4月下旬，我和唐泽霖乘香港“霸王号”飞机秘密回到上海。唐泽霖受党指派，将负责解放后接管上海的印刷厂，而我也将参加上海对私营出版社的接管工作。我俩装扮成来沪作投机生意的港商，行李袋中藏着用毛毯包裹的一套七种纸型，另一套纸型则航空寄至上海四川北路桥邮政总局交“陈中和”(假名)收。为顺利通过上海龙华机场的海关检查，在

①吉少甫，1919.6.26~2008.10.10，时为群益出版社香港海洋书屋经理。

香港时，中共地下党员、著名作家周而复(香港文委之一)想到，诗人袁水拍有个弟弟在上海海关工作，就交给我一个电话号码，让我到沪后即与袁的弟媳联系。飞机到达龙华机场，果然军警戒备森严。我们按照周而复给的电话号码，找到了袁水拍的弟媳。她来机场后，便像熟人一样，将孩子交给我抱。门岗要检查行李，她指着我说：“我们是海关的职员和家属。”就这样，我们巧妙地得到“免检”，保护七种纸型安全过了海关。

当时在上海三联工作的许觉民(洁泯)、方学武等人为(印行)这批单行本已做好了物资准备。他们为迎接上海解放，奉命调查国民党出版社、书店、印刷厂在上海的财产(主要是官僚资本)状况、房产分布及负责人名单，以及他们目前的动态。当他们得知有些国民党党办出版社正在布置将纸张和印刷器材运往台湾时，便采取了必要的行动加以制止。在这同时，他们又向各方借贷钱财，购买了一再下跌的纸张，储存在私人银行的仓库里。

我们的第一套纸型一到，七本单行本就立即秘密投入印刷。为了安全起见，这批书全都先印了正文，没有印封面。准备待上海一解放，立即补印封皮后装订成册。这时，上海战事已经开始，由于时间紧迫，需要量大，一套纸型已来不及满足印刷需要。我们决定冒一次险，在枪炮声没有停歇时，就去邮政总局取回第二套纸型。上海的同志起初不同意，认为很不安

解放初期上海新华书店福州路门市部(上海韬奋纪念馆提供)

新華書
JASS

全，不如就请邮局代我们保存；但我们认为，还是应当利用上海刚解放的最好宣传时机，尽早准备好宣传品。

5月27日，人民解放军正在杨树浦围歼最后的国民党残敌。上海三联的范用认为，此时应当是取纸型的最好时机。我俩就骑着自行车飞快穿过四川北路桥，奔向邮政总局。桥北还有国民党败军横七竖八的尸体，听得到远处响着的枪声。事后我俩才知道，等9时后我俩走进邮局时，上海市区已完全解放，回到了人民手中。我们向邮局柜台坚持工作的营业员轻声说，我们是上海地下党派来的，要取一个交给“陈中和”的包裹。他很吃惊地看着我们，立即找到纸型包裹交给了我们。在战火中保存的这套纸型完好无损真是一件幸事！

28日，我们委托的印刷厂(其中包括一直与群益、三联合作的一批私人小厂)补印了这批毛著单行本的封皮。我印象中是白色封面，书名是黑字，加了个长方形大红衬。出版单位可能是新时代出版社(记不确实了)。每种单行本大约印了10万册，第三天就装订好，在上海福州路新华书店第一门市部和河南路第二门市部与上海读者见了面，热销盛况空前。因要买书的人太多，营业员不得不把住大门，出一个人进一个人地销售。

单行本上市数月后，正准备出任中央人民政府出版总署办公厅主任的胡绳同志打来了电话，说这批香港带来的单行本纸型错字太多，应停止发行。后来，据了解，这几种纸型，与延安正式出版物的纸型文字有不少差别。它们来自夏衍主编的香港《华商报》，文章大多依据毛泽东最初原文的电报稿记录下来，之后，毛泽东又多次修改过。因此，原稿与修改后的定稿有很大不同；再者，由于时间仓促，香港在校对中的疏忽也留下了一些错误。虽然，我们及时补印了详细的“勘误表”，但这已成为难以弥补的遗憾了。

到了1949年9月底，上级有正式文件发下，告知毛泽东著作一律由新华书店统一印刷出版。这样，我们这套毛著单行本即便纠了错也不再允许加印了。

现查《中华人民共和国出版史料》，1949年9月23日，中共中央宣传部曾下达过关于“编选我党文件等问题给华东局宣传部的指示”，其中明确了“党的文件、负责同志的言论”要“统归新华书店办理”，“指示”为此说明的理由是：

(一) 保证文件与负责同志言论的印刷品在文字上绝对准确无讹；

(二) 掌握文件及负责同志言论的对外传播时机，避免过早传播或在情况变动、不适宜于宣传时继续流传；

（三）保证文件及负责同志言论在事后文字上有变动时，能及时改变订正；

（四）防止任意解释注释，歪曲原意。

这次三家地下党领导的出版社联合印刷出版的紧急行动，虽然在上海解放之时及时发挥了积极宣传教育作用，但缺乏正规性，被认为不是党的上级领导正式批准的理论政策出版物。所以，在《上海出版志》和《中国出版史》上都没有留下任何记录，估计类似的情况还有不少。

（晓蓉根据吉少甫口述及有关材料综合整理，2008年6月吉少甫定稿于华东医院病榻之上）

附 记[①]

2008年5月3日，首都师范大学闻立树教授致函父亲，称他承担了国家社科基金课题"毛泽东著作版本与传播研究"。在搜集的有关材料中，有人提及1949年上海解放时曾出版过七种单行本，而吉少甫曾亲历此事。他希望父亲能为他提供这七种样本并介绍当年出版发行情况。

父亲表示，他没有参与这套单行本的印刷和发行，又没有保留当年的印刷样本，只能凭个人记忆对有关亲历和见闻作些口述。至于提供纸型的香港新民主出版社的工作，他没有参与，无法提供线索。父亲当时患尿毒症，正在医院透析治疗，手头又没有资料。他趁每次三小时的透析，口述零星的回忆，让我记下来，并告诉我去查找哪些人的回忆文章和有关资料。经综合整理后，我将此份史料交父亲修改定稿。他说："这可能是这件事始末比较完整的一份材料了！"他相信对闻教授的课题研究进展会有些用处。

①晓蓉 2018年8月追记，2019年晓蓉又对本文个别不确切处作了订正。

我在《华东画报》经历的1949年

黎 鲁[①]

1948年秋我从《军大导报》调往华东画报社。

大约是十一月之后，大家要我刻一幅《打过长江去，解放新中国》以便当做《战士文化》第五期封底。这张画左下角一些机关枪套是江有生帮助出主意，他的画面经常出现小道具小动作。渡江渡江，已经讲了好几个月了，正好1948年11月党中央发布“一年打败蒋介石”的号召，这幅画决定由我负责完成。于是，我采用龙实主张的运用想象：设想有一连队，从驻村集合出发，战士明确自己的使命是“渡江，解放全中国”，当即在我脑海中一一浮现出来。那村中乡亲对解放军的不舍之情以及短时间内发生的一切，显示出人民军队和人民打成一片的真实面貌，实现了龙实的艺术主张。刻完以后正好济南市内正开画展，我便请人带去参展。

1949年1月2日，我们集体坐汽车到闵家庄华东局听康生做大报告，知道今年必将解放京沪，令人振奋。康生讲话生动活泼，举例吃花生必须剥壳后再吐皮，说明对任何事都必须养成分析的习惯。

一月六日，主编龙实指定吴耘和我两人合编《华东画报》49期“淮海战役特辑”，16开本16页，因我常提反对近来一直多出单张的毛病。这期恰巧正是《华东画报》在山东出版的最后一期。几位战地记者交来的照片中，有几幅总前委紧张讨论的照片；另一幅为五位领导人合影，这幅后来曾被广泛采用。战俘军官群像和邱清泉被击毙的照片都有了，倒是独缺杜聿明，怎么办？笑嘻嘻的吴耘表示有办法，带着几分神秘，他取出自己拍摄的杜

①黎鲁，生于1921年7月21日，时为《华东画报》编辑。

木刻《打过长江去，解放全中国》(黎鲁创作)

聿明被俘照片，于是以一幅题为“战犯的下场”的新闻照刊登在画报显著位置。

吴耘原名吴沄，和我在华华中学高中同班。在中学时他就画得很好，曾在著名的《申报》《译报》《译报周刊》发表过很具艺术感染力的抗日宣传画，都是用炭精笔刻画的。

《华东画报》49期

中学毕业后，他进入上海美专，1940年赴苏北盐城鲁艺，我进入另一大学。

一月份正值政治部机关进行集体鉴定，吕蒙及涂克认为我敢提意见，能打破党八股，龙实认为我抓业务很好，吴耘认为我过于追求个人名利，鲁岩说我思想杂乱，好新鲜、无主流，幻想过多。什么是主流，就是缺乏马列主义。根治法，就是把党的政策当主要要求。我以为要好好学习社论《评战犯求和》。几个月后出现了一本优秀连环画，便是创作出一本连环画《东郭先生》，把反动派比喻为恶狼。是蔡若虹编写的脚本，画家为刘继卣。

春节期间，一天和鲁岩闲谈，他说有篇刚发表的通讯《英雄的十月》是有分量的佳作，作者华山，既能掌握全面又善细节描写，值得学习。回想几个月前龙实和我谈及“运用想象”的创作。他常说，创作要心历其境，你面对一张白纸思考再思考，沉醉其中，做到见人、见物、见景，再下来(后来在50年代，在贺友直、盛亮贤的连环画中，其人物不是只完成外形动作，而是讲求内心刻画，也是依据这一原理)。

1949年初春的一天，华东军区政治部人员坐了卡车由青州贾家庙机关驻地开到附近的首脑机关闵家庄，欢迎一大批新来的民生人士，先由舒同、许世友在联欢会上致欢迎词，客人们是：陈叔通、柳亚子、马寅初、张炯伯、郑振铎、叶绍钧、曹禺……他们个个精神振奋，态度激昂，尤以柳亚子反蒋情绪最高。会后又演出几出京剧折子戏如《空城计》《三岔口》招待。

上海市的解放是5月27日，早在4月间，正、副主编龙实、吕蒙加上军大文工团长沈之瑜已确定为接管上海的美术方面的军代表，先调往京沪线丹阳一带待命，随军记者吴耘也一同前往，副主编鲁岩和画报社人员也于6月离开才搬来不过十多天的济南市经七路驻地。这时携带着社内全部辎重装成数不清的箱子一起南下。

鲁岩先派我到银行领取二十万元款项，耽搁到晚才上了火车。次日清晨从兖州才换到徐州，于是大家一起抢着把箱子一一搬下，又再把箱子一一搬上到蚌埠的火车。下午大雨倾盆时又换了一辆敞篷车挤在一起，下来去找渡口换船，又发现徐克和姜维朴一度失踪，我也失去鞋子，赤足摸上渡船。只见每人浑身都泥泞不堪，过了渡口才驶到浦口。再一番搬上搬下，终于登上宁沪线。江南一片肥沃，村村是小茅草屋，山东人住惯大瓦房，都说太不好。

一到上海，来到华东画报(已是江苏路安化路口一座花园洋房)，我就发现龙实还是一个画不离手的勤奋美术工作者，其中有几幅是他入城初几天那些接管大员没有床铺而共睡地板的艰苦状况，非常有情趣。

龙实在上海解放前夕先赴上海外围，解放那夜住交通大学。龙实回忆："第三天(估计是6月1日前，应该是5月27日)住法租界工商局大厦(工董局)，人多地方小，熙熙攘攘，每夜不过11点，不能睡觉，到来客渐少时，一下子，地板、沙发、桌子上下，见缝插针，倒下就睡，挤得满满当当。谁要解手，只得从人家头顶、脚尖小心翼翼地踩过去。第二天，天刚黎明，大街上有轨电车的轰隆隆声吵得无法安睡，天天如此，那几天人人睡眠不足，精神不振。不久，《大公报》上作文介绍我们这些接收大员与几年前国民党的接收大员迥异的生活。记者惊于我们睡地板、吃咸菜、布衣布鞋，但工作却忙得无法形容。"

龙实画《睡地板》有两幅，地点相同、构图不同，可见他对初入上海体会之深。

"不几天，我们又搬家，搬来江苏路(原忆定盘路)国民党淞沪警备司令部新闻处长的官邸。官邸是一座花园洋房，豪华气派，西班牙式的红房顶，米黄色的墙。楼有三层，有中西式客厅。西式客厅是进口的地毯、沙发，中式客厅是红木雕花家具，古色古香。每层楼都有很洋气的卫生间、讲究的卧室、书房、餐室，还有育婴室……总共不下十余间。附属建筑有停车房、温室、传达室下人住房等，还有精致的花园，花园里有各色鲜花、常青树和一片草地，草地上摆着几把休闲椅子。"

"房主人好像离去还不久，室内还散发出浓浓的香水余味，最令人注目的是，草地只剪了一半，另一半，边上躺着剪草机，可以想见，主人带着太太小姐提起装满细软的皮箱匆匆逃走，剪草工见状，明白发生了什么事，于是放下活不干了。这就出现了这样尴尬的草地。"

"20世纪40年代，贫穷落后的中国的一个小小的处长，拥有如此气派的豪宅，由此可

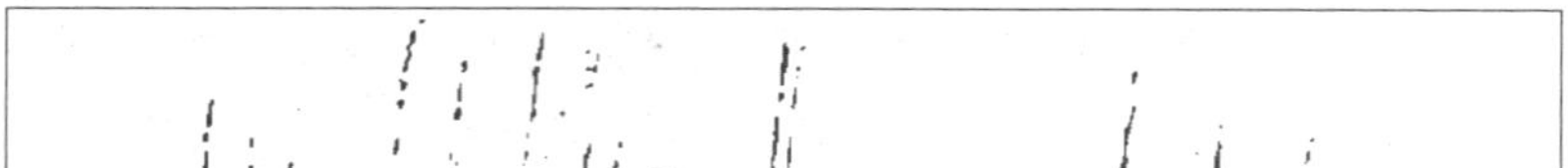

初入上海《睡地板》(龙实 画)

见国民党的官员敛财有术，腐败也未尝不是国民党政权垮台的一个重要原因。”

这段回忆，今日读来，还是有珍贵的价值。洋楼的后面(即右边)，那大树叶子下面是一排直溜溜的三层窗户，应是有钱人家佣人所居，它冬冷夏热。当时作为一把手的龙实，就和他的夫人言炎同志住在这二楼的小间里，每天下午是满房的日光，那正是炎热的夏季。龙实赴西南前线后，吕蒙夫妇住在这间。

在江苏路的两三个月里，龙实有时还拿着速写本到外面写生，这是一幅他随手一丢的速写(见下图)。他其实很勤奋的，我常向他讨教，我画了一幅画找他提意见，他认为画题不好，替我改了一下。

到上海没几天，画报社单独成立了党支部，它已经不再属于“华东军区”，而是改属于全市有权威的“军事管制委员会”下属的文艺处了。另设总支，画报社14名党员中我被选中为支委，支书为谭铁流。吕蒙准备随军南下到福建前线，龙实、鲁岩留下来了。龙实、吕蒙以及沈之瑜三人都是负责接管的军代表，被接管的有官僚资本属下的时代印刷厂(邵洵美主持过的《时代画报》印刷地)、美术馆(在陕西南路，曾编辑过一本很有名的《美术年鉴》)……

龙实在江苏路时期画的速写

1949年7月6日，解放军入城式是未有过的盛举。全市沉浸在欢快之中，虽一直下着雨，人群却如汪洋大海。此时飘荡望不完的鲜花、五彩标语，大小不一的旗子，此起

检阅台上周予同(1949.7.6)

彼伏的口号声，雄壮的歌声、阵阵的腰鼓声……马路正中开动着各式坦克、装甲、榴弹炮队和登陆艇。摄影记者们都涌入军民联欢的队列内。我也随军采访，任意上车下车。车子前进速度极慢，可以随意跳上满载战士卡车的踏板上，得和围观人群任意握手，游行队伍从杨树浦一直开到静安寺，一路遇到多日未遇的熟记者郝世保、郑景康、康矛召、邹建东、陆文骏、陆仁生等，互相告知着老战友的近况……

下午四时开始检阅，在这以前我登上检阅台，它设在虹口(后名鲁迅)公园西侧一座长方形的二楼，原是敌伪的司令部。台上许多来宾正在等待，我挤入人

受阅部队经过北四川路多伦路口(1949.7.6)

群，远处突然发现了周予同教授，立即用照相机摄下这一瞬间。

1938年上半年，沪江大学在刘湛恩校长主持下开办“社会科学讲习所”，著名的学者陈望道、胡愈之、郑振铎、严景耀(雷洁琼丈夫)……都担任授课，我选修了周予同的《中国历史概论》，时间有半年，当时我是中学生，白天念高中，晚上就到圆明园路那座棕色的真光大楼听课，从不间断，所以知识大增。

周予同不是按照朝代顺序讲下去，而是告知学习的入门。他先将现代史学界分为史观、史料两大类。史观类又分为旧(经典儒学史观)和新(超经典史观)两派，旧派定为经学(章太炎、柳怡徵、陈汉章)派；新派又分为疑古派、遗物考证派、唯物史观派。疑古考古派中有史前(周口店旧石器、新石器、仰韶彩陶)、上古(殷墟甲骨)、中古(汉晋竹木简、千佛洞石窟、西夏国书、元史料)、近世(南明及太平天国史料)几种来分别介绍。

不久，我的木刻《打过长江去，解放新中国》后来不知通过什么渠道被送往1949年夏季的全国第一届美展，接着8月份在上海大新公司四楼展厅展出，那天与沈柔坚坐同一辆黄包车去的展览现场，当即被赵家璧主编的《新中国版画集》选入。

这时的上海，经常是热闹地迎解放，游园会，数不清的文娱活动，看不完的电影招待会，几年的电影片都让我们过足了瘾，我则借机会也找个“下生活”的据点，这是非常不顺利的。

上海军管会文艺处美术室就设在江苏路526弄94号，是一座花园楼房，除了华东画报人员全部住在这里外，凡从老区来沪的画家也都住在这里，如沈之瑜、沈柔坚、黎冰鸿、吴联膺加上原来在画报社工作的许平夫妇，菡子等，可说非常热闹。

老区画家来到上海，几乎都聚居在江苏路，十多位画家中吴耘和黎冰鸿二人最能适应新环境，吴耘和上海本地美术界交往频繁，也经常在报刊上发表政治漫画，数量相当多，以致有个说法：米谷是中国的库克里尼克西，吴耘是中国的叶菲莫夫。上海美海协成立后，吴耘被推举为协会的创作研究部副部长，正部长由副主席张乐平兼。当时又知道他是军管会文艺处美术室分管连环画方面的联系人，赵宏本常找他商议事情。

当时只是大机构尚未定型，直到8月间才明确下来：原先吕蒙准备随军南下福建前线的任务改由鲁岩去，龙实也因参加解放大西南也去支援。美术室主任由陈叔亮担任，吕蒙、沈之瑜为副主任，吕蒙兼任画报社长，黎冰鸿加入画报社，任摄影制片组长。

下生活期间画画速写

大约也是八九月间，军管会文艺处美术室成立，陈叔亮任主任，吕蒙、沈之瑜任副主任。

1949年8月间，上海军管会文艺处美术室主任陈叔亮宣布：华东画报将出版，成立新的画报社，社长吕蒙，下分三组，吕蒙兼采访组长，黎冰鸿摄影组长，沈柔坚编辑组长，杨可扬副组长。过了几天之后吕蒙找我说，沈柔坚不愿干，要我担任。我甚感突然，忙说“不行，那杨可扬来担嘛。”吕蒙说：“不行，还是你来。”当时弄得我很糊涂，后来才想明白了，杨可扬当时还不是党员。后来美术工场成立，沈柔坚当责任人，还有一个是联络科，由沈之瑜负责，全部美术界的事务都由他包揽了。

1949年8月28日，绍兴路7号，美术工作者协会成立那天，给人印象最深的，莫过于批评丰子恺的事了。事情过程也很简单，这天举行成立大会，登台发言的人很多，丰子恺兴致勃勃，也上台发言，好像他谈到上海中小学教员中存在失业现象，希望人民政府能重视解决，大意如此。接着有三位画家上台发言，批评丰子恺，慷慨陈词，气氛紧张。傍晚散场时，人群由一条狭窄的半悬圆形梯走下，留着黑色长须穿着灰布长衫的丰子恺挤在人群中，颤巍巍地一步步地从光滑的楼阶往下走。我恰在他后侧，心中有点怕他不小心会跌下来。

过了一天，在江苏路驻地遇到涂克，谈到美协大会的事，他说：“哎呀！丰子恺真要吓死了！”刚从门外进来的吴耘，告诉一个消息：江丰他们问起，你们上海为什么这样做。我即意识到，这三人发言绝对不当。后来还听说夏衍对这事很恼火……

当时江苏路上有一所上海第二十二工人夜校，我设法和他们联系，我和居纪晋在那儿当了教员，许多学员又是附近一家“九成五金厂”的青工，我和他们打得很熟，画报社正好有一块绿色草地，便成为他们青工常来活动的园地。其中有一人后来“文革”时作为“工宣队”负责人进驻上海美协，对已被打倒的我私下颇为照顾，还托人问候我。

那一段时间我到处经营，打算找一个“下生活”的地点，终于还是确定画一套以1948年申新九厂“二二”大罢工并发生武力冲突的连环画《金弟》，大约在8、9月之交就住在厂内采访，下车间画了大量速写。知道木刻家徐甫堡也正在画这同一题材的连环画，名叫《红衣女郎》。他在大众美术出版社内创作，我便到康平路去拜访，看到他已经完成大半的作品。当时姜维朴为我在《金弟》原稿上做了修饰，他和吴耘都认为前十幅好，后来的就不好了。曾从北京到上海公干的耿忠，曾在华东画报社工作过，也是多年前在淮南熟悉的老同志，也有同样评语。

一直到10月初，画报将要出版，我在申九已居住几十天，获得不少感性知识，画了大量速写。照例要交房租，我去支付，他们再三不收，终于交了很小的数字。

离开申九回到画报社，居纪晋、杨可扬、我三人共住江苏路楼下东南那一间，三个小铁床构成一个三角。可扬坐在床沿准备脱衣上床，他第一句话就说："你那幅《向群众告别》刻得好，很好。"

1949年10月15日，阵容庞大的苏联文化代表团由北京来沪，画家黎冰鸿在欢迎大会上画了一幅西蒙诺夫速写。画得飞快，如同正规的素描，层次丰富、形象逼真。能掌握这一技巧的人大多在50年代以后培养出来，而30年代国内西画家喜作如此写实风格的并不太多。他虽来自老区，身穿土八路服，画法却十分西洋化。和这张速写在《华东画报》上一起刊登的还有一幅吴耘的速写，画的是欢迎大会场面，逸笔草草。但在画面左方竟密集大批签名，签字者全是苏联名艺术家，一律熟练地横写俄文，仅有两个直写中文签名潘汉年和郭化若(九兵团政委、淞沪警备司令)。老区习见的传统，是不大见到名人签名的。这说明吴耘有很强的公关能力。

1949年10月28日召开军管会文艺处美术室成立大会，我还发言了。散会拍照后夏衍离开，拍摄人吕蒙跳到当中空位，黎冰鸿从中间出来拍摄第二张，最后高胜康照这一幅时，黎冰鸿半蹲到高胜康的位置上，把姜维朴挤得紧紧的。地点是在新闸路胶州路一条狭小的弄内。照片里穿黄军装的都是解放区来的。

刚进入上海，以为应该出版50期了，我曾画过一张美蒋释放大战犯冈村宁次的漫画，题名叫"猴子放猩猩"，龙实把题名改做"猩猩惜猩猩"以便在新出版的《华东画报》刊用，没有料到，一直到1949年11月，《华东画报》才在上海以"新一期"的名义复刊，那是"厚"到42页之多了。

新一期《华东画报》是新来的杨可扬、赵延年再加上吕蒙和我一起找到战前印制大型《美术生活》杂志的三一印制厂，厂长是资方的金有成，《画报》交他们印制我们才放心。开本决定十开，向《东北画报》看齐，整体设计、社徽均由赵延年负责。他讲究气势，编排有一体化感觉。

第一期封面由姜维朴照片中选出，画面是国际饭店直挂二十层楼高的两幅大标语，大家以为这张拍摄水平最高，这幅照片是黑白胶片冲洗出来再交编辑部门涂上彩色的，当时

1. 华苓(赵延年夫人)2. 刘安华 3. 李家壁 4. 吴琴 5. 钱辛稻 6. 陈会(涂克夫人)7. 赵延年 8. 徐以兰 9. 董思敏 10. 沈同衡 11. 闵希文 12. 张大元 13. 潘洁兹 14. 吕蒙 15. 沈柔坚 16. 杨可扬 17. 陈叔亮 18. 沈之瑜 19. 余白墅 20. 米谷 21. 居纪晋 22. 江有生 23. 王复遵 24. 孙锡林 25. 涂克 26. 吴耘 27. 陈烟桥 28. 黎冰鸿 29. 潘世聪 30. 吴联膺 31. 黎鲁 32. 姜维朴 33. 谭铁流

上海市军管会文艺处美术室成立合影(1949.10.28，黎鲁提供)

由杨可扬完成涂这幅彩色的封面照片。第一幅是毛主席主持开国大典，背后站着董必武，只露出小半个头像，几个人都认为要涂掉。黎冰鸿自告奋勇，用他特殊技能把它修得相当完美，设法恢复了原先小窗格的许多圆形图案，做到天衣无缝，得到大家肯定。

有几幅美术字标题，都是我自己设计的，还有两条是可扬设计的，和我在一张样稿上，可就看出可扬设计的比我坚实、光洁。

这期也广泛刊登了上海漫画家的作品，我画了一幅《工友的狂欢》。事实上在1949年下半年，上海漫画界是最为活跃的，当时几份日报如《解放》《大公》《文汇》《新闻》都喜欢刊登一种宣传政策法令的政治漫画，一直延续到五十年初期才逐渐有所变化。

像华东画报社这样的小团体，究竟归属那个系统？解放初一直不确定，原来属解放军而非书店或报社，所以10月第一期稿子编好后送军管会文艺处审查，拖了好久，交(批)下已是11月终在12月1日才出版。这时，已新建立华东新闻出版局，从第二期起改送出版局审查，不过二三日即批下，当时吕蒙深感满意，赞扬出版局效率高。

《华东画报》新二期我放入一套《许泉福》，短短十五幅，是当时“二二”斗争的重点内容，杨可扬、赵延年都反对采用，认为单调枯燥，最后吕蒙通过。曾听吕蒙表扬过“黎鲁的画有一种单纯之美”，不过这是别人告知我的。本世纪初，丁浩常说“你的画有拙味”一样。

（陈立群协助整理）

上海解放当天，我绘制了第一幅毛主席像[①]

马承镳[②]

关于1949年上海解放第一天悬挂于当时大世界大门楼上的第一张大幅毛主席像的绘制情况，提及此事，历历在目。

当年我27岁，一面在上海美专任助教，一面在国泰电影制片厂美工科工作。解放前夕的上海物价一日三涨，反动派军警车到处逮捕革命志士，横征暴敛，民不聊生。全市广大人民生活在水深火热之中，无不盼望上海早日解放。5月24日，遥闻枪声渐近，当时厂里已停工，多日无片可摄，发不出工资，全厂职工在厂里吃大锅饭，厂门前路见八九为伍的反动派丘八，枪刺上挂了狼牙旗匆匆自西向东。厂里的工人已秘密传出了我们解放军已从徐汇区虹桥路一带向市区迂回前进。当时我们听之心里无不雀跃高兴。傍晚全市交通要道戒严，路上几无行人。偶闻反动派警车催命嚎叫声划空而过，上海成为恐怖黑暗世界。这也是黎明前的黑暗，一种新生的革命洪流，正在全市地下澎湃地壮大起来。

当时美专师生中的地下党组织，在刘校长的资助下，向几家大绸布店募集了些白布布匹，买些油漆之类的材料，已做好应急之用。25日天还未亮，我匆匆赶去学校，各大路上阻塞的铁丝网已打开，路边墙上，早已贴出解放军的爱民告示。

当时还未见解放军同志，偶尔见到几位腰间挂着红布包着的搪瓷碗，手持短枪的便衣战士，但街上秩序井然，每人脸露笑容。我已三脚两步赶到学校，锣鼓声笑声一片。学生会的蔡璜同学早已等我商量画巨幅毛主席画像事。

---

①本文写于2012、2013年。
②马承镳，生于1922年10月22日，时为上海美专助教、国泰电影厂美工科职员。

美专学生朱宏修在画宣传画

由于反动派的迫害，没有人敢私藏毛主席像，幸好有位同学偷偷把藏在废纸篓里保存下来的，从解放区书刊上的毛主席的木刻像为绘制的依据。当时绘画的油画色较贵，集中起来不够大笔一挥，只能买些油漆调和用。我只能把已拼缝好的大幅白布放在灯光下的画室(教室)地板上，按木刻像轮廓刻画好，即用已调和好的油彩画好主席像。

当时我激动的心情，无法用语言表达。从清晨六点多到中午12点多，一张丈余高的大幅微笑的毛主席像画成。虽然比较粗糙，但能显示了主席的风采，当时卢湾区电车公司的木工把已预制好的外框把画面定好，即开车运到大世界门楼上，供人民群众瞻仰。接着，我又驾轻就熟地画了第二张毛主席像，一张一米多高的像，由电车公司带着地下组织的同学，在锣鼓声中，冒着敌人的枪弹在苏州河边疾驰，以向河北岸的反动派示威，指出他们的唯一出路只有早缴枪投降，否则必将灭亡。

我在义品地产公司经历的1949

董鸿毅[①]

70年前，我在义品地产公司工作，住在顺昌路余庆坊。

1949年的形势变化很快。5月12日，上海外围战事正式展开。开始，国民党军队还未封锁苏州河上作为上海市区的南北通道的几座桥梁，如外白渡桥、乍浦路桥、四川路桥等，那时行人车辆还可通行。当时我家住在前法租界的白尔路(后改成顺昌路)，我每天去爱多亚路(后改延安东路)外滩亚细亚大楼上班是没有什么问题的，可是我有一个舅舅在北京路上的一家食品店里当账房，每天早出晚归，他家却在虹口区公平路上，天天要经过苏州河。他见到国民党军队从南京败退下来，就一直向上海吴淞口撤退，他想如果解放军追来发生战斗，不知会不会殃及虹口区。所以他在解放军尚未追来之前就带了舅母住到我家来“避难”了。

舅母在我家“避难”不满10天，总算有惊无险，安全无恙回家了，不过因为我家空间较简陋，没给他们以宽舒的接待，那是深以为憾的。

5月份上海解放以后，估计就在6、7月份，我在中友义校上课时结识的震旦大学的大学生李慕超，他说他们学校正在动员报名参加南下服务团工作，目的是随解放军南下去各地工作，他问我愿不愿意报名参加，条件并不严格，经过审查批准就行。当时我积极性是有的，但是一问待遇，听说是供给制，我却止步了。为什么？我个人生活是毫无问题的，但是我的家属怎么办呢？一想还是去不了了。我据实以告，请他谅解，他当然说没关系。他却有一事相求，他已报名，如果批准随大军南下，当然不能带重大行李，他想把一个厚

①董鸿毅，生于1924.3.26，时为义品地产公司会计室职员。

实的铺盖存放在我的家里，以后写信给家里派人到我家去取。另有一个竹制的书架和一些书籍，全放在我家去，全送给我了，由我支配。李慕超被批准南下，当是“立等可取”之事，李所关照的事也只能是一一照办。

李慕超离开上海后不太久，就来信了，他告诉我已经到达四川大竹县，并且已经分配到一家银行里工作，生活安定，一切顺利。再过一段时日，李慕超老家河南来了一位客人，拿了一封李慕超的亲笔信到上海来找我，我在家里接待了那位客人。客人说是奉了李慕超的委托来取衣服铺盖回河南去，我见过李慕超的来信，果然不错，就从床底下取出铺盖，再清灰尘，就移交给来客了。

大约过了一个年头多一点的时间，我又收到了李慕超的来信。信中说他已复员回到了自己的老家河南(什么地名已忘)，并在老家当地一所中学里当上了教导主任，他问我要不要去河南那所中学里工作，他可以帮助我安排一个教师的工作。我当然是没有去河南工作，再后来我们也就这样失联了，多好的一个朋友啊！我虚岁已是96岁了，不知他还健在否？念甚啊，念甚！

不过上海的解放和人民政府的成立，却又像是让我换了一个天地，我眼前的视野好像开阔，头脑里想的问题好像多起来了，而比较突出的一点感觉好像从此我身上竟然增长了一种胆气。

正是有那种胆气和一些新的识见，我偕同几位同事商议着，并且提出来应该把职工组织起来，成立一个工会，以便代表职工们说说话、办办事。不料，参与商议的同事钟善培、李燮祥(是华账房里的记账员)，还有两三位房租收管员，都是早有此意。于是，筹组工会的事情就接着展开起来了。其实义品地产公司的职工人数并不很多，外国人不算在内，全部华籍员工合起来，不过就是30来个人，其中华账房里的钟善培、李燮祥和会计室里的记账员我，这三个年轻人就俨然以筹组工会的活动分子面目，在各个部门串联起来了。

钟善培有个朋友在上海总工会工作，所以小钟就专门负责联系总工会，请他的朋友指导一下，如何展开工会工作的具体办法？这样，小钟就算是专门联系总工会的联络员了。李燮祥提出来了，我们三个人，在活动当中也应该推定一个为头的人应对外界。接着，他便推我当工会主席，他说我会说法语，必要时若要跟洋老板打交道，就可以用上了。小钟也随着应和，我不好推却了。我说主席这个名称太大了吧，不好，小李说没关系，算是工

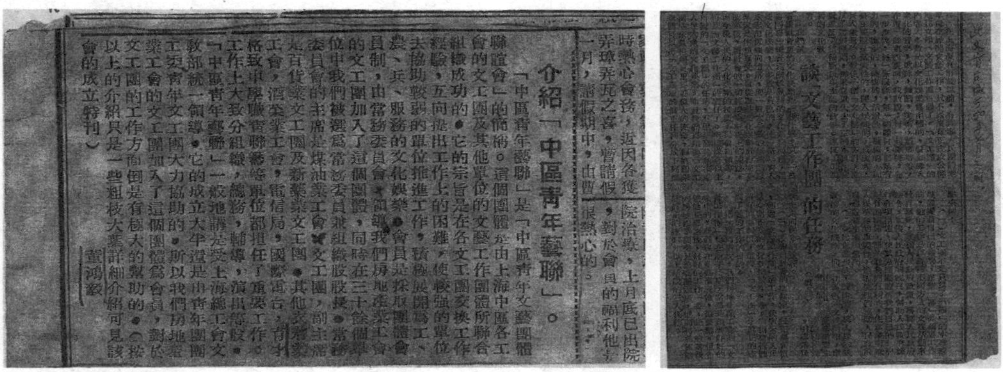

介紹「中區青年藝聯」。

「中區青年藝聯」是「中區青年文藝團體聯誼會」的簡稱。這個團體是由上海中區各工會的文工團及其他單位的文藝工作團體所聯合組織成功的。它的宗旨是在各文工團交換工作經驗，五向提出工作上的困難，使較強的單位去協助較弱的單位推進工作，積極展開爲工、農、兵、服務的文化娛樂。會員是採取團體會員制，由常務委員會領導。我們房地產業工會的文工團加入了這個團體，同時在三十餘個單位中我們被選爲常務委員兼組織股股長。常務委員會的主席是煤油業工會文工團，副主席是百貨業文工團及新藥業文工團。其他各業工會，酒菜業工會，電信局，國際電台，青年格致中學職業聯誼會單位都担任了重要工作。工作上大致分組織，總務，輔導，演出等股。「中區青年藝聯」一般地講是受上海總工會文教部統一領導。它的成立大半還是由青年團工委青年文工團大力協助的。所以我們房地產業工會的文工團加入了這個團體爲會員，對於文工團的工作方面倒是有極大的幫助的。（按以上的介紹只是一些粗枝大葉詳細介紹可見該會的成立特刊）

董鴻毅

談「文藝工作團」的任務

房地产业工会编辑出版的会刊

会筹备会的主席，以后工会成立了再改。我对小李说，那么你就负责管管组织方面的事情吧，三个人就这样自说自话把工会撑起来了。

过不久，上海市的房地产业工会成立了，义品地产公司工会成为市房地产业工会的集体会员，我成了那个市产业工会的委员，并且被他们聘请为该工会委员会宣传部门的文教科长。在我离开义品地产公司之前，还为房地产业工会编辑出版过一期小型的刊物。不过，千万别以为那份刊物的编辑、出版的全过程是由我一个人操办的。实际上，义品地产公司在上海全市的房地产行业中，并非是一家很重要的单位，不过因为是一家洋商企业，略有点名声而已。我正好在那里充当工会主席，又参加了市房地产行业协会的筹备工作。我自以为是工会工作的“积极分子”，那倒也就算了，可人家也不肯让我闲着，所以市房地产业工会成立以后，总部的宣传部门就把我聘去当了文教科科长。

再说那份刊物，当然是不能定期篇幅大小，我说不出是报纸几开，但据现在回忆大概只是上海老年报的1/4。老年报可有8版，上海房地产业工会报只有2版，只有第1版除了套红的刊物名称外，其余刊登的大多是上海总工会方面的活动消息，第2版是副刊，那就归我张罗了。我把兄弟单位送来的稿件审读完毕后，大致统计一下字数，能够填满版面就可送去宣传部门，让他们去安排“后事”了。投来的稿件总字数不足以填满版面怎么办？只得自己执笔写一点补白。附在本文里的两篇简报，就是从70年前的那份刊物上剪下来的两篇补白文章。刊物是铅印的，散发给会员阅读，但由于我缺乏工作经验，那份刊物确实办

第三中队

得太粗糙了。

10月1日，新中国成立。上海总工会号召全市各产业工会发动群众，组织全市大游行，以示普天同庆。上海房地产业工会刚刚成立不久，各单位职工群众的热情确实很高。10月8日早晨，他们各自先在事先约定的集合点集合，然后结队，再到产业工会领导所指定的各个大集合点集合，然后再整队出发。延安东路外滩亚细亚大楼底层门前便是被指定的一个节点，那天早晨我早早来到那部集合点，等候义品的同事和其他单位队伍的来到。其实，大家都是准时的，约定的时间一到所有参与游行的同志都报到了。于是我们就再整一下队伍，开始沿着延安东路向西。总指挥跟我们有约，行进至西藏路大世界，要再汇合各路来的房地产业职工队伍，一起向西行进。我们的大游行队伍，打前头的是一条四个人一排开阔的横幅，红底黄字，上贴“上海房地产业工会”八个大字。大游行参加者，每人手中都有一面三角形的小彩旗，在他们呼喊口号的时候，他们都会把它举起来舞动一下游行队伍，还配备有一套中国传统的打击乐器，锣鼓家生，有节奏地敲打着行进，那是颇有点热烈气氛的。这样大游行队伍，一路行来，是一路的喧天的锣鼓声，高亢的口号声和彩旗飞舞，路上行人驻足观看盛众，有好些人还鼓掌，表示同庆同乐。

我深深地觉得这人民庆祝新中国诞生的热烈的欢乐气氛，正弥漫在祖国大地上的各个空间……

游行队伍出发前在延安路外滩留影(1949.10.8)

1949年夏季纪事[①]

钟德秋[②]

1948年8、9月间，党组织决定我从沈阳经北平回上海家中待命。我到上海后，好长一段时间没人来接关系。直到这一年初冬的某一天，我正要出门办事，一个中等身材、西装革履、戴眼镜的中年人叩门找我。见我后他说接关系的上句暗语，我应对了下句，他便与我握手，我连声说："等您可等得够久了。"

这位自称姓钱的同志，首先向我解释来迟的原因，然后就到我那间小屋进行交谈。他详细地询问我的经历和特长。我知道这也是对我的审查，完全应该。同时，我给他的第一印象如何，也很重要。我说，自己并没有什么特长，但能够忠诚、勇敢地接受党分配的任何工作，又详细地汇报了我回沪后自动为党所做的工作及我的经历：1946年10月进沈阳《中央日报》社当记者，1947年2月在"沈阳市立二中"当教师，同年8月为北平《平明日报》(傅作义办的报纸，但为我北平地下党所掌握)驻沈阳特派记者，又任"辽东学院"新闻系的讲师。相继以这些公开职业为掩护，从事党的外围组织"沈阳民主青年同盟"的创建与发展工作。老钱同志听了我的汇报后说，那你有三方面的工作可做：继续搞学运，或者当记者，做教师。他征求我的意见，我十分干脆地回答：听从组织安排。

1948年12月间吧，一位穿大衣、戴礼帽的高个子来找我，他就是邹凡扬同志。从此，我的关系即转入地下党文委领导下的新闻出版印刷领导小组系统。

---

①本文写于2009年。

②钟德秋，1925.4.18～2017.3.18。

出版《伟大的交响乐》

1949年的3月间，邹凡扬同志正式向我布置工作，说组织上决定出版一种地下刊物，要我负责出版发行工作。当时的形势是，国民党反动派一败涂地，正在作垂死挣扎，中共地下市委在2月间即发出《宣传工作指示》，要求地下党各级组织在迎接上海解放的过程中，采取各种形式，宣传解放战争胜利的形势，宣传党的方针政策及解放区的真实情况等。原由地下党办的《文萃丛刊》已于1948年8月被查封，为了响应市委号召，现急需另外创办一个刊物，进行宣传鼓动。从事这项工作有重大意义，但相当危险，组织上让我参加，是政治上信任我，是看到我态度坚决、乐于接受使命，另方面是组织上考虑到我从外地回上海不久，与上海地下党学委系统的原有关系已断，没有新的关系，没有牵连，隐蔽性好，比较安全。又有一些对敌斗争的经验，比较有把握完成任务。

我接受任务后，上级党就把可作为发行力量的地下党书报供应分会支部归我领导。

这个分会有五百余摆书报摊的会员，其支部有8名党员，另有10名团员。从分会前任支部书记的介绍中，我挑选了一位没有担任分会公开职务，入党时间较长，又有较高文化的潘贵发同志作为对象，进行考察。

在3月底，我与潘贵发同志在陈英士纪念塔下(现人民路老西门)初次见面。他衣衫褴褛，面有菜色，一问才知患有肺病，虽身体有病，还是很机灵的。我先问了他的经历、家庭情况等，遂谈到要他考虑身体条件，能否接受艰巨任务。他即表示要竭尽全力接受任务，至此我对他挑明要办秘密刊物，很危险，在白色恐怖下，是生与死的考验。我要他考虑后再答复我，我问了他家住址，打算隔日去他家听回音。他拦住我说：我是个电车工人的儿子，入了党，就下决心为党作牺牲、作贡献的，我看过《巧克力》，受过气节教育，愿意干。我对他的表态很满意，决定把他当作助手。我随即把潘愿意出生入死干的决心、自学到高中程度又颇为机灵的工作条件向邹凡扬同志谈了，他也认为潘够条件，并祝愿我们协力同心完成任务。数天后即交给我若干美元，要我购买纸张和支付印刷厂费用。

这份地下刊物的稿件都由一位戴眼镜的女同志直接通过关系约潘贵发同志在外滩某处交稿。我经手的这份地下刊物共排印过两辑，第一辑因内容过时，没有付印，问题出在印刷厂。当时，由复旦大学党组织关系介绍承印的印刷厂里发现了可疑人物。潘告诉我，他看到此人在印刷厂内到处乱窜，尤其是到排字房的次数特别多，还看所排内容。潘只能在此人不在时进行工作，以致这一辑的排版、校对等工作受到影响，时间拖得很长。

这一辑的内容主要是揭露国民党反动派在和平谈判中欺骗伎俩，由于时间耽搁很久，即使印出来，内容过时，起不了作用，只得作罢。

这家印刷厂能不能再使用，我去了解过。厂址在杨树浦(有误)的一个叫香烟桥的地方，很荒僻，但进出人员不少，好像学生居多，是在印他们的一个刊物。这种复杂情况，对我们排印秘密刊物十分不利。因此第二辑特刊改在地下党员潘震同志设在大沽路184弄内的人联印刷厂印刷。刊物的第二辑定名为《伟大的交响乐》，刊名来自刊物中一篇军事评论文章《伟大交响乐的开始》，指解放军已胜利渡江，这一伟大的战斗交响乐还仅仅奏出了序曲。这篇文章的作者署名“扫叶”。从现在的这本32开的秘密刊物的目录看，内容包括政治、经济、军事、国际及解放区、国统区的通讯，以及短论《迎解放军进军江南》，可说是方方面面，一应俱全，符合地下市委对宣传工作的要求。从来稿的日期看，在4月12日到4月22日间，十天左右，4月22日截稿，4月27日即已出版，反映了出版工作的紧张和迅速，及地下刊物工作人员间的密切配合。无论是写稿、交稿、校稿，大家都是排除困难，以很快的速度完成任务。

这本秘密刊物的发行方法是使用地下党同志自己所设的书报摊及一部分进步可靠的会员的书报摊出售。例如在南京路外滩汇中饭店(现和平饭店南楼)，虹口提篮桥，静安寺中西药房，南京路跑马厅对过邮局，北京路河南路口，以及金都大戏院、亚蒙电影院等十余处，都发售《伟大的交响乐》。在分发工作中，潘贵发同志推荐了一名地下党员作他的搭档，但此人在那时国民党滥捕乱杀的血腥镇压下畏惧退缩了，我当机立断要潘与之断绝一切往来，改由潘自小的好朋友并由他发展为地下团员的小汪同志做助手。他们两人一前一后，用脚踏车去上述各处发刊物。我嘱咐他们，要利用国民党警察交班的间隙和警察下班后的夜间去发。到了一处，先行观察，如无异常，才一个人望风，一个人抓紧行动，切忌急躁大意，不得违背上述规定行事。

我曾去上述各分发处靠近观察，果然都是不公开出售、不轻易出售，只对老顾客、知底细的人才出售。并要求他们把暂未出售的刊物寄放在书摊附近的店家，即使受到抄查，也没有证据。《伟大的交响乐》还做了多处的伪装，以迷惑敌人。如冠冕堂皇地以“改进出版社”的名义出版，还印有出版社的地址“中正东路160号”。中正东路160号是一幢大楼，内有《字林西报》《密勒氏评论报》等洋人办的报社。让国民党那些蠢材去查吧。解放后，军管会新闻出版处即设在此。

上海地下党文委系统不但组织出版了秘密不定期刊如《伟大的交响乐》，还从1949年4月起每周出版八开的《上海人民报》。与《伟大的交响乐》同在4月27日出版的《上海人民报》第三期，刊有社论《庆祝南京解放》，还刊有如下内容：上海人民团体联合会发布的《欢迎解放军渡江解放上海》，号召上海人民组织起来，行动起来，迎接上海的解放；上海工人协会、上解职业届协会、教育界协会、文化工作者协会、学联等单位的告同仁书、告同学书，都是为迎接上海解放做准备的内容。

《伟大的交响乐》于4月27日出版后不久，解放军即打响了进攻上海外围的战斗。当时整个地下党的任务改变为集中力量保卫工厂企业，维持社会秩序，阻止破坏。地下文委决定停办特辑，并改由一位姓张的同志来领导我们。在梁子衡同志家里，老张召集梁同志和我开党小组会，讲形势，谈任务。上海地下党根据中央指示，要求团结组织进步的群众团体，通过它们及各种社会关系，调查、了解，搜集情报，隐蔽自己，积蓄力量，迎接解放。老张给梁和我的任务是：保护申报馆的机器财物等完整无缺，迎接接管，并做好我们自己报纸的发行工作。

为了完成此项新任务，我到申报馆探路，看周围环境，并到离申报馆不远的汉口路昼锦里的派报工会探视，只见有三两个工作人员在闲聊，平静得很。待到去卡德路福熙里的书报供应分会时，不禁吃惊！那间小屋里有好些男女青年挤在一起，肆无忌惮地唱革命歌曲，扭秧歌，俨然已是解放区。潘贵发同志向我介绍过，这批青年党团员都是在上海地下党1948年秋季大撤退后才选拔发展的新成员，他们热情、勇敢而单纯，缺乏对敌斗争经验，无视这一晌反动派在覆灭前的疯狂。当我向老张同志汇报在分会的见闻后，他十分着急，要我立即设法阻止，并谆谆嘱咐，党组织要十分爱护下属，当前汤恩伯、陈大庆、毛森等刽子手正在到处抓人，不要自己去碰枪口、做蠢事，并强调要服从组织纪律。

我当即找到潘贵发同志，到他联系的储大泓同志家中开会。我传达了老张的指示，请他们两位加以贯彻。那天在储大泓家中已能听到远处传来的隆隆炮声，我借题发挥说，我们印《伟大的交响乐》，现在已经听到了交响乐，要避免无谓的牺牲，要这些欢喜唱唱跳跳的小青年以旺盛的精力迎接即将来到的“解放区的天”！

发行《上海人民报》

5月24日晚上，国民党的败兵残卒自我住处华山路交通大学附近通过，人仰马翻，落荒而逃。破晓时分，又有队伍陆续不断经过。当认清是我们的解放军队伍来了时，我按捺不住兴奋的心情，马上踏了自行车向申报馆驰去。老张规定，解放军一到，立刻去申报馆集合。记得我路过浦东回乡会、陆家观音堂的开阔地面时，还有负隅顽抗的小股敌人放枪，枪声嗞嗞从身边擦过。

我赶到申报馆时，不过六时。当日申报仍在出版，故营业大厅里人声鼎沸。我走进大厅，大声嚷嚷："买三张5月15日的申报！"这是规定的暗号。有些老申报人员听到我的叫声后调侃说："兵荒马乱，寻啥开心？"但见两个青年人过来问我究竟要什么？他们也是一副莫名其妙的神情。我没接上关系，悻悻然走到望平街(即山东路从汉口路到福州路那一段，是旧上海有名的派卖报纸、杂志的场所)，但见我领导的书报供应分会的党团员，在潘贵发、储大泓带领下集中在一起，约20人，另有派报工会系统的人由梁子衡同志介绍与我相识，计有丁子扬、蒋耀先、杨建华等七八人。另外，有一批是发行《上海人民报》的张培华、汪其宏、刘渭清、程松涛等同志。他们之间原来是相互不知底细的，并且还互相猜忌，有矛盾有冲突，现在大家才相识，原来是一家人，这三方面的党组织在当天就联合成立了新的派报工会支部，上级指定我为支部书记。当时我们党还没有公开，我就以派报工会指导员的身份进行工作(派报工会在国民党时期曾有社会局指派一个叫江声的特务在那里任指导员)。

尽管在申报馆外面几方面的地下党员在蒙蒙细雨中初次会合，大家兴高采烈，情绪非常激动，但我更多的是急于找到领导。

七时左右，我再去申报馆营业大厅高声叫嚷："买5月15日的申报。"大厅通楼上的铁门旁有一位身材魁梧、戴眼镜的人把着门，他听到了我的喊声，叫我再说一遍。我赶紧再说一遍，他欣喜地连声说："自己人！自己人！"他即和一高一矮的两个青年人领我上楼。因他不知我的上级老张是谁，就要我等着，说："现在天还早，你是外系统第一个进申报馆的。"后来才知道他是申报馆的地下党员汤恩燕同志，另两位是贾岗同志和沈尔厘同志。不久，地下党文委、新闻出版印刷领导小组等领导同志陆续到达，其中也有领导我的老张同志，他们一到，就急急忙忙调兵遣将，分配任务。吴小佩同志(地下党文委负责人)把沈明钊同志

(老张的真实姓名)分配去市公安局，梁子衡同志去电台，都是立即出发。分配给我的任务是负责发行《上海人民报》和组织派报工会的党团员进步群众保卫报馆，防止破坏。

5月25日的《申报》照常出版，不过只出了一张且早已发出。《上海人民报》由于编印时间关系，决定出版号外。号外为八开，正反两面，正面内容一为“大上海解放了，解放军约法八章”，一为“惩处战争罪犯命令”。反面是上海人民团体联合会、人民保安队总部的安民告示及几则有关迎接解放军的报道。记得其中有一条本报讯，标题原是“和平鸽子成群乱飞，人山人海迎解放军”，是冯宾符同志做的。地下党文委书记陈虞孙同志含笑说：“冯胖子套用《丘迟与陈伯之书》‘暮春三月，江南草长，杂花生树，群莺乱飞’的名句。”但他认为“乱飞”与浩浩荡荡迎接解放的气氛不协调，即提笔改作“和平鸽子成群飞舞，人山人海迎解放军”。

当号外编完印好，已是下午1–2点钟。陈、吴等要我把这几万份号外尽量发到估计《申报》等还没有发到的地区，特别是苏州河以北，以及浦东、真如、大场、江湾等郊区。我向领导请示：号外是无偿分发还是定价?经商定，号外与当天出版的《申报》同样作价伪币50万元一份。又决定卖不掉的可以分发，由我具体掌握。

我接受发行号外的任务以后，就率领派报工会、书报工会及原来发行《上海人民报》一些同志，到离申报馆百步之遥的派报工会作动员。我要求党员同志带头，带领年轻的进步会员，去离市中心较远的已解放了的各处卖报，卖不掉的可以酌情赠送。在市区范围内，则尽量组织更多的会员去里弄各处贴报。

26日、27日，继续发行《上海人民报》第七、八号，为对开一大张。当时《申报》还没接管，照旧出版，待到《申报》印好后再印《上海人民报》，因此出报较晚，发行量受到影响，仍是半卖半送。从25日到27日这三天的报纸又是卖又是送的，结果账目不清。1952年“三反”运动时，我所在的华东人民出版社某些搞“左”的老手，借此对我追查不休，欲置我于死地，而后他们可论功行赏。我记不清这笔报费收入的大宗最后归了哪里，我记得清的是拿了一部分报费给在派报工会尽义务工作的人作伙食费，买办公用品，并印制“文协宣传纠察队”的袖章。

吴小佩同志曾给了几帧“上海人民保安队”的袖章，根本不够用。我去设在“上海海关”的“上海人民团体联合会”要上海保安队的袖章，因为需要的太多，他们无法满足，但当时无论是卖报发报，还是去张贴标语，挂欢迎人民解放军等横幅，或者是维护报馆周围的秩序，都需要一定的身份标志。经请示领导同意后，自己印制“文协”的宣传纠察队袖章(“文协”是解放前夕成立的公开的群众组织，包括新闻单位)。袖章的式样为五寸白布分三行印刷：

第一行为“文协”两字，两旁各有一五角星；第二行“宣传纠察队”；第三行略小，是队列的编号。现在保存的14分队第3号，是派报工会下面的分会会员所佩戴。这种袖章印数不少，因为当时派报工会的会员号称三千五百，印发的袖章总数上千，所费不赀。

“罢卖《解放日报》事件”

1949年5月27日上海市区全部解放。恽逸群同志在那天以“上海市军管会”驻申报馆军事特派员的身份进驻申报馆，命令《申报》从翌日起停止出版，并宣布中共中央华东局暨上海市委机关报《解放日报》于5月28日在申报馆原址创刊。《上海人民报》也已完成使命，即日停刊，除留少数同志在解放日报工作，其余分赴各处任职。临时领导我的吴小佩同志去军管会文艺处，他把我的党组织关系交给了陈虞孙同志，不久，陈去军管会文管会任秘书长，又把我的关系正式转入军管会新闻出版处总支，而我这个支部的任务不变，仍然是协助发行《解放日报》。

《解放日报》创刊时，发行数有10万份，后上升到13万、14万份，但好景不长，不久发行数陆续下降，不单与改组后出版的《新闻日报》相距甚远，甚至还不及沪版《大公报》的发行数，除了内容方面的原因外，与《解放日报》的发行方式、发行折扣也有关系。我向《解放日报》发行科的一位姓高的科长多次反映；上海是个特大城市，有多家报馆，在发行上相互竞争，出奇制胜，新出版的《解放日报》不能按老区那一套发行办法，如给报贩的折扣很高，是七五折、八折，与原来《申报》《新闻报》的六折、七折相差颇大，而对自己发行的部分，则大打折扣，广为推销，如给订阅的工人对折，给学生六折，公务员七折等。这些，都使大小报贩头子无利可图，引起他们的极大不满。

在解放前，上海的几家大报的发行，一半要依靠大报贩，这些人约十余个，各领取报纸少则一千，多则几千。他们手下有中小报贩为他们卖报，存在层层盘剥的情况。1947年、1948年，地下党派报工会在“争取福利、争取群众”的口号下，与这些大报贩“联合”起来，与申、新各报做经济斗争，要求降低批发折扣，报社不得直接接受订户等。为此采取过停止发报的行动。结果是报社方面被迫接受条件，做出让步。这两次行动，使大报贩发了财。当时派报工会的主席、两个常务理事都是地下党员，他们沆瀣一气、见利忘义，同样发财，以至于政治上堕落，生活上糜烂。例如既是工会主席又是支部书记的那一个，他雇佣三个人发报，辟有侧室，在1948年后还同一个舞女姘居。解放后他感到名利都没有捞到，反觉今不如昔。

而一些报贩头子也是认为解放了，申、新两报都停了，新出的共产党报纸只给他们很低的发行费，报款催得紧，不让他们欠账，对他们极为不利。于是，以少数大报贩为主，在原派报工会领导人的纵容下，笼络一些中小报贩，叫嚷要罢卖《解放日报》。

……

在向新闻出版处总支书记祝之澄同志汇报此事时，并说了以唐姓报头为首的一些人扬言要用斧头劈掉钟某人(指我)等几个共产党员。与大报贩的一场斗争在所难免。祝批准了我们的计划，发动工会下面的各区分会的骨干，让他们参加派报工会，不让少数报贩头子控制局面。并给了我一支手枪以自卫。于是新的派报支部就在南市九亩地的老派报业公会的“捷银公所”召开大会，对出席会的一般报贩进行解释、劝告，对那些小报贩头子则晓以事理，不使盲从；对那十几个大报贩，如五洲书报社的卜五洲，天下书报社的吴霞明，以及李德懋、奚怀德等，联系他们与国民党勾结、霸占市场等劣迹，予以点名警告。那天会上，还组织了两个受欺压有觉悟的报贩，对在敌伪时做过日本宪兵队帮凶、国民党时代在虹口把持贩报业的李某进行揭发，起了震慑作用。大会平息了罢卖党报的风波，后为了保证党报的发行工作不受阻碍，即着手整顿派报工会领导成员。经组织批准开除了丁子扬；另两个工会的常委，一送去学习，一送去“扩警”。并由原书报供应分会负责人张同昌同志主持派报工会工作，潘贵发、储大泓等协助。

……

1949年8月，华东出版委员会成立，我所在的人民书报供应社党和业务的关系转归出版委员会，以发行书籍为主，兼及报纸。到这年的11月，该社又改归新华书店华东总店领导，加上派报工会组成独立支部，并成立了“文化新闻统一服务社”这个联合派报组织，完全可以代替人民书报供应社，我与《解放日报》的工作关系就此中断。

一个地下党员的1949

王永堂[①]

1949年是一个不平常的日子。元旦，新华社发表《将革命进行到底》的社论。指明了1949年党的任务。我们虽然还身居白色恐怖下，但心明镜亮，除还得努力工作外，心中不时地升起一股股热流，全国解放不远了。

这年2月，我参加了中国共产党，实现了多年来的愿望。这又使我好几天激动不已。入党后就参加在上海工人协会领导下的一分油印地下刊物的编辑工作。它名叫“工灯”，一周出一期，对象是工厂中的工人。由于形势变化，我与部分同志在4月就离开了这份刊物。这份刊物一直出版到上海解放才停止。敌人要破坏，没有得逞。

4月23日，我的党组织关系回到了自己的学校大同大学，回校后第一件工作，就是在校地下党支部领导下组织同学中的积极分子，进行一次“春游”，地址选在复兴岛公园。此时，解放军已渡江，国民党乱成一团，蒋介石也逃来上海，就居住在复兴岛公园内。听说还备有直升机，以便随时逃离。这一情况，地下党是清楚的，这次春游实际上也是想给积极分子做一次教育。我班与另外二、三班去得早，进入了复兴岛。当然无法进入公园，就在公园外面停留。这时国民党发觉了我们的意图，就把通往岛的定海路桥封了。后来的同学就到附近的沪江大学去活动。春游没有成功，但政治上目的是达到了。

当时，党的公开活动，基本都已停止，以保留实力为主，主要的工作是做好群众工作。在党的积极分子中，秘密组织“人民保安队”以备上海解放后，协助接管与维持秩序。当然还有很多别的事，但我们的党小组分配的就是这些。我是大四学生，当时大四与

①王永堂，生于1925年6月12日，时为大同大学四年级学生。

春游复兴岛

大三合起来的党员只有5–6人，合一个小组，由一个名叫马伯年的同志负责，他是专职党员，我不清楚他是否是大同学生，因为相处日子很短。

大同大学在解放战争几年中，与国民党的斗争，在上海是有一些影响的。故每学期都有大批进步同学被开除，我虽没有被开除，但也受到过严重警告处分。故在高年级同学中留下的党员不多。

5月初，党小组发生了一个小小的波折，有一个同志的家为国民党特务搜捕，幸好她不在家。她有一个妹妹，十二三岁，是地下少年队队员。她小小年纪，在敌人面前，机智应付，敌人一无所得，只好走了。她在哪里呢？原来这一日，有一友人结婚，她当伴娘。得到消息后，她变成了“新娘”，坐上新娘汽车，安全离开了。由此，党组织要求我们小组的同志，晚上不准在自己家中过夜。我就在石路上三舅开的一家小五金店中住下，有时也在朋友家、亲戚家中过夜，直到解放。

5月24日，党组织的马伯年告诉我们，今日晚上解放军可能要进上海，这一日，我带着兴奋的秘密，到陕西路复兴路口我姑妈家过夜，晚上与表弟谈了整整一夜，但这是党的机密，不能说出来。次日早上，上海果然解放了(南部)。由于事先讲好，要我等电话来后再出门，于是我只好等着。当时下着细雨，直到近中午。我想呆等不行，还是走吧。出门一路上见到不少解放军，抱着枪在路边坐地休息。四周有不少人围着，我也无心多看，直奔学校，接受任务。

我的任务是带几个人去爱文义路(今北京西路)看守一所大房子。这所房子很大，去时大门开着，里面不少房子的门也开着，但没有一个人。我们也不知过去是做什么用的(后来曾作为上海药物研究所用)，但见有的房子里堆了很多西药，有一间房子，不大，但堆了大半屋子的药品，我拿了一包来看，原来都是进口的青霉素，都是过了期的。数量可能要用几个万计，这种药在解放前是买不到的，黑市每支要一两黄金。这么多药，国民党宁可使其过期，不拿出来给老百姓用，想想真是气人。怪不得要被人民打倒。

第二天，我利用空闲时间，在校中转了一圈，用相机拍了一些照片，其中有教学大楼上的巨幅标语、刚开过学生会成立会的会场(壁上的标贴等尚在)，大门口神情高昂的站岗同学，还有挤满广场上几百上千面露笑容神采激动的同学。上海解放了！大同解放了！全国解放也不远了！

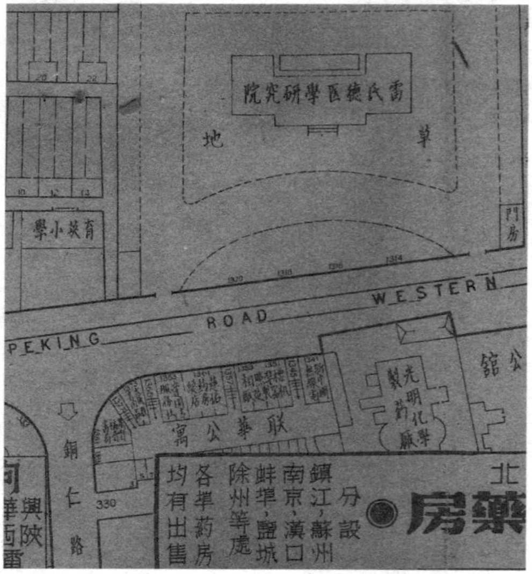

雷氏德医学研究院地块图

当天晚上，大同原地下党支部，秘密地召开了一次支部大会(当时，党还没有公开)。我一进去，大大出乎我的意料，几乎坐满了一个教室，有三四十人，都是一、二年级的同学。而作为支部书记的，竟是我常常见面的实验室中的助教严沛霖先生。这次支部大会，开得很短，由书记严沛霖同志，简单讲了话，主要目的是让党员互相认识一下。但对我来说，意义重大，这是我入党后的第一次支部大会，也是我从地下党员成为地上党

大同大学
操场上

大同大学校园(1949.5.26)

员。从此我要开始新的征程了。

人民保安队这个任务，两天后就结束了。次日，支部通知我到市委去报到，从此也结束了我的学生生活。

29日一早，我带上一条薄被，几件衣物，袋里放着两个银元(其中一元，作了我第一个月的党费，另一元一直放在身边，想留作纪念。“文革”时，被红卫兵押去人民银行，以不到一元钱的价值，卖给了银行)就去市委。

市委同志问我，你想做什么工作。我天真地回答：上海这个地方，我厌了。工作什么都可以，由你们安排，只是我希望离开上海。这我也不是随便说说，我上海是有家的，但我14岁起就单独生活，母亲又不在，继母已有一个儿子，看我一直不顺眼，我与父亲的关系也一直不太好，留在上海真没有多大意思。市委同志说了几句，问我军管会轻工业处愿不愿去，我也不问它是干什么的，就去了。

军管会轻工处

轻工业处处长刘少文同志，过去是上海地下党的主要领导人之一，工作时我们这些小角色是见不到他的。但在晚上，我们可以在活动室中常常见到。他为人和蔼，但说话不多，易于亲近。一只脚有些瘸，这是在一次敌人搜捕时，从楼上跳下来造成的。轻工处的主要任务是负责接管上海的纺织工业与化工工业。我去了之后就安排我在机动组工作。这机动组相当于过去机关中的不管部，直属处长领导，每天做些零零碎碎的事。别人不管的，我们都管，最多的事是在外面跑。当时上海人民的积极性很高，常收到揭发信，揭发那里有敌产，希望我们去接收。我们就要出去调查，调查后，写好报告上交，我们的事就完了。我是上海人，又对上海工厂特别是化工厂较熟，故出去的机会也较多，每日在外跑。有时是一个人，有时是两个人，但到郊区去，总要两人以上同去。这时上海还不安定，特别在郊区，还是有国民党的残留人物，对单行的穿军装的人进行暗杀，故有时我们也带上手枪。国民党的飞机还是经常来，它飞得高，高炮打不到，我们对它没有办法。在我们处的屋顶上，也有解放军值班。飞机来时，一般不去理它，飞得低时，就用机枪把它吓一下。

有一次，接到群众一封来信，说解放前不久，浦东一个仓库中存有外来的50万加仑酒精。这是大事，当然是我们组的工作，要去了解一下。我与一个同志接受了这一任务前去，到了那里，等了一会，就有一个工作人员带我们去仓库。刚走上路，敌机来了，我们不当它一回事。但飞机很近，丢下一颗炸弹来，我一点经验都没有，呆呆地看着它，直看它落在地上爆炸，只觉得身子向上一震。前面一片黑烟。烟散了，过一回继续前走。炸弹落在前面约150米处，路被炸坏了，我们绕过弹坑，要去的仓库正在弹坑前不到100米处。

到了军管会后，我们一律穿上军装，带上胸章。胸章上面是军管会几个字，反面是本人的名字。与正式解放军不同的是，我们没有帽徽与领章，但一切行动都得按正式军队，因为在老百姓眼里是分不清的。如出去走路，两个人要并排走，三人以上要列队走，走路时不能随便嬉笑。不能坐人力车，但可用人力车。有一次我回来，带回很多账册，要了一辆人力车，自己只能跟在车子后面跑。又一次回处，一场大雨过了不久，在处门口积了很多水，我想已到了门口，再把鞋弄湿太不上算，好在边上停了不少人力车，花一两分钱就可借渡过去，为什么不借一下呢？我刚上了车，还没有坐好，突然一只手在我背上一拍："同志，下来罢！"我只得下来涉着水过去。另外，对军貌也十分重视。我是从小无人管，散漫惯的，到了军管会，这成了我最大的问题。我每次出差，组长交待好工作后，在我出发前组长总是要对我上下看一下，帽子正不正，风纪扣有没有扣好，他好几次为我戴正帽，为我扣风纪扣，但从来没有责怪过我。

我是新参加工作的，当然是大灶待遇。伙食每日按两斤半大米计，扣去一两作为救济难民。平日也能吃到一些肉丝，居然还有一些伙食尾子。这伙食尾子后来留在节日用。零用钱是每月按当时一斤肉价计算的，第一个月我拿了9700元，按新币是0.97元。我买了一本列昂节夫的《政治经济学》来读，花去一半多钱。

我们工作地点是在外滩外白渡桥下的礼查饭店，这是外国人在中国建的最早的饭店之一，今改名为浦江饭店。因在外滩，又是在夏天，故我常在清晨或晚上到外滩散步或纳凉。一天清晨，我到外滩去散步。这天，天特别好，我突然发现，外滩的高屋上，飘扬的全是红旗。过去的万国旗不见了，江上大大小小的船上，也全是红旗！过了一回，一轮红日从浦东渐渐升起，把整个江面都染成了红色！多美啊！这就是解放了的上海，上海在变了，上海的人也在变了，我也在变了。我望着还在高升的太阳，暗暗地发下了誓言："我要为祖国艰苦奋斗30年，30年后，要让我的子子孙孙过上共产主义的生活。"现在看来，共产主义是这样容易吗？但我确实是这样想的。

已到了1949年的秋天，领导上可能觉得我们这个处管的事太多，决定将其分成两个；纺织管理局与化工管理局。我是学化工的，理应去化工局，但在我原机动组组长的要求下，留在了纺管局。

工作人员训练班

当时，解放初期，上海的经济受到长期破坏，十分困难。我们党在接收工作上采取了全部包下的政策。单中纺公司不下十多万人，是一个空壳子,特别是没有原料，不能开工。在最困难的时候，组织上提出一个人的饭，两个人吃，共渡难关，得到很多员工同意。但中纺公司是一个十足的官僚机构，冗员很多，政治情况复杂，三教九流特务都有。纺管局利用这一时期，就指定了三百多人，集中教育改造，办训练班。机动组组长杨仲明接受了这一任务，要我帮他一起搞，我同意了。首先是找房子，看了五六处，最后在提篮桥一带找到一所，地方很大，中间是大草地，四周是一圈平房，房子很多，看来足够使用，就定下来了。定名为工作人员训练班，主任叫穆以夫，他在理论上有一定基础，课大多由他上，学员与我们都很爱听。我在班上工作不久，但也学到了一些马列基本知识。不久天冷了，我个人的问题来了，原来我出来时只带了一条很薄的被子，如何能过这个冬天呢？回家去拿，又不想去看继母这张脸。好在革命队伍中发扬互助精神，与我同来的那个干部杨仲明是团级干部，发棉衣时比我们多一件军大衣，到了晚上这件军大衣常盖在我身上。

两大金融“战役”

日子很快走着，解放已过去了半年多，克服了一个个困难，特别在金融方面，使人民币在人民中建立了威望。与人民切身有关的粮、煤都有很大的改善。我在过去写过一首诗，上面有一句“死人与活人共居的世界”。这并不是我这个“诗人”的夸大之言，而是上海特别是沪西一带工人集中地区的真实写照。这种悲惨现象，解放后的第一年并无出现。国民党的预言，也没有出现。国民党说上海是一个大染缸，进得去，出不来。但共产党员都是一些“出于污泥而不染”的人。但很多困难还在，国民党的飞机还经常在我们头上飞。工厂中破坏事件，时有所闻。还有部分人对党的政策，不甚清楚。

街上的反银元投机演出

上海解放后在金融方面经历了二大“战役”。

第一个战役是封闭证券交易所。上海的证券交易所，从其创建到发展，经历了不少的变化，但到了解放战争时代，已完全畸形化，它已彻头彻尾成为破坏金融的毒瘤。上海刚解放，人民政府以合理的比价，用人民币调换国民党的旧币(法币)，但一出来，就被证券交易所疯狂非法的金银投机所攻击，造成人民币的猛烈贬值，使人民币有被驱逐出市场的危险。上海市政府为此断然做出决定，并经中央批准，在6月10日这天查封了证券大楼，经过检查，扣押了246人，经进一步审查，与以法办或教育释放。从此，飞涨的物价，有了抑止。

第二个战役是禁止银元非法买卖与流通，这与证券市场性质不同。在解放战争时期，白区人民为了抵制国民党币制的疯狂贬值，于是纷纷用过去的银元作为交换中介。在上海，更有不少工人与职员，用斗争的方式，迫使资本家在工资中发放部分银元及大米，代替国民党法币，用以保值。银元在当时，是不可以直接到商店里去购物，但在上海的大街小弄中，却密布着众多银元贩子，买进卖出都十分方便。当时，银元实际上已成了“第二

反银元投机游行

货币”，关系到上海每一市民的生活，解放后，还是如此。却成了人民币进入市场的一个巨大障碍。且非法的买卖与投机，也影响了物价及市场，引起人民币不断贬值。因此，为了使人民币能占领市场且稳定，禁止银元非法买卖与流通，成了当务之急。但不能采用前者的方式，而采用行政与宣传方法。发动群众，上街宣传反对银元贩子。这一天，我得知消息，也上街去看热闹，并带了相机，在育才中学附近拍了一批照片，把这一重大事件，记录了下来。

劝说父亲

快近年底时，我突然接到我父一封信。一百多字，要与我断绝父子关系。我心想，断就断，本来我与你感情说不上，我父是资本家，我空有一个“小K”之名，平时你什么都不管，有时我出去袋中连买一张电车票钱都没有。

但父子总是父子，日里工作不去想它，晚上总要想起来。我父出身也是学徒，吃过三年“萝卜干”，靠自己努力，才慢慢爬上去的。过去对工人也不是很不好。工厂在解放前早已无法开下去了，已长期停工。现在经过半年努力，党与政府都希望能早日恢复生产，要求工厂开工，商店开门。但开工对不少工厂确有很多困难。再加上对党的政策不了解。我是他的大儿子，我弟弟还在小学读书。父对我平日虽不好，但还是希望我能成为他的“接班人”。解放后，一看我是另一种人，心中对我一定会有各种想法。而且我又一解放，没有与他好好告别，卷了席子就走。现在又在“开工压力”下，与工人之间的关系，弄得很紧张。于是就离家，偷偷住在大伯家中，把所有恶气都出在我身上，写了这封信给我。

我想，我是党员，我有义务把党对民族资本家的政策，通过亲情，向父宣传，消除父的担忧。面对事实，与党站在一起，与工人站在一起，开工，为国家出些力。

我做好准备，打好腹稿，花了两万多钱(近两个月津贴)买了一条烟，去虹口大伯家见他，打算对他来一次“说教”。开始时他坐着只听，后也插上几句，再后来变成了相互交谈。差不多谈了三个多小时。当我要走时，他还站了起来。我想今日没有白谈，早应这样做了。我又到常德路776号(中汉新玻璃厂)厂里找工人谈。我与厂里的工人，关系一直很好。我绝大多数日子住在厂里，每到晚上，总有很多工人，与我拉家常。后来他们知道我是地下党员，我也知道他们中间也有个别是在苏北参加的党员(工人中大多是苏北人)，于是关系又进了一步。我告诉他们父亲的一切情况。一个工人急着说：“把他抓回来。”我笑着说，不可不可，我想他自己会回来的，再等一些日子，若不回来，你们再去抓，我也同意。

过了年，父果然自己回来，到了厂中，情况完全变了样，在工人及上级多次教育交流下，父亲态度大变，把暗藏在家中的3000元美金拿了出来(藏美金在国民党时代是犯法的)，又把一年前买的世界上最名贵的一只德国产照相机卖了，把钱作为厂内应急之用。不久开工了。后来我父还去说服同行开工，被同业公会请去当顾问。上海市曾组织一批资本家去北京参观，父也在被请之列。还去过大庆参观，这是后话。脱离父子关系的事，后来谁都不再提，我与父亲的关系，也有了改善。

1949年已过去70年，我也从一个20多岁的青年，成为白发满头的老人。我有幸在这一年的10月1日，在跑马厅(今人民广场)聆听北京传来的毛泽东同志的最强音，中华人民共和国中央人民政府成立了，中华人民从此站起来了。一个成立，一个站起来，70年的岁月，不断地在我心中回荡。

1949，从银行职员到新闻记者

吴承惠[①]

1947年夏天到1949年夏天，我是一名银行职员。这是我父亲的老朋友好不容易为我谋取到的“正当职业”。在当时我家亲友的老一辈人的心目中，银行是个“金饭碗”，捧牢了它，一辈子便衣食不愁了。

我所供职的上海市银行属于国民党上海市政府管辖，从前属于官僚资本范畴，现在就是国营企业。上海市银行因有地方的税收作为流动资金，财力雄厚，业务繁忙，在市区各处开设了不少分行，不过名称略为改一改，叫“办事处”，主管不叫行长而叫主任，其实权力是一样的。

上海市银行总行设在九江路近外滩的一幢大楼里，后来好像是上海市人民政府财政局的所在地，现在不知是什么机构。上海市银行后来出了一位海内外都有影响的名人，就是香港船王包玉刚先生。他担任过上海市银行业务部经理。这是该行最关键、最紧要的一个部门，包玉刚的地位也就举足轻重了。包玉刚是宁波人，市银行有一些中层干部如果也是宁波人，很可能就是包玉刚一系的。我工作的地方是设在提篮桥的市银行第五办事处，主任王瑶亭先生从前是总行的出纳科长，他也是宁波人，显然与包玉刚有关系。不过好多年后，也就是“文革”以后，有一次我与王瑶亭先生在一次会餐中不期而遇，相见唏嘘。他告诉我：包玉刚从香港来，王瑶亭并没有钻头觅缝地去见他。王瑶亭说：“他(指包玉刚)发他的财，我过我的退休生活，没有必要再去巴结他了。”

我在市银行的职务是记客户往来账，级别是乙级助理员，比最起码的练习生高两级。

①吴承惠，生于1926.2.11，时为上海市银行职员。

另一位记往来账的席德基是甲级助理员。我们两人的写字台只隔一条小小的走道。很接近，所以平常的交谈也很多。席德基的出言吐语有着明显的“左倾”意味，平常的业余活动也不少，只要一个电话来，他就放下手中的工作出去了。柜台上收到的票据传到了他的台子上，而他不在，有时我就跑过去代他记一笔。那时有个银钱业公会，席德基大概在会里担任了什么职务，事情很多。

1948年某月，银钱业公会发起组织一次有很多银行界同人参加“聚餐会”，后来知道，这就是党在银行界的地下组织在做争取大多数人的统战工作。“聚餐会”还决定出版一份特刊，名叫“聚讯”。因为我在新闻界“待”过，席德基便把这一任务交给了我，我也很高兴地接受了。稿子有很多是席德基约来的，我也约人写了两篇。其中一位就是我们办事处的副主任梁廷锦先生。他是南通人，他的办公桌就在离我不远的靠墙的地方，平常不大听见他发表什么政治见解，打起电话来谈的多是银行业务，比如“调头寸”之类(运筹款项)。但他偶尔“漏”出几句话来，令人感到他的不凡之处。后来的事实证明，他也是地下党员，而且是级别不低的领导干部。

我也在《聚讯》上写了一篇东西，题为“编后记”，究竟写了些什么，现在忘记了。再加上我这人一向对政治不感兴趣，更缺乏政治头脑。但1946年我在《世界晨报》工作过，接近过好些进步文人，比如报社的经理冯亦代先生，还有经常到报社来“串门”的袁水拍先生、吴祖光先生，等等，他们在谈话中的倾向性，判断是非的标准，也让我受到了感染，因而模糊地意识到现在的局面不会很长，将来一定要变，但又会变成什么样子则是茫茫然，反正是过一天算一天，听从命运的安排吧。这种情绪肯定也反映在我写的那篇“编后记”中，多少有一点不满现状的意味，与席德基要我当编辑的想法没有抵触。

这里顺便说一下《世界晨报》，它是由重庆来的进步文化人办的一张小报。总编辑是老报人姚苏凤先生，但他只管编报，别的不管。报社一切事务，也包括采编工作，统由经理冯亦代先生掌管。《世界晨报》的后台是位姓钱的资本家，他经营着造纸和航运的中原公司，因为也想在舆论界取得一定地位，所以出资办了这张报纸。冯亦代先生其实是这家公司派来管理报纸的实际负责人。《世界晨报》的内容因为不合上海人的口味，销路非但一直上不去，而且日见萎缩，一再改版，增加新的栏目。那时我同一位姓吴的朋友合作做经济通讯工作，当然他是老师，我是学徒。后来经我的一个朋友介绍，我们承包了《世界晨报》的经济版，占报纸第四版三分之一的版面，其实刊载的多是当时的股票行情，还有一些小言论。姓吴的负责供稿，我负责编排版面，得天天到报社上班。因为是冯亦代先生答应我们来搞这个版面的，所以我们从此结识了冯先生。我不算报纸的正式员工，只能说是合同工，但也发给我一张记者证，也可以采访别的新闻。在以后的接触中，我和冯先生日益接近，得到了他不少照顾。比如《世界晨报》停刊后，介绍我为《新民报》(晚刊)，《联合晚报》投稿的就是冯先生。我进市银行，经试用后成为正式员工，要填表，要有保人，我就去央求冯先生，他一口答应。报纸不办了，他还是中原公司的高级职员，属于"理"字头的职位，足够有资格为我在表上签名盖章了。

冯先生一向很重视培养年轻人。我勉强算是他赏识的一个。冯亦代更看重的是李君维。他是圣约翰大学毕业生，以擅写有张爱玲风格的小说而崭露头角，笔名"东方蝃蝀"。此外他还用"枚屋"的笔名写些散文小品，因此被请进了《世界晨报》，编第三版副刊，风格与原来的不同，有了海派味道，但也没有能吸引多少读者。《世界晨报》停刊后，他考进了《大公报》，但业余仍与《世界晨报》的几位同事来往不断。冯先生同李君维经常见面，也是最赏识他的，还有一个就是我。我在银行的收入稳定了，有钱请朋友小聚喝咖啡了，头一个就要请的也是李君维，我们交情不错。报纸还停刊时，有两天他要陪父亲去南京，就托我代他编两天版面。不想等他回来时，报纸已经停刊，大家都失业了，只好另谋出路了。

我进了市银行，谋得了一个暂时安稳的职业。但工作之外的业余交往，也依然是在《世界晨报》结识的一些好友。首先是冯亦代，我们依然围着他转。那两年每逢中秋节，冯先生总要约李君维、董乐山，何为和我到他贝当路(今衡山路)家里(其实冯先生夫人郑安娜的家)去聚会。平常在一起喝咖啡的次数也是不少的。后来他越来越忙，喝咖啡的次数少了，但春节初一这一天总要见个面，地点在一个话剧女演员的家里。这位老大姐是把李君维和我是当作兄弟看待的。

平常和李君维相聚的时候最多，其次是董乐山，他是李君维的同学兼好友，圣约翰西语系毕业的，英文很好，他后来成了一位有名翻译家。他因为李君维的关系，也很受冯亦代看重。董乐山解放前在上海美国新闻处工作，是冯亦代的夫人郑安娜介绍的。

再就是散文家何为。那里在我们的心目中，可以当得起"作家"两个字的，便是何为，对他很是尊敬。冯亦代更是高看他一筹，常与他一起商量写作的事。那时(1946)国民党中央银行上海分行出了一桩金砖盗窃案。有个行员私自进入库房，盗走了好几块金砖，不久便被发觉，被抓起来了。这件事成为当时一桩轰动的新闻，街谈巷议，传说不已。冯亦代认为此事可以拍成电影，便与何为合作写剧本，但具体动笔写的任务落在何为身上。他们几次在咖啡馆里讨论剧本的结构，旁边也有李君维、董乐山和我一旁聆听，不时也插句把嘴。这个剧本名《金砖记》，已经登上了金山主办的清华电影公司的预告，如果不是时局变迁，这部电影是会开拍的。

何为当时也另有职业，是在金陵东路外滩一家洋行当职员，保证了他的衣食无忧。那时靠做作家写文章赚点稿费，是养不活自己的。

现在回想起来，那两年因为有固定收入，工作能应付得过去，思想也没有什么负担，日子便过得有点稀里糊涂，陶醉于眼前的一点“小乐惠”，连业余读书的习惯也渐渐地荒疏了。当然，我说是只是我自己，李君维、董乐山、何为他们比我有头脑，有远见，在他们的影响下，我还不至于走向荒唐的地步，只是好玩，不用功而已。

冯亦代跟我们见面的机会越来越少了。他太忙了，此时他大概还在民盟上海市委兼任一点工作。民盟原来几位有名的人物都躲了起来，不好出头，担子便落在了冯亦代的身上。这方面的事情，冯亦代有时见到我们，是绝口不提的。我们也识相，不去问他。

转眼到了1949年，形势已经相当清楚，国民党的天下快要完了，共产党就要来了，等吧，反正没有过不去的桥。别人不知道，我是这么想的。

这一天，也是春节年初一的下午，我们照例在那位话剧女演员家里举行团拜，冯亦代也来了，先是跟大家一起玩扑克。忽然冯亦代好像很兴奋地对大家说：“我们终于可以看到《白毛女》了……”

女演员忙问《白毛女》的内容是什么？冯亦代说了个大概。女演员皱着眉头说：“照你说的，我还是弄不懂是啥意思！”

亦代不响。我想他也未真的了解这部歌剧的意义，只是凭着一股向往解放区的热情，便轻易地表露了出来，反倒显得不够慎重了。这也是他一种性格上的弱点。他后来不得意的遭遇，也证明了这一点。

银行里还是很忙，每天流通的票据不知有多少。下午三点钟拉铁门，对外停止营业，但内部结账，总要到五点过后才能完事。席德基好像越来越坐不住了，一会儿就跑出去，找他的电话也常常响起。梁廷锦副主任还是很稳定地坐在他的座位上，照例忙着调头寸，打电话，对于席德基的常常外出，他也不管。

那时银行内又进来几位新的同事，其中一位是电影明星顾而已的胞弟顾尔镡，脸色苍白，穿一套青灰的西装，在行内好像身体不大好，时时要晕倒的样子。也没有看见他做什么工作，电话倒很多，有时用他的家乡口音南通话与人家。顾尔镡后来是享名江苏的一位作家，大型杂志《钟山》的首任主编。

我还是记我的账，不敢马虎。有一天下午，对外已经打烊了，我照例记着账，一笔又一笔，忽然发起神经来，叹口气，大声说："将来我大概不会再做这些事，只好去踏三轮车了。"大厅内的同事听了都笑起来。梁副主任说："将来你可以做的事情多了，又何至于去踏三轮车呢！"

一天早上，我刚在办公桌前坐定，梁副主任把我叫到他面前，递给我一张票子，说："市政府马上要在天蟾舞台召开一个会议，你去参加一下。"

这个会议的主持人是国民党上海市政府的秘书长陈良。当时上海虽然有新的市长副市长任命下来，但都没有到任，陈良其实也是代市长的身份。他是来给大家打气的。虽然解放军的足迹已逼近上海市郊，但陈良还在吹牛皮，说上海的防守多么牢固，共产党决不能得逞，等等。大家听过算数，心里都另有一本账。我回来跟同事一说，席德基也在，说："你听他在胡说哩！"

又一天下午，大家手头的账目已经记完，正在等票据交换所发来的最后一批票据，一时有点空闲，便你一句我一句地在闲聊。这时一位打扮得很时髦的女同事坐在位置上忽然冒出一句："共产党最晚哪月哪天就要进城了……"在座的同事都有点愕然，心想你怎么知道的？

后来的事实证明，她怎么会不知道呢？因为她的丈夫就在解放军的队伍里面。果然，解放军一进城，行里就不见了这位女同事的身影。过了几天，她到行里来辞行了，是与她丈夫一起来的。她丈夫穿着黄绿色的军装，她也穿着军装，一扫往日给人的印象。

终于到了那一天，也就是上海解放的头一天。早上，我还躺在被窝里，我父亲悄悄地走到我的床边，说："共产党来了！"

我连忙起身，洗盥后，到弄堂口一爿小店借打电话给王瑶亭。他家现在已从虹口搬到南京西路陕西路口平安电影院楼上的一幢小公寓里了。我问王主任，“今天还要不要去行里上班？”他说：“今天还上什么班？”接着他又说：“今天你如果没有什么事，就到我家来坐坐吧！”

我去了，身上穿的还是一套灰色呢子的新西装，路上的行人稀稀落落的，偶尔看见有个把解放军战士肩上扛着一团电线走过，神色和悦，我也没有感到害怕，只是觉得有点懊悔，自己这身衣着跟路上的情景太不协调了……也不去管它。到了王家，与王主任谈谈讲讲，未来的一切都茫然知，究竟有什么变化到时候再说吧。

从王家朝南的窗口向下望去，正是南京西路，忽然看见有两个穿西装谈笑着的人走过，其中一个，不就是冯亦代吗？一时真想朝他大喊声，想想又忍住了。在王家吃了午饭，挨到下午两三点钟，告辞回家。好像没有公交车，我是走回去的。路过国泰电影院，门开着，营业照常，今天放的片子是美国影星琼·海韦的《谁在吻他》。我几乎不加思索地就拐了进去。放映厅的人很少，数得出的不过那么几个。片子看过也没有留下什么记忆。再想想，可能夹杂着一种惜别的心情，可能不会太久，这种片子就看不到了……

次日即去提篮桥上班。大门开着，营业稀落，间或有一两个客户来取款。大家无事都在闲聊，王主任也从楼上的主任室下来和大家坐在一起。

席德基一直就没有露过脸，也不知他去了哪里。梁副主任也不见了，哪知道他有了新的工作，但究竟干些什么呢？好像听他现在是一位军代表，接收国民党的台湾银行去了。过了两天，梁副主任来了，穿着军装，一来就直上二楼主任室，与王瑶亭主任谈了好久而去，也没有同大家打招呼。但王主任下来传话，说梁主任要我告诉大家放心，日子会一天天地好起来……

又过了几天，王主任不见了，有新的任务找他了。接着一天又一天，好多同事都陆续分配到了新的任务，不来了。剩下的人很少，我算一个。不久终于又告诉我，要我留下办理第五办事的移交工作。一个办事处派一个。我不知道怎么会有此荣幸的？

办移交的人都要集中到九江路总行里去。在总行二楼辟了一个房间，大家围坐在一张长桌四周，一时不知道要做些什么事，就整日闲聊。逢到吃午饭，多数都不在总行的食堂里吃，到外面随便吃点什么算了。有一天，我出去吃饭，忽然在马路上迎面碰到了董乐山，彼此都欣慰不已。他告诉我，上海要办两张新的小报，一张已经出版，叫《大报》，负责人是陈蝶衣，还有冯亦代。董乐山已经被罗致进去，记者的名片也发给他了。还有一张叫《亦报》，不日也要出版，负责人是龚之方、唐大郎。所以要办这两小报，是利用旧形式来教育旧上海的市民。这是夏衍的意思，他对上海的情况是熟悉的，现在他也是上海文教工作方面的领导人。

董乐山虽然这样说，但他本人志不在此，准备另谋高就。他对我说："你有兴趣吗？要不你去《大报》吧。我去跟陈蝶衣说……"

《大报》那时实际上是陈蝶衣在负责。过去他是《铁报》的总编辑，上海小报界有名的头面人物，能诗擅词，人们都尊称他为"蝶老"。果然，陈蝶衣一听董乐山的介绍就同意。我估计，董乐山在介绍我时，讲了我和冯亦代的关系，就凭这一点，他也会接纳我的。

冯亦代此刻不在上海。北京正在召开第一次全国文艺工作者代表大会，冯亦代是上海代表团的秘书长，忙得不可开交，这两天正在北京参加会议，会遇见他当年在重庆时结识的重要人物。他自己将来在哪里工作，还在未定之天，《大报》不过挂个名罢了。

我去《大报》报到了。那时《大报》临时社址是在福州路杏花楼酒店对过一条弄堂里的石库门房子里。这里是中央书店的地址，中央书店是有名的上海鸳湖派文人平襟亚创办的。平襟亚又号"秋翁"。仿佛听说，《大报》的创办，平襟亚也参与其中，否则怎么会把中央书店的二楼全部让出来给《大报》办公呢？但不到半年，《大报》就搬家了，新社在河南路九江路口一幢临街的房子里，经过装修，搭了阁楼，勉强可以容纳二三十号人。

开头几天，我还两边兼职，上午总在市银行，下午二三点钟，我去《大报》。后来觉得不行，鱼与熊掌不能得兼，便写了一个报告给市银行，还举荐一位同事代替我，不管他们同意不同意，反正我向市银行告别了！当然，市银行后来也没有了。

到《大报》跑些什么新闻呢？陈蝶衣没有规定，由我自己寻觅线索。还好，李君维那时还在《大公报》，他已是老记者的资格，由他透露一点线索给我，多数是文教界的，我寻路而去，每天都有稿子交，不致曳白。

逢到星期天，我也不休息，到处寻找稿源。有一天上午，我在陕西南路一处花摊旁边坐了好久，跟花摊主人有一搭没一搭地闲聊。回家写了一篇二三版副刊题为"花摊"的小品文，交给陈蝶衣，他立即采用了。后来对我说："以后你就多为二三版写点稿子吧。"

冯亦代回上海，但并未在《大报》露面，他还在忙着代表团的扫尾工作。那天下午，代表团向上海文化界举行汇报大会，地点在军管会文艺处，原石门路威海卫路国民党新生活俱乐部的旧址，是一幢老式洋房，有着很大的厅堂，很大的园子，小汽车可以直接开进来。梅兰芳的车子就是开到大厅的台阶前停住的。那天我记得他穿着一身淡灰色卡其布中山装，但上装是搭在身臂上的，上身只穿着白长袖衬衫，头发梳得一丝不乱，微笑着走进大厅，微笑着频频与人打招呼，然后被引导着坐进靠近主席台的座位里。主席台上此刻只有副处长黄源，此刻正与人谈论着什么，我好像听见他说了一句："将来我们的国剧说不定就是越剧……"

我听了有点诧异，再想想也不奇怪。越剧接受新文艺的洗礼，舞台面目有所革新，接近于话剧加唱的形式，在解放初期，她的发展俨然有领先之势，难怪黄源有这样的想法了。

忽然遇见了冯亦代，刚打了个招呼，他又忙着和别人去交谈了。

一会儿一部黑色的大轿车开到大堂口停下，跳下来三个人，是周而复、夏衍和潘汉年。周和夏衍都穿军装，潘汉年却是淡棕色的香港衫和西装裤。好像听见有两个穿军装好年轻女文工团员在低声嘀咕："潘副市长穿得这么漂亮？"

潘副市长在会上最后的讲话也很漂亮。如今回想起来，大意是：革命不分先后，现在大家都同属一个阵营，理应加强团结，共同创造，让文艺工作取得新的辉煌成就。

散会了，我走在文艺处花园的小道上，偶一回头，驶来一辆轿车，里面坐着夏衍，旁边是冯亦代。我知道，亦代和夏衍有着不寻常的关系。当年《世界晨报》第一版有个很吸引人的言论专栏，文字是一段一段的，犀利而风趣，专栏的名字叫《蚯蚓眼》，著者常常换名字，其实都是夏衍一人的手笔。别人称夏衍为"夏公"，亦代称"夏伯"。

过了两天，亦代到《大报》来了。有个上午，他在《大报》二楼的客堂向同仁传达了北京文代会的精神。最后他强调：人人都需要学习，自我改造，我就准备把自己改造成为一个"土包子"……

我听了暗暗有些惊异。从前我们都认为冯亦代的外文很好，有些"洋气"，现在竟然决心要染成"土气"，足见他从相信共产党到跟着共产党走的决心之大。

他跟我另外没有谈些什么。只是建议我可以去采访一下梅兰芳，还说"我先跟梅先生打个招呼"。过了两天，我去了梅家，但是没有见到梅先生，只和他的秘书许姬传先生谈

吴承惠怀抱朋友的女儿(1949)

了一通。回来我就把这次与许姬传的交谈经过写了一篇“专访”，刊登在第一版。冯亦代看了，连称“文章写得好”。而且当着别人的面谈，显然有为我撑腰的意思。

他终于决定去北京工作了。临行前，他对我说：“你可以协助陈蝶衣编编二三版的副刊，我已经跟他提过了……”那时，陈蝶衣每晚都要去印刷所，划样、排样、看样。经亦代一说，我必去了，坐在他的对过。但几天过去，陈蝶衣一直不让我插手，我觉得无趣，也就不去了。

这时我的采访工作有了变化。一版编辑陈亮先生建议我去跑政法新闻(也就是社会新闻)，每天到法院、公安局去走走。我欣然接受。那时上海市人民法院就是旧上海的法院，俗称“新衙门”，地点在浙江北路，过浙江路桥走不了几步便是。里面很热闹，来打官司的人很多。从此我每天就有了定向的去处，不管怎么忙，法院那里总要去转一圈。也不光是我，《大公报》的老记者陈天赐，《文汇报》的蔡益铭等，都是每天可以见到的同行。可见法院这里出新闻，各报都派专门的记者来这里一探究竟。

为此，法院特地增设了一位新闻秘书，我记得他姓李，很年轻。他每天向我们提供审案的线索，刑庭的、民庭的，哪些案子可以去旁听，哪些不可以。一般来说，民庭比较开放些，可以随便走进去，刑庭就难说，先要得到庭长或审判员允许。其实，一桩案子的发生，人们想要知道的是它的经过。我们做记者的也就是看重它的经过吸引不引人，至于结果如何，不过是一句话就可以归结的。

那时，人们结婚，也要到法院来登记。有一天，我打听到白杨和蒋君庭要来办喜事了。连忙打电话告诉报社的摄影记者穆一龙。他匆匆赶到，朝着正在结婚登记表上盖章的白杨夫妇咔嚓一声，闪光灯一亮……白杨脸上一惊，嘴里嘘了一声，表情是非常不满的，但又无可奈何。不管它，我们总算把新闻抢到手了，刊登出来的时候特意加了花边。我们的老总陈蝶衣是最喜欢有这种新闻见报的。

不久又发生了一桩命案。正在共舞台演出的京剧女演员宋紫萍被她当律师的丈夫杀死在大华公寓的浴缸里。这个律师很镇定，把血迹冲洗干净后，留下浴缸里的尸体，自己带着几根金条到公安局来自首。

这个案子事实很清楚，关键是这个律师因为是来自首的，要不要判死刑，还是从轻发落。为此一审再审，要弄清楚宋紫萍是无辜被杀还是死有应得。在两次庭审的过程中，记者却被禁止入内，因为其中有黄色的成分，不宜扩散。其实我们记者也知道把握分寸，就是听了也不会把这些材料公布出来。法院这样做，未免小看我们了。

后来也约略听说了一些，大概女演员有外遇，引起了丈夫的妒恨。

后来这个杀人者还是判了死刑。又过了些时候被执行枪决，刑场就在提篮桥监狱里面。我们得到通知，连忙赶去。这是上海解放后第一次死刑执法。犯人被押到监狱后面的一个菜园内。执法的枪手是个青年解放军战士，可能缺乏经验，连打了四枪才将犯人打死。我站在旁边看着，竟然一点不怕。后来发现衣服上装的袖子上有一小块血迹，别人说，这就是死人溅起的鲜血，你为什么离得那么近呢?

马上就要迎接新的一年——1950年。报社又要我转移到文艺领域去采访了，因为上海的地方戏曲出现了新的繁荣，这是一个很吸引人的宝藏，也符合我个人的兴趣。其实，岂止是戏曲，从现象来看，上海的各行各业都很繁荣。我接触到的人，都是一团高兴的样子。我正年轻，精力旺盛，个人历史上也没有包袱，有什么好担心的吗？没有，一点也没有，努力去做就是了……

我在上海《中央日报》经历的1949

乌鹏廷[①]

1946年初，我从上海法学院万县分院复员上海，规定3月1日报到。

新学年开始时，学校又招收了第二届报本科学生，一二两届人数近九十人。报专科主任章苍萍教授是一个很看重学生实践能力的老师，他在万县分院时创办《中外春秋》周刊，在上海又办了申时通讯社，作为学生的实践基地。上海条件好了，他多方设法聘请到上海《新闻报》总编赵敏恒，上海《中央日报》总编程玉西，著名报人曹聚仁给我们上课，还指导我们成立了上海法学院新闻学会，由学校给房舍作为活动场所，与近邻的复旦大学等高校开展学术交流，我被选为学会第一任总干事。当年大学毕业国家不包分配工作，所以毕业就是失业，学生要自找门路就业。

我有幸经程玉西教授推荐去了上海《中央日报》，从校对、助理编辑到记者，一步一步靠自己的勤奋拿到了每月六十元银元的工资。当时全国共有三家《中央日报》，南京《中央日报》属国民党中央党部；重庆《中央日报》属两陈CC派；上海《中央日报》归属行政院。南京和重庆两家报社的情况我不了解，上海《中央日报》的党气很淡，我们采访部十多位记者，除一两人外都是无党无派，报社经理(上面还有总经理)是中共地下党员，国际版编辑是莫斯科红军大学毕业，总主笔是托派，这是公开的秘密。上海解放不久，这位经理就将报社从美国买来不久的可一次彩印七种颜色的印刷机运往北京《人民日报》。

我在《中央日报》采访部是一不起眼的小角色，被分派与一采访司法新闻的老记者

①乌鹏廷，生于1926年12月6日，时为上海《中央日报》记者。

(他不是年龄上的“老”，只是比我早进报社)做搭档，他只把上海地方法院分给我采访，上海地检、高检、高院、特刑庭等司法单位全他包了，我是不能问津的，我只能从地方法院的刑事、民事案件中挖掘新闻。在近两年的采访中，只有金圆券发行时蒋经国在上海打虎抓了海上闻人杜月笙之子杜维藩囤积棉纱的经济案有新闻性外，其他的刑事案卷中有新闻性的少得可怜。杜案要不是移送地方法院也轮不到我采访，而我的所谓采访，也仅仅是写了一则杜维藩移送上海地方法院的新闻，以后就没有下文。法院接案后根本没有开庭审问……明眼人都知道在当时蒋经国打虎的气势下，案件移送地方法院只是做做表面文章而已。1948年冬，报社内传开上海《中央日报》将迁广州，后因社长冯有真飞广州的飞机失事，冯遇难，搬迁之事也就没下闻了。

我成为《中央日报》正式记者是从写一篇特写开始的。一天，采访部主任羊文贤分配我第二天去湖社采访一场追悼会，他说：你写一篇特写，字数在五六百字左右，一定要写好，第三天报上要刊用。第二天一早我就赶到湖社，湖社大厅里布置得很隆重，除逝者遗像外，四壁挂满挽联：文字内容都是称颂逝者默默无闻勤恳工作积劳成疾，挽联署名有个人、工作组等。接待我的人说，你只要说逝者是公务员就可以了，具体做什么工作不必写，当时我就愣了，发现除了我，没有其他新闻单位的记者来采访，吊唁的人除上海本地的，外地的也不少。我向接待的人说，能否到逝者家里去看看？他就要逝者的亲属陪我去。

逝者的家在上海南市一弄堂石库门的楼上，家里乱七八糟，贫寒得很。我翻了好久总算在大橱里找到一练习本，上面写的是：“×月×日×时4个青年学生模样的人进去，一小时后出来……”“×月×日×时朱学范(时任上海市总工会主席)乘车来，两小时后离去……”这一下我全明白了，湖社是浙江湖州同乡会在上海的活动场所，国民党CC二陈都是湖州人，这公务员是中统的一名特工，监视的是思南路周恩来的住处“周公馆”。费了好大的劲总算把特写完成，交给羊文贤时，他看了很满意，第三天本市新闻版在显著位置上刊登了这篇特写，并在我的名字上冠上“本报记者”。一周后，采访部就发给我印有《中央日报》记者的二百张名片，自此以后我就可用名片与同行、采访单位沟通交流了。

1949年新年后我又兼任了上海《前线晚报》的记者，《中央日报》是不知情的。《前线晚报》总编曹聚仁是我在上法读书时的老师，他给我的任务是每周写一篇800字的特写，题材由我自定，有空再写些社会新闻。我记得写过“寂寞的思南路”(国共谈判时周恩来在思南路×号(记不得了)的住处，俗称“周公馆”)，“龙华路上”“棚户区的早晨”等。1949年3月，上海临近解放，《前线晚报》就停刊了。

从4月份领了工资后，河南路汉口路口的《中央日报》广告部、采访部就很冷清了，我住在延安路江西路口我父亲工作的商行里再也没有去报社，可以说是中断了联系。上海解放后，市面上很平静，舞厅、酒楼，商场照常营业，上海滩依旧是灯红酒绿，只不过吃喝玩乐的人毕竟少了。这段时间我在商行的宿舍里看书写字，听听收音机，和我往来的只有《和平日报》采访地方法院的记者张由枢。直到1949年11月华东新闻学院研究班开学，结束了等待工作的日子。

1949年7月，我去上海圆明园路文汇大厦找了接管上海《中央日报》的军代表张春桥(他时任华东新闻出版局副局长)要求工作，他说央报的一些记者，编辑都去了广州、香港、台湾，你为啥不去？我回答：我到央报工作只一年多时间，我没有钱，也没有门路，介绍我到央报工作的老师程玉西也留在上海，我为啥要去？他就写了一张条子要我去华东新闻出版局，华东新闻出版局接待我的同志说，正在筹划华东新闻学院研究班，你先领中灶供给制待遇，到时去研究班报到。

11月研究班开学，吸收的学员是上海《新闻报》《申报》《中央日报》《和平日报》4家报社的编辑部、经理部人员，学习期间全部系原工资待遇(只我一人是供给制)。《中央日报》参加学习的有程玉西总编，我和驻南京记者陈布南、袁义勤主笔，吴石瑛编辑(程玉西后来是从他家乡盱眙县政协副主席岗位退休)。

研究班的地址在上海东长治路一所大厂房内，学员有400多人，分成不少小组(究竟有多少小组我也不清楚)，每个小组的人员有多有少，一般是20至30人。说实在当时各小组人员并不往来，也很少交谈，每周上课五天半，星期六上午打扫卫生后就放假回家。在近半年的学习生活中，我只熟悉小组的人员，他们都是报社经理部门，采编部门只有我和后来才参加学习的原中央通讯社沈苏儒高级记者，他的岳父是国民党中宣部部长陶希圣，著名民主人士沈钧儒是他的堂兄。沈苏儒中英文根基俱佳，小组学习中多半时间是听他海阔天空的空谈。小组长姓谢，福建人，是位女教师(她不是新闻工作者怎么参加研究班原因不详)。组长不发话，我们当然更不出声了。好在辅导员很少到我们小组旁听，就是来了，也只是坐一下就走了。华东新闻学院院长是恽逸群(华东新闻出版局局长)，教务长王中(后来是复旦大学教授)。学习以小组为主，大组由辅导员就各组学习情况做报告，我至今还有印象的学习内容是“时势造英雄”还是“英雄造时势”，争论了很久。学习没有教材，学员关心的是学习结束后的去向。

学习结束时，研究班张贴红榜，在400多学员中只有20人可以继续参加人民新闻工作，我榜上有名。我们20人连同家属全部由西北新闻局接到西安，只我一人留在西北新闻局新闻处工作，其他19人分别安排到《群众日报》、西安人民广播电台。

1949·南下上海

王寒枫[①]

渡江

临淮关坐落在津浦路南段，淮河中游交汇处的一个小城镇。这些天来小镇沸腾了，因为华野八纵来这里休整、整编。渤海军区文工团特前来祝捷、庆功、慰问。给机关部队演出《胜利腰鼓》，甚得广大指战员喜爱。轮流来看演出的部队，川流不息，半个月来小镇空前热闹。一九四九年二月九日，华野八纵就在这里，奉命改编为中国人民解放军第三野战军二十六军。我们部吕茂堂科长，调到七十六师任团副政委，邓洪奎干事到七十八师任组织股长，我的老战友杨增诚同志，到七十八师任组织科副科长，我被任命为军后勤部政治处宣传股副股长。连日来，到处都在举办欢送升任的喜庆聚会，我被卢廷起、王淑和、王永嘉同志敬酒敬得喝多了，直到干部科送马来，催我上任，通讯员才叫醒我。匆匆吃过早饭，告别了欢送的亲密战友，到军部西南一个小村，后勤部驻地去报到。

三月三日全军由临淮关地区开进到与南京西北隔江相望的全椒地区，准备渡江。三月七日，后勤部到达全椒县城西北一个小村驻下，按上级要求：实行人食大米，马喂稻草的适应性训练。十日后勤部以召开排以上干部大会的名义，进行集体考试。

这次考试是为了推动我们对新区政策、城市政策、《入城三大公约十项守则》的学习贯彻和执行。考试分三种内容：对错题，在对的地方画圈，错的地方画×；选择题，在对的后面画圈；填充题，在空格里填上需要填的内容。考场上允许看书、看报、看笔记，错别字不扣分，能答对题就好。答卷时间一小时。最后刘副政委作报告，他从正面系统回答了讨论的

①王寒枫，生于1927年4月23日，时为26军后勤部政治处宣传股副股长。

四个问题，作为排以上干部学习的总结，也作为给连营政工干部给战士做总结教育，上的预备课。这个开展大讨论的教育方法，在全军做了推广，定名为：群众路线的教育方法。

前面教育刚总结，后面教育又开幕了。军政治部文工团，为了配合《将革命进行到底》的教育，根据郭沫若的《甲申三百年祭》改编的京剧《闯王进京》，通知后勤部三月十二日晚上到全椒去看。戏演得非常成功，全体指战员看了，激动得热泪盈眶，幕间休息时，口号声此起彼落：

“响应党的号召！将革命进行到底！要当彻底的革命者！不当革半截命的李自成！打过长江去！解放全中国！”

散了戏在往回走的路上，宣传股的同志在激动的情绪下，开了个飞行会议，一面走路一面研究：怎么利用这个演出的效果，深入进行将革命进行到底的教育？最后大家一致意见，用两天政治教育时间，再开展一次大讨论：看了《闯王进京》怎么当个彻底的革命者，不当半截子革命派？我到警卫连进行试点，效果非常好就在全部推广。

为了解决渡江船的问题，地方部队上下齐心协力，四处找船。微山湖、洪泽湖、沂河、沭水、黄河、运河、淮河、涡河、汝河、颍水及江北沿海凡有船的地方，都征集到了，华野共找到八千多条船。怕国民党飞机来轰炸了，就把这些船分散隐蔽起来，准备渡江时用。后勤部队进行乘船训练，根本见不到船，我们就在训练场地画个长方形的船，把这一船的乘船人员，在船的左右分两排站好。为了保持小帆船在水中的平衡，训练上船的秩序是：先前后后，先左后右，最后坐中间。训练下船的秩序是：先前后后，后面跟进。就在画这个长方形里，反复练习，直到熟练为止。

船会上会下了，新问题又来了：船走到江里叫敌机扫射打个洞怎么办？船炸翻了怎么办？炸碎了怎么办？

为了进一步解决群众渡江的顾虑，凡是战士存在的具体顾虑，一项一项发扬军事民主，人人动脑筋想办法予以解决。经广泛讨论大家想出了许多办法如：

堵塞法：准备好斧头、破布、木塞子，船打上洞后及时给钉上堵死；

漂浮法：准备好竹筒、轻木、葫芦等漂浮物品备用；

减重法：身上少带东西，不打裹腿，上船脱鞋，解裤腰带，便于应付突然事件；

互助法：会水的、不会水的搭配组成互助组等。

黨代大會全體留影紀念
一九四九年八月廿六日攝於江灣飛場

26军后勤部第一届党代大会全体留影纪念(1949.8.26，江湾机场)

总之，把在水中乘船时所有的顾虑，统统在陆上事前民主讨论逐个解决，让每个同志没有顾虑地打过长江去。

四月三日我们奉命离开全椒，向仙女庙地区开进。

四月七日行军途径扬州瘦西湖，部里有几位领导，领我们几个科股长顺路参观了，据说是竹林七贤、扬州八怪的活动遗址，见那院内，翠竹成阴，假山奇石迭起，叫不上名的奇花异草，点缀在四处，画廊曲径通幽，玲珑小桥下面，池水清澈，红、黄、黑、白、花各式各样的金鱼，漫游其中，岸边室内陈列着古朴的楠木桌、椅、茶几，花架上面摆着扬州风格的树桩盆景，墙上挂着郑板桥的竹石图、八大山人的山水画。没有人给我们介绍，也没有说明的文字，就匆匆一过即离去。想来这就是那些文人墨客，吟诗作画，饮酒作乐的场所了。这么大的一座扬州名城，因渡江军务在身，再什么也没有看，就奔向仙女庙东南面的小村驻下。

百万大军兵临长江，万条帆船隐蔽待发，西起安庆，东至江阴，各个兵团指战员，实地进行强渡长江的准备。首先扫清江北临江残敌，选择起渡场、待渡场、隐蔽集结地、开辟渡船至长江的水道。四月二十日前，后勤进行了渡江政治动员，准备工作一切就绪。

26军后勤部同志合影(岭南中学, 1949)

四月二十日国共和谈破裂，二十一日毛主席、朱总司令发布了《向全国进军的命令》，百万雄师渡长江战役开始了。

我们后勤部，于四月二十二日拂晓，开到三江营渡口，待渡场集结准备待渡，突然间隆隆炮声大作，令后勤向北撤三里地待命。事后才知道，这是英国皇家海军闯入我渡江江面，双方展开一场激烈的炮战，英舰打死打伤我指战员二百五十二人，我炮火将英舰"紫石英号"和"伴侣号"击伤，被迫挂起白旗，狼狈逃窜后，后勤这才又重返待渡场。二十三日早饭后，开进到三江营起渡场，政治处分乘两船，宣传股和民运股一船，这只船有一丈八尺长，四尺八宽，一桅一帆，一个船老大，带三个水手。我们宣传股先上船，就按平常训练那样，先前后后，有组织的上船坐下，我就把鞋脱下，裤带解开，大家分别把斧头、破布、木塞子，拿在手中，我看了下，这一船是二十六个军人，四个水手，正好是三十个人。船老大问道：

"人上齐了没有？"

"都上齐啦！"

"上齐啦就坐好不要动啦！同志们坐我这条船渡长江，不管遇到什么情况，大家都坐稳了不要乱动弹！我保证平安把同志们送上岸！"

他这一句话把怕水同志的顾虑打消一多半。只见四个水手，船尾一个掌舵的，船头一个掌搞的，左右舷都有一个摇桨的。船老大命令道：

"起锚！升帆！"

小船扬帆起航了，在整个江面上，你就看罢，是一江帆船一江兵啊！千船万桨，百万雄师忙渡江，可以说是，场面宏大，气壮山河。这时候登上了江南岸的第一梯队军，正在追赶逃跑的敌人。等我们二梯队军的后勤部队渡江时，敌人的枪炮都哑巴了。

我们机关渡江时，有一些马不爱乘船，怎么弄它就是不上船，没有办法，只好让它自己游过长江。在我这条船的前、后、左、右，不时游来几匹骏马，高扬起那雄健的头，在滚滚长江，一片渡船的空隙里，自由地游泳，无比健美，那真是不是鲛龙胜似鲛龙啊！这时我才知道龙马精神的真实含义。眼瞅着江心岛扬中就要到了，我们看了马的精彩游泳表演，渡江的紧张情绪一扫而光。同志们都扔下手中的斧头、破布、木塞子，系上裤腰带，穿好鞋子，做好登岸准备。突然间，在江里游泳的马，向岸上发起冲刺，你追我赶，互不相让，马比我这条船，率先登岸，神气十足，威风淋漓，得意洋洋，在岸上迎接等待主人。

我登上岸就检查人员物资，一样不少，就整队出发，到江心岛扬中一个小镇上休息吃午饭。饭后继续上路，到夹江乘船直奔向江南，这时候一点也不紧张了，把木塞子、破布也都扔啦！胜利登上长江南岸，个个兴高采烈。吃过晚饭，连夜去找后勤前方指挥所。二十四日上午，在丹阳会师，立即冒雨追击敌人，途经奔牛镇、常州、戚墅堰。这时听首长说，渡江第三天，南京就解放了！解放军正向杭州、上海实行大迂回、大包围追歼逃敌。

这天晚上宿在无锡郊区，部里通知，次日行军途经无锡市中心，把这几天穿脏的衣服换下来，力求军容整齐一些。第二天进城后，市民夹道观看大军行军，在这个城市及沿途，国民党的伤兵、散兵游勇到处可见，预示着蒋家王朝末日来临。

连日来春雨绵绵，沐浴过的江南大地，春意盎然，在温暖太阳光辉的照耀下，万物生机勃勃。沿途绿油油的稻田，清清的小河，随风飘舞的垂柳，精巧轻盈的小桥，四处摇动着的小船，放眼望去，虎丘塔清晰可见。前面传下口令：

“部队原地休息！科股长到前面开会！”

人到齐了，钟部长说：

“前面就是苏州，部队要在这里休整，我们后勤部的驻地是城北桃花坞。住下后要抓紧休息，各级领导要严格管理部队，切实认真遵守城市政策和新区政策，没有公务单个人一律不得进城。有违反的拿部门领导是问！”

上 海

一九四九年五月十二日早饭后，卓主任让我把家里战时宣传工作交代一下，马上到钟部长那里领受新任务。到了那里，钟部长介绍了解放上海的作战特点：城里作战不准使用重武器，不准使用炸药；辎重、骡马、伙房一律不准进城，要远离城市十五公里；货币制度没有统一规定下来前，一律禁止买卖东西。由于总攻时间不能确定，也无法提前烙饼。让我考虑在这样的条件下，打上海的后勤工作要怎么做？

我回去立即交代了工作，公布我不在期间，股里工作由李戈力同志主持。我就把部长跟我讲的这个战役的特点，向股里同志介绍了，给他出了个题：打上海后勤工作怎么保证进城部队能及时吃上饭菜？

大家议论来议论去认为：只能后方后勤负责送粮送菜；前方伙房在城市郊区负责做饭往部队送。

下午一点我按时到部长处，他正在门口等我，连同警卫员小张、通讯员小李，四个人沿着京沪公路就上昆山军指挥所走去。

我们俩在前面走，他们俩牵着马在后面跟。我向部长汇报：

回到股里交代工作，把这个事情跟股里同志说了，同志们意见，为了保证进城部队及时吃上饭，最保险的办法是后方后勤往前方送粮送菜，前方后勤伙房在城市郊区组织做饭送饭。全军五万多人，每人每天按一斤粮一斤菜计算，一天就是十万斤，这个量太大，再说菜大热天又不好保存，也不好运输，我的意见是各级分工负责解决这个问题。

营连分工解决部队喝水问题；团后勤负责组织全团伙房，在离城市十五公里郊区做饭送饭；师后勤负责菜的采购供给；军后勤负责粮食供给。为了支援师解决吃菜问题，军后勤负责供给一部分黄豆、绿豆发给部队生豆芽吃，以解决青菜保管运输的困难。

到了昆山前方指挥所，把我们安排在军前方指挥所东面，一个办公室里住下，一进门部长就跟三个师后勤通电话，征求对分工负责供给办法的意见，都说按现在情况只能这么办。就便他又给粮秣科副科长刘德礼下达命令说：

“米面货源抓紧落实，新追加黄豆、绿豆各十吨，限十七日十二点前发送到师后勤。你叫总机把我的电话给转到运输科。庄科长吗，我是钟羽一，我叫你马上派一个技术精明的汽车排长，带四部载重卡车，带上防雨布和油料，到昆山军前方指挥所，找我执行任务，怎么还没有到？已经出发了！那就好！你科里所有汽车，立即做好向各师后勤运输粮食的准备工作。”

他又转过头来对我说：

“部队刚打过长江来，不知道哪里有缴获黄豆、绿豆，哪里货币政策有了统一规定，哪里买卖开禁了。你拿着这四封公函，带着四部车先近后远，到这四个城市去闯一闯，能解决多少算多少，顺便把米、面、油情况也摸清楚，快去快回！”

他又转过脸去要电话说：

“总机给我要昆山伤员转运站，哪一位？刘军医，你们要往苏州转运伤员的车一会就到，护送伤员的医护人员，赶快组织伤员到昆山中学门外集合准备上车！”

“报告部长！汽车连一排排长王光辉前来报到！”

“你进来！你带四部车，跟王副股长去执行任务，一切听从他的指挥，先把昆山中学门前伤员送到苏州野战医院，你再跟王股长去拉豆子。拉伤员时车开得慢一点稳一些！伤员上完车你叫刘军医来报告一声，你可以走了！”

钟部长带上枪，整理一下军风纪。说：

“小李，你带上武器跟王副股长去执行任务！小张，我们到街上有事，你在屋听着电话，不要离开办公室！走，我送你们出发！”

刘军医和王排长看到部长出来了，他俩都来报告说：

“伤员都上了车一共八十八人，每车有一个护士去护送！”

“这样很好！王副股长你坐第一辆车，王排长坐最后一辆车，快去快回！你们可以走了！”

“是！快去快回，一定完成任务！”

我向部长敬了礼，坐到第一辆车就上路了，这个司机个子特高，大家称他大老张，山东胶县人，原是青岛鲁东汽车公司开长途汽车的司机。一九四六年，叫国民党抓了壮丁，分到蒋纬国管的坦克团开车。淮海战役解放了他，分配在汽车连当驾驶员，一路车开得挺好，我就问他：打进上海，在市区里面开车路熟悉不熟悉，他说过去在上海驻防过一年，一般的路都熟悉。

说话间就到了苏州野战医院，伤员下车后我就到了军管会，主任看了公函，听了我讲的情况，他很重视，找了四个处长来查问，都说军管会直接管的仓库没有粮食、豆子，地方上有没有得到苏州专员公署打听。军管会在公函上批示：

“此事打上海急需，请专员公署帮助解决！”

专员公署办公室见了这个批示，就打电话把粮食局长叫来，他看完公函说：大米、油可以按供给标准在苏州调拨，面货源不足，黄豆、绿豆库里没货。

“牛局长，公函和批示你都看了，这可是解放军打上海的急需物资，咱们专员公署能解决的你解决，不能解决的，你就在这挂长途给苏南行政公署领导，请求他们帮助解决，你就说这是我的请求好啦！”

“张专员！电话打通了，主任说，大米、油由苏州按标准供给，面由无锡按标准供给，黄豆、绿豆由苏南行政公署调拨，转告二十六军来的同志，为了争取时间，批示已下达三处粮食局，可以直接到那提货。”

我对张专员、牛局长一再表示感谢即告辞，急奔无锡行政公署粮食局拉上黄豆、绿豆就开足马力回到军指挥所，一进门见刘德礼副科长也坐在那里，我就把执行任务的情况向部长作了汇报。他听完笑着说：

“任务你完成得很好啊！德礼呀，分发黄豆、绿豆的任务，就由你立刻去执行，部队收到豆子生出豆芽来，怎么也得四天，时间不让人哪！处理愈快愈好！”

“各师是怎么分配法？”

“黄豆、绿豆每个师和军直都是两吨半，就地分装成四车，四个后勤处一家一车，两小时内要送到！”

“是！我马上就去执行！”

“寒枫啊！币制统一规定你打听的怎么样啦？”

“行政公署说，六一下不来，七一能下来，他还说上海没有解放前，部队的粮食供给由苏南行政公署全部负责，上海解放市粮食局正式办公后，由上海负责供给。”

上海攻克后，五月二十八日，我回到真如的后勤部机关，三十日开进上海，驻在提篮桥南洋兄弟烟草公司仓库里，这个地方没有办法出报纸。六月三日，宣传股搬进百老汇大厦北面台湾银行。第二天我到杨树浦高等法院军政治部去请示工作，在那里的一堆革命先烈的遗物中，我收藏了两本珍贵的历史文物：一本是精装烫金本马克思著《资本论》第一分册；一本是精装本《社会科学的根本问题》。我精心保管珍藏至今，视为传家珍宝。

解放军到了上海，从农村出来的淳朴战士，一下到了高楼大厦，十里洋场，灯火辉煌，繁花似锦的大上海。在生活上是怎么也不习惯，牢骚话来了：

饭菜不热乎，便尿不方便。

走路不自由，起床不吹号。

出操不呼喊，外出不随便。

早晚不唱歌，灯亮不好睡。

就是在这种情绪下，一件不该发生的事情发生了：解放军在外白渡桥桥头上设岗哨，这是上海最繁华地区的交通要道，车辆川流不息，三轮车夫拉着客走到这里，因为桥陡蹬不上来，都得下来连拉带推很吃力地把车拉到桥上。翻了身的农民战士，看见三轮车工人，受苦的阶级弟兄，瘦弱的身躯，穿着破烂的衣衫，头拱地累得汗流浃背，车上拉着穿西服革履、肥头大耳、身强体壮、奇装异服、花枝招展的。这位战士心理上不平衡，感情上受不了。他竟把那些三轮车乘客，一一叫下车来，叫他下来拉着三轮车工人在马路上行走。这个事情一发生，一传十十传百，很快传遍全上海，凡知道的谁也不敢坐三轮车了。刚刚解放的上海市，三轮车工人失业了，事情反映到工会，工会反映到军管会，上海警备区下了通报，批评这个错误的做法，制止了这件违反政策的事情。

六月十日，军后勤部机关率警卫连、训练队，进驻上海江湾机场，一所、二所、三所、手术队驻在机场西边岗楼外面，修械所、运输科、押运连、汽车连驻在五角场，运输连、大车连驻真如农村。

这时币制确定市场开放了，部队一个会计走进绸缎庄，见了五光十色、美丽无瑕的绸缎，爱不释手，看看这个，摸摸那个，问这个多少钱一尺，问那个多少钱一尺，转来转去，光问价钱不买货，把营业员都问烦了。

那会计就看中了这个绸缎，不管多少钱一尺，一定要买。店员问要买多少？一寸。

营业员听清楚了，剪下一寸绸缎。这个会计拿起剪刀，把这一寸绸缎剪得粉碎，全部扬在卖场空中，赌气说：

上海解放了，工农兵是主人哪！不要从门缝里看人，把工农兵给瞧扁啦！

会计随后把手一挥扬长而去，上海警备区知道了，又下个通报。自从发了这两个通报以后，军里又部署重新学习毛主席《在中国共产党第七届中央委员会第二次全体会议上的报告》二、十两节，重点是：反对骄傲，破除自满，防止腐败，树立永远是个战斗队工作队的思想。在后勤部政治工作会议上部署这个教育采取的方法是：学习文件、自我检查、互相帮助、总结提高、定下决心，当众宣布的自我教育方式。经过这一系列教育，全后勤部从渡江到入朝没有发生违纪、逃亡事件。

后勤部吉普车的司机，对市区道路不熟悉，进城经常不能按时回来，我建议钟部长调大老张来。他来后首长都很喜欢：技术高，道路熟，爱护车，态度好。他经常利用业余时间教钟部长和我在飞机场跑道上学开吉普车。他俩在前排手把手教，我在后排伸着头看，在那里见习学，一步一步慢慢我看明白了一点点。部长机关有事走了，就我俩在机场里，他教我学开车，学习了三天，我可以在跑道上开着跑了，学习了一周，我就开出了飞机场，在大马路上开到了五角场又转回来。

为了庆祝党的生日，庆贺上海解放，驻沪解放军举行了盛大入城式，大老张把我送到外滩观看，这是我进上海以来，第一次到苏州河南最繁华市区。高楼大厦林立，数百万人民一齐欢聚在游行马路两边；街上没有站的地方就拥进马路两边高大楼房；窗口楼顶上人头济济；尽管天公不作美下起雨来，街头观看的群众岿然不动，欢乐地大声呼喊："入城式的解放军队伍走过来了！"庞大雄伟，响声震天，气壮山河的胜利腰鼓队的鼓声，激励鼓舞着解放了的上海人民的心，到处喜气洋洋，人人满面笑容，许多工人、学生、市民把锦旗献给雄赳赳气昂昂的步兵方队，把彩绸系在炮兵方队的功劳炮上，把花束绑在坦克方队的功劳坦克上。骑兵方队走过来了，第一次见到这么多马：有红马连、白马连、黄马连、黑马连。围观的上海人民万分激动热泪盈眶，振臂高呼："庆祝上海解放！""中国共产党万岁！""毛主席万岁！"这个盛大壮观的场面，是我有生以来第一次看到，激动的我兴奋异常。

等大老张来接我回机关时，见路上回营房的部队，走路竟是一歪一拐，有不少干脆把新发的皮鞋，背在肩膀头上，光脚板走路，因为那个新皮鞋刚穿上它不合脚，把脚都给磨破了，还不如光脚走路好。我心想：这些战士在入城式上走得整整齐齐，雄赳赳气昂昂，那时他忍受了多么大的痛苦啊！

第二天下午一点，刘立封副政委向宣传股传达军里下发的两个文件，一是命令王寒枫同志为后勤部政治处宣传股股长，再一个是个通知，"八一"军里要开第一届英模大会，后勤部党委研究决定，由他负责抓上报材料的整理工作，宣传股负责整理郑文友、孙义德、程万堂三个人的材料，其余由组织股负责，怎么写按照军里通知的要求。部党委对宣传股的工作是满意的，今后要努力把《战勤》报办好，使它成为后勤党委指导工作的有力工具，对上级报刊要搞好通讯报道工作，这是在平时，对广大指战员进行最经常、最直接、最有力的宣传鼓动工作。

首长走后大家积极发言，群众反映报纸印得不清楚，版面不活泼，报道不全面，出版不及时。第二天我到二二六团《红旗》报上门取经，研究怎么改进印刷技术，三个月后要把《战勤》报印清楚。

江湾机场面积很大，主楼驻的空军，楼东面三处平房是后勤机关，机场里面小楼是训练队，南门里平房是警卫连，西边岗楼里面是二二六团团部。我吃了早饭，去找岳立端、赵新田同志，都不在，是牛光生同志接待介绍的情况，领我看了他们的工具，工具两家都一样，关键在"人"。回来走在门口，遇见部长和政委，我就把取经情况和意见汇报了，钟部长表态为了办好报，要人给人要物给物。

第二天早饭后，部长派大老张开车送我到军里要人，我说：

"我自己开吧？"

"那不行！纪律规定，领导干部乘车，必须由驾驶员开车！"

"机场里面这段我开呐？"

"那还可以吧！"

我开车走到机场南门口，把方向盘交给他，大老张开车把我送到军部。把事情跟主任报告后，他当场批准了，到宣传部、组织部把事情说了，答应给派编辑、记者和油印组长。

回到机关分别向部长、政委汇报，首长很满意。

南方的夏天难得遇上个好天，今天天气特别晴朗，阳光明媚，上午九点军里的车来了，我急忙到门口去接，宣传股的同志都出来欢迎，有的给扛背包，有的给拿脸盆，有的抢着提网兜，欢天喜地把刘汇川同志接到屋里，大家忙着去安排住处。

股里的欢迎会散了，我把刘组长送到油印组，就回股研究工作。这次会上决定：七月十日通讯员学习班开课，我讲新闻、通讯、故事、小评论及开学动员，最后总结；马干事负责讲优秀报道分析、战勤报来稿述评、原稿见报稿对比分析、教唱歌。时间分配：讲课一周；采访实习一周；修改评比总结一周。

开学了，我按计划讲课，课外活动时间，我组织大家到机场，去捉四处乱跑的蟹子，送到伙房给学员改善生活。晚上马干事教歌，我和大家一起唱歌，为了联系学员，晚上也不回机关，就在训练队和孙乐义指导员住在一个房间里。时间长了，俩人无话不说，每到星期六晚上，他爱人小徐(我记得叫徐美玲)来过星期六，我就回机关住两晚上，徐美玲回医院了，我再回来。

刘组长上任后，报纸版面立即改观，上上下下都很高兴，我批准加印二十八份，学习班学员每人一份，看了自己写的稿登了，乐得难以言表。为了赶回部队过八一建军节，决定上午总结，参观作业展览，中午会餐，教学人员三十人外，特请了部长、刘政委、孙指导员偕夫人。饭菜刚摆上，部长、政委就来了，我陪着走到饭桌前，向首长汇报：

会餐是螃蟹宴，都是学习班自己利用课外时间捉的，大个的做清蒸螃蟹、中个的做红烧螃蟹块、清川八角螃蟹汤、小不点的做油炸五香螃蟹、四个素菜是自己挖的野苦菜、野韭菜、野芹菜、野青菜，就是没有酒，因为我们自己不会做酒，要是自己会做，酒也就摆上了，来庆祝八一建军节！祝贺毕业！

首长马上让老张开车回去告诉管理科，从机关会餐的酒中，白酒、红葡萄每样拿四瓶来，快去快回，等酒来了才能开宴。

开宴了学员一进食堂，看自己亲手捉的蟹子，挖的野菜，经炊事员这么一加工，竟办成这么丰盛的宴会了，人人都非常兴奋，见部长、政委都来出席，大家都很高兴。

大家乐融融地议论着，怎么也没有想到，自己捉的蟹子，挖的野菜能办成这么丰盛可口的宴会，鲜美极了！纷纷向部长、政委敬酒。

饭后首长要走，同志们都拥到门口，热烈鼓掌表示欢送，我告诉马干事把展览的作业，全都收拾起来，拿回机关存档。我就挨个房间向学员送别，下午同学们都排着整齐的队伍，高唱着：向南！向南！向南！大军向南！胜利之师，所向无敌！

回到机关，八月三日至七日军召开了第一届英雄模范代表大会，我后勤部郑文友、孙义德、程万堂等光荣当选。全军十四个一级英雄中郑文友名列第一名，当他的事迹在大会上报告以后，全场沸腾了，高喊着："学习老红军英雄高贵的工农品质！""郑文友同志是我们的榜样！"上海市的工人代表和他亲热的握手，没有等投票选举，大家就一致建议军党委，呈请上级批准郑文友同志为模范共产党员与一级人民英雄。到这个时候，我心里的一块石头落了地，首长给宣传股的任务，我可是把它完成了！

第二天我到各个所去转了一圈，看各所的病号都人满为患。为了解放台湾，部队到江河里去搞水上练兵，训练内容：航海知识；建立滩头阵地；纵深战斗；陆海空联合作战等。许多同志在水上训练中，患了血吸虫病，所以现在全军各个卫生单位，一切为了治疗，一切为了病号！有的血吸虫病严重的连队，竟变连队为医院啦！后来党中央、毛主席知道了组织全国的医学专家教授，到我们九兵团来突击给治疗。各个所为什么忙，这次彻底弄清楚了。

江湾机场的夏天，特别炎热，飞机跑道和铁皮房子叫太阳一晒，散发出的热量，在火炉里蒸烤似的，拿着笔写稿子，手腕子出的汗，把稿纸都湿啦！秋天都到了，也没有一点凉爽的味道，把人热得实在心烦意乱。八月三十一日晚上，我正在外面风口处凉快，组织股葛股长来告诉我，向军里要编辑记者的报告，军里批准啦。九月一日叫后勤部派车到军组织部接人。这下可好啦！你要的人、钱、物，全落实啦！

“明天我派王干事去接，你上午可不要外出，在家里好接待他们哪！”

“到军里去接由你们组织股负责，分配到宣传股后那就由我们负责好啦！”

九月一日上午九点，去接的车回来了，我在窗上望着，从车里下来三个女军人，头一个中等身材，第二个是个小矮个子，第三个是个大高个子，可是她走起路来一歪一拐的，怎么搞的？组织股把个拐子领来参军哪？又一想，这关系到两个股的关系问题，在干部问题上，组织股能送来，宣传股就要先接下来，从长计议罢！不一会葛股长来约我出去接待，我陪他一块出去了，王干事介绍说：

“这位是组织股葛股长！这位是宣传股王股长！这位是戴楚珍同志！这位是成何同志！这位是张涛同志！”

我们俩一一跟他们三人握了手，我陪他们三人一进屋，全股同志热烈鼓掌，我请他们坐下我一一点名作了介绍，欢迎会后。我叫马干事、刘组长留下来，其他同志去忙工作。我说：

“我代表宣传股同志！热烈欢迎华东新闻学院毕业的三位同学来军后勤部工作，这是我参加革命以来，第一次欢迎刚毕业的大学生，报名参军到解放军队伍中来工作。我一表示欢迎！二表示祝贺！祝贺三位同志今天成了人民解放军光荣的一员！”

我向他们介绍了后勤部的首长、机构设置、下属单位、工作任务、部队纪律、作息时间，宣传股分工。总之我们宣传股的干部，分工不分家，下到部队都是记者回到机关都是干事编辑。你们三个对这个分工有什么不同意见，还可以研究改变，这不是死的可以变动。你们这五个搞报纸工作的同志，日常工作由马干事主持，我希望大家支持他的工作，马干事要关心新来的同志的生活和工作。

今天我谈了不少啦！但是这还很不够，主要靠今后你们自己边工作边了解情况，最后我只想跟你们三个新来的同志，谈谈我们军的军史：

“我们二十六军，是抗日战争时期，一九三八年一月，在山东徂徕山起义的人民子弟兵。党组织为了增强这个部队的骨干力量，先后派了有老红军传统的红一连、红四连、红九连、井冈山毛主席朱总司令警卫连，来加强这个部队。在整个抗日战争时期，是山东八路军五大主力之一，它有南北岱崮英雄连、歼灭日本草野清大队、解放沂水城、二曹大闹蒙阴城、智取袁家城子的英雄部队，在解放战争中参加了安丘战役、鲁南战役、莱芜战役、孟良崮战役、沙土集战役、宛西战役、洛阳战役、开封战役、豫东战役、淮海战役、渡江战役、这一次解放大上海的淞沪战役等四十多个战役。在解放战争中歼灭敌人十八万一千人；缴获的炮可以装备三个军的炮兵；轻、重机枪可以装备八十个团；长短枪可以装备七十个团。就拿这次解放大上海来说罢，参加战斗的共是十个军，共歼灭敌人十五万人，光二十六军就歼灭敌人四万三千人，我告诉你们三位同志，你所参加的部队就是这么一个：指到哪里；打到哪里；打到哪里；胜到哪里！这是一支攻无不克，战无不胜，具有光荣传统的英雄部队啊！我欢迎你们来到这个光荣的英雄部队，来奉献自己的聪明才智，为英雄的二十六军增添光荣！为自己的历史书写荣誉的光辉篇章！”

按事前安排，油印组的谢林同志，负责整理新来的三个女同志的宿舍。她说，女同志宿舍已整理好了，请她们去看看行不行？不行我再另整理。

我让她们三个人跟谢林同志去看看，现在第一个任务就是安家，把自己的住处安排好。有一个满意的宿舍，就有了自己生活的根据地。

进入十月以来，天气凉快了一点，钟部长学习开车的瘾又来拉！连着学习了六个早上，有时没有什么会议，吃了早饭还继续学习，这一天在飞机场里正开在兴头上，忽然间听到飞机声我就喊：

“不好啦！来飞机了！”

“不要慌！我把车开到飞机窝里去防空！那个地方保险哪！”

车刚进了飞机窝，炸弹就在远处响了，三个人下了车我往空中望去，六架敌人飞机，在市区上空飞来飞去，四处轰炸过后离去。部长学习开车的瘾，叫飞机轰炸给炸没有了，收了车回机关，他离了方向盘走了，我把住方向盘说：

“大老张啊！你坐旁边我开车，咱们俩上五角场去看看，都炸了什么地方！”

“你可是要小心一点！”

我开着车兴致勃勃的，飞快地开出了机场，手把方向盘，两眼注视着前方，前面不远就到五角场了。不好了，马路中间，飞机炸了一个大坑，右前方叫土把路堵死了，只有左前方反方向车能开过去，我开车的技术不熟练，在那时候，停车倒车都来不及了，一下把车开到左前方，这个反方向，刚躲过这个大坑，前面又遇到一个小坑，这时我就懵啦！不知道是应该向左开，还是向右开，大老张经验丰富，眼尖手快一下把手闸抢了过去，下了急刹车，把车子停了下来，把我吓得出了一身冷汗，走下车来一看，大坑有两丈深，小坑有一丈深。吓得我车也不敢往回开了，大老张把车开了回去，从此我把学习开车的事也就扔下了。

就从这一天开始到1950年2月敌人的飞机从舟山基地起飞，对上海轰炸了26次。

为了积极做好解放台湾的准备，二十六军撤离市区，军部驻浦东川沙周浦镇，后勤部驻外滩隔江相望的塘桥。这是个郊区农村，我们都驻在群众家里，和江湾机场营房比起来，这里是热闹了许多呀！工、农、兵、学、商，男、女、老、少，鸡、狗、鹅、鸭、猫，中国农村应有的这都有了。我的房东一家六口，老少三代，儿是造船厂工人，媳妇在家务农，他家房子很宽敞，宣传股全驻在他家里。对我就是有两个不习惯：房东男女老少说话我是一句听不懂，见了面老是点头笑；农村的房子放不下乒乓球台，没有地方打乒乓球。这里办公可是挺安静，早上起床后到村外农田小路散步，晚饭后到江边看对岸外滩大上海的万家灯火，五光十色，美丽极啦！充分体现和平生活它有多么的美好啊！

一个女护士的1949[①]

张圣仪[②]钱钧 整理

一、身心憔悴

战事已经发展到了长江边上，医院里的空气紧张了起来。

护理科里已经冷冷清清，教务长严笑媚到美国去了，技术教官李秉芳到福建去了，五个助教走了四个，只剩下我还有永远勤勤恳恳的宿舍管理员莫一飞能说点知心话。

正在学习的几班学生正在分批迁往台湾，我被分配和同学杨岑福、赵馨辉帮着把公家的东西打包、装箱、运走，累得满头大汗。

我心里很不平静，又是和图云关一样，走不走的问题，矛盾，斗争的我脑子发昏……跟着学校去台湾吗？那就离家越来越远了。而且到了台湾，更加是人生地不熟，举目无亲，隔着一条海峡，碰到困难有谁能帮助自己呢？本来想依靠周美玉老师，跟定她的，可她已经误会了我，对我冷淡，能解释得清吗？开小差回家吗？可兵荒马乱的，我一个女人，身上没有路费，怎么走？

我去问莫一飞。她在胸前划了个十字，无奈地说："去台湾？凭命运安排吧！"

此时"国防医院"已改称"联勤总院"，一部分迁往台湾，一部分留在大陆。各科的人员也正在调配，分成两部分。走还是留，已经成为每个人面临的问题。但越是在这时，人们的外表越是冷漠，谁也不轻易对别人说心里话，也不打听别人的去向。大家都在看着形势，打着自己的主意。

---

①选自其《自传》(未刊稿)，写于1994～1996年。
②张圣仪，1927.10.3～2012.12.2，时为联勤总医院护士。

亲人，工作，生活，前途，还有战事……我又走到了人生的十字路口。

我病倒了，高烧不退，昏昏沉沉地躺在宿舍里快一个星期了。其间只有莫一飞来看我，照顾我，打饭给我吃。我望着天花板，一个人麻木地望着天花板……孤单，寂寞，无助……泪流满面，浸湿了枕巾。

吃了莫一飞送来的退烧药，身体感觉轻松了许多。我爬起来，摸下楼，到医院的小花园里去走走。一个熟悉的乡音传来，有个女人在叫我。转头一看，原来是手术室的护士杨仁琼。

“你怎么瘦成了这个样子？看你背后像个鬼魂在飘。”杨仁琼开玩笑道。

见到老乡，我又伤感起来。迫不及待地把自己一肚子的苦水倒给了她。

杨仁琼说：“别难过，时局虽动荡，有人去台湾，但更多人还是要留下的。上峰又没叫解散，医院还在，怕什么？有一天先捱一天。我结婚了，到我家去玩吧。”

唉，事到如今，还真没什么地方可去了。

住久冷宿舍的人乍到一个热热活活的家里去后，感觉是不一样的。

在杨仁琼的家里，我吃到了稀罕的糖果，吃到了久违的四川酸辣面。他们夫妻爽朗的谈笑声和甜蜜的打闹劲让我感到这里就如同是个战乱中的世外桃源。

杨仁琼的丈夫杜炎昌是个南方人，在“军医科”学习，一看就是个好脾气，开起玩笑来，被杨仁琼这个四川辣妹子在背上乱捶，他也不恼。

在杨仁琼家里时，我认识了在市妇婴保健院工作的陈丽范和叶尚筠两位老乡，还有几个常来打牌的杜炎昌班里的男同学。

一天，一个戴着金丝眼镜，高鼻梁的清秀男同学说：“天上的老鹰最凶，地上的湖北佬最狠。”

杨仁琼说：“天上的月亮最美，地上的四川妹最好。”

杜炎昌学着四川腔附和道：“要得，莫说四川妹吃辣子凶，可爱上个人比蜜还甜呢，所以嘛，我就讨个四川妹子做老婆啰！”

杨仁琼红着脸啐了丈夫一口，说：“当着那么多人的面，你也不羞？背时鬼！”

大家都鼓着掌笑了起来。

我不习惯这种打情骂俏的氛围，就找个借口说要离开。那戴着金丝眼镜的男同学主动站起来，说要送送我。我们就这么默默地走着，没有说话。

其实越不说话，我心里越慌，走到横跨虬江的木桥上时，他对我微微一笑。这一笑，把我心慌得脚都有些发软了。我不敢往下想，觉得自己是想入非非在做梦……

我又病了，躺在床上好几天。莫一飞照例来照顾，帮助我，说可能是得了伤寒了，要静养。

一天，莫一飞从楼下带上来一听饼干，说是一个男学生代杨仁琼送我的。人已经走了。

我肚子正饿着，打开饼干听，一股香气扑来，惹得我口水直流。里面还有一封信，信封上的几行字好漂亮!

拆开一看，里面是写信人对我的关心和热情，落款是“钱尚华”。

人在困难时得到的关心和友谊是最珍贵，最刻骨铭心，也是最温暖，最需要的。我顿时感到自己有了精神，病也好多了。

晚上，莫一飞来宿舍和我聊天，告诉我对白天送饼干的男学生的印象，说他彬彬有礼，说一口上海话，样子很不错的。

真是太阳从西边出来了，护校女生宿舍的管理员对来访的男生，从来都是一副冷冰冰的修女面孔。今天不但代一个男同学向女生传递礼物，还夸奖他，这在以往的护理科里是不可思议的事情啊。

二、当机立断

病好后，我向杨仁琼当面道谢。

杨仁琼说：“不用谢啊，我这是借花献佛呢。你好几天不来玩，一问莫一飞，说是你病了。你们那里管得严，外人都不能进，钱尚华就说买听饼干送进去。饼干是他从市区买回来的。他家就在市区，买东西方便。我看他人真好，有才有貌，还会关心人，是‘军医科’的高才生。现正在附属医院里实习呢……”

杨仁琼一口气讲了一大通，让我脑子“嗡嗡”地响，像在云里飘……

钱尚华的影子和那张报纸上的杨士英和我的“订婚启事”交替出现在我的脑海里，来回地乱转。

杨仁琼告诉我钱尚华的爷爷生病住院了，我们去看看他老人家也算是谢谢钱尚华对你病中的关心了。我答应了。

走进病房，就看见一个护士在为钱尚华的爷爷做静脉穿刺，准备输液。周围围着一群满身珠光宝气，香气扑鼻的家眷。

那护士在众人的围观议论中看来有些紧张，面露难色地反复试探就是不敢进针。

出于本能，我亮明身份，表示可以让我试试。然后熟练地做好输液准备，看准血管，轻柔而果断地一扎……一针见血！众人都欣喜地轻声“啊”了声。

大家对我和杨仁琼来看望老人都表示感谢。热情地拿出蛋糕、咖啡请我俩吃，非常客气。

几天后，钱尚华邀请我和杨仁琼等几个朋友到复兴公园去看荷花。我挽着杨仁琼的胳膊，心事重重地跟着大家瞎走。钱尚华爱摄影，看我偶然露出笑脸，就马上过来拍照。看着他忙活，我心里又愉快又烦恼。

莫一飞看出了我的心事，就劝我：“别折磨自己了，现在兵荒马乱的，谁也顾不上谁了。你在上海无亲无戚，应该当机立断了。‘订婚启事’那桩事，是杨士英单方面乱搞的，是违法的，不能约束你什么。”

我说：“他有枪，万一恼了，翻脸不认人怎么办？”

莫一飞说：“你看，事情都过去那么久了，也没见杨士英再来烦你。前方仗打得那么厉害，他是死是活都不知道呢，你不要怕。”

张崇燧突然到上海来找我了。

原来他养好伤后本打算到重庆师范专科学校去再读点书，但他的表哥庞估屿请他再回部队。他随部队到了苏北前线，可惨烈的人海战术打法把他吓住了。他不想死在内战战场上，找借口再次离开了部队。

我像在大海中看到了灯塔，在沙漠中看到了绿洲，急切地把我心中的苦恼一股脑儿地，竹筒倒豆子一般毫无保留地倾诉给了张崇燧。

张崇燧严肃地听完，缓缓地说：“他杨士英是强人所难地乱来，你可以登报解除‘订婚启事’。至于钱尚华，让我认识一下。如果他待你是真心真意，你又满意他，就应该当机立断，给自己找条生路。你是护士，他将来是医生，事业上可以互相帮助，你也就有了亲人。我从达县把你们三人带出来，看到你们一个个都有了着落，我也算对得起你们了。”

第二天，张崇燧就约钱尚华到五角场镇的小饭店吃了饭，回来后对我说：“圣仪，你眼力不错，以后我放心了。”

张崇燧回四川了，我和钱尚华的恋爱关系公开了。可另外有四川老乡传来了担心的话“上海人可滑得很呢，张圣仪早晚要吃亏的。”“她是周美玉的红人，护理科的校花，人家是吃她漂亮呢！”“我看张圣仪是虚荣心，看上了钱尚华家有钱呢！”“四川人嫁给上海人，生活能习惯吗？”

有个老乡李士珍，平时和我关系一般，也很少来往，可对我和钱尚华的事特别关心。找上门来劝阻没起作用，就到处乱说：“张圣仪是自讨苦吃，没有好结果的！”我想，关她什么事呢？

我自从娘胎里出世后，就没过过一天好日子。嘴里吃的是粗粮，身上穿的是土布衣，耳朵里听到的永远是困难、困难、没钱、没钱，眼睛看到的都是些挣扎在贫困，饥饿线上的穷苦人家。和钱尚华相好后，去过他在市里的家，一看就是不缺吃穿的殷实人家。茶几上是糖果、点心，饭桌上是鸡鸭鱼肉，饭后还要吃冰淇淋、水果。家里人都是穿绸缎，洋布的衣服，屋内摆设虽不及吴泽玉家豪华也是精致、高档次的。

我想，如果我最后真能嫁到这一家来，就可以结束我苦难的生活了。但钱尚华知道了我家穷，特别是知道了杨士英搞的那件“订婚启事”的事，会是什么态度呢？如果他是江陵镇那个烟鬼少爷“看猪不看圈”的态度，我是不会嫁给他的。

有一天，我终于鼓起勇气把一切都原原本本说给了钱尚华听。

钱尚华说：“我只看重你。我是真心地爱你的。抗战时，我去过四川读书，对四川有感情。我喜欢四川人。”

他握着我的手，结结巴巴地表完态，让我的心放了下来。他说：“关于那个‘订婚启事’的事，他同意张崇燧的意见，去报上登个消息，解除掉。量杨士英也不敢反对。关于他的家，其实也没什么家底，全靠父亲在外做生意养活。赚钱了，大家有好日子过。亏了，马上会没饭吃。自己想好了，婚后我们靠自己工作养活自己。”

我听了很感动，问：“你父亲是做什么生意的？”

“棉布经纪人。”

“经纪人”是干什么的，我搞不懂，但说他家没有钱，我想不是真话。我猜可能是为了照顾我的自尊心，故意少说他们家的钱，好让我没有坐享其成、攀高的尴尬吧。

订婚照

他没有看不起我家穷的思想让我高兴，又不像别的男人喜欢在自己追求的女人面前吹牛而是主动说自己家的缺定，我更是满意。

我说："你家就是有钱，我也不羡慕，不稀罕。我什么都不要，只要你的人。不过不晓得你是不是真心的？"

"我们马上订婚。"

从认识到订婚只有五个月，我们就到照相馆去照了张合影，算是订婚照。时间是：1948年12月25日圣诞节。

三、时局巨变

1949年元旦刚过，就传来了战事更加接近上海的消息。我是不看报纸的人，因为报纸不会登大家需要的真消息，尽是些黄色新闻和广告，而且我也舍不得那几个钱，留着可以买吃的。

我还是两点一线的生活，每天上班下班，偶然会会钱尚华。

医院的领导口风都很紧，问他们什么都不说，但原先小规模的打包，装箱，几天走一点人，变成了大规模的全院打包，装箱，堆满了中央大道的两边，等待军车来装走。大批的学员一队队排队上车去吴淞码头准备上船。

护理科留守处即将撤销，李总教官通知我，等有船到就去台湾。

我跑去找钱尚华商量，他告诉我，他们军医科的同学抓阄决定谁走谁留，他抓到了去台湾，回家找父母商量，可父母不同意他走，说过去抗战时送他远去重庆读书是不愿他受亡国奴教育，现在国共之间的斗争与老百姓无关，只要遵纪守法就不会有事，何必远离家乡，丢下父母？何况爷爷正在病中，长房的长孙是不能离开的。

钱尚华就和同学换了阄纸，留在上海。也要求我也别走。

我本来就不想去台湾，现在知道未婚夫不去了，就下了不走的决心。

一天，李总教官通知我晚上打行李，放到办公室集中，第二天上船去台湾。我表面答应着，心里想着开小差的办法。

开小差的办法，我和钱尚华以及他的姐夫，姐姐已经商量好了：离开时不要拿行李，公家的一针一线都不要动，让别人摸不清你是外出办事还是开小差，就不会马上来找你。

我按他们的主意办，晚上和同事们一起打行李，若无其事地一块儿搬运，然后找个借口，出了医院，到钱尚华的姐姐家藏了起来。

那些天，医院里经常有人不辞而别，谁也弄不清去了哪儿。只要公家的东西没丢，自己的行李还在，上级就睁一只眼，闭一只眼，大事化小，小事化了地处理，反正翻翻私人的东西还能捡些便宜呢！

钱尚华装着没事人一样，照常在医院里实习，暗中打听护理科的情况和对我失踪的反映，直到护理科的人全部走完了，我们才松了口气。

住在钱尚华的姐姐家，由于语言不通，思想难以交流，感觉很不方便。加上怕暴露行踪，不敢出门，终日躲在家里，也非常无聊。钱尚华的三妹夫陶国江在他供职的纱厂医务室里为我找了份临时的差事，我也不敢去，只能天天在家看小说消磨时间，天天盼着星期天钱尚华能从医院来看我。

钱尚华来了，也不想走。可还没结婚，两个年轻人就经常在一起，也多有不便。钱尚华的父母看着这个样子，顾虑亲友们有闲话，就找钱尚华的爷爷商量还是把婚早点结了好。

老人家是钱家的主心骨，一言九鼎。他同意要办的事，谁也不能反对。老人家说，钱尚华是长房长孙，在这兵荒马乱的时候，乘他还活着，赶快把婚事办了。

想到要举行婚礼，我又慌了。父母不知道，太不应该。嫁妆！我的嫁妆呢？我一无所有，连个枕头，被子，像样的衣服也没一身。

钱尚华的父亲说："我们家亲戚朋友很多，场面上要过得去才好。新房布置有什么就用什么吧，时局不好只能简单些。"

几天后他领我去私人裁缝那做了几套结婚用的新衣。

同学黄觉和杜伦惠打听到我的藏身处，就来看我。说医院的骨干已差不多走空了，去台湾的船也不通了。但医院里下层的技术人员留下很多，仍在坚持工作。收音机里已经能听到解放军的广播，号召大家不要跟国民党走，就地留下，保护好财产，等待上海解放。

她们还告诉我，护理科长萧薛艺，教官管祖桂，宿舍管理员莫一飞，还有联勤总院护理主任邓南阳，老师杨顺英等都留了下来。

黄觉说："你的主婚人就请萧薛艺吧，她是你的科长，又是你的任课老师，当得起的！"

我找到萧薛艺，说明来意。她不但爽快地答应了，还对我开小差不去台湾表示了理解。

萧薛艺作为我的娘家人和单位代表参加了我和钱尚华在1949年3月23日举行的婚礼，为我主婚。

四、蜜月中的苦乐

婚宴摆在南京东路的新新公司(现上海床上用品商店)二楼的餐厅里。我在外国小说里读到的西式婚礼场面居然让我身临其境了。

镜子中的我在那天是像仙女般的美丽。我为我的青春，我的幸福，为自己能有一个美满的归宿而激动。

五彩缤纷的婚宴厅里，人声鼎沸，使我头晕目眩，好像一会儿下了龙宫，一会儿上了天堂地飘在云中。我头晕，但我心里明白，这一天就是我人生的又一个新起点。

向长辈行礼时，台上除萧薛艺外都是钱家的人，站了满满一排，就是没有我的父母。想起他们辛苦一辈子把我养大，在女儿最重要的时刻却不能到场，眼泪就止不住往外流，打湿了面霜。伴娘见状赶快掏出手帕帮我擦拭，叫我不要哭，可她怎能知道我此时此刻的心情呢？

向长辈行完礼后，接着要到各桌去向来宾敬酒。我两腿绵软，头脑眩晕，一阵一阵地要倒下去，几乎完全是被伴娘架着在西式、洋派的餐桌中间穿行的。

我东张西望地寻找，想看见我的同学，老乡们都来参加了我的婚礼没有。可她们说好来却都没有来。连达县一块儿出来的姐妹张天珍也不见踪影。她们这是怎么了？是手头拮据送不起礼吗？其实我早就说好，我是不在乎这些陋规俗套的呀！我只要人来，我在乎感情！

很久以后，张天珍才告诉我，当时大家都觉得没像样的衣服穿，到那样的大场面去会出丑，才不敢去的。唉，等你们都能有了像样的衣服穿，不出丑时，我也不会再结第二次婚了。

婚房是公婆让出来的一间大房间。桌椅板凳都是公婆用过的旧物。床上有四条被子。两对枕头。五斗橱上摆着银缸，银碗和一些小摆设。墙上是几幅吴昌硕的字画，精致而高雅。我很满意，毕竟我是从来没有享受过什么好东西的人。

可三天后，我们就被告之要腾出这间婚房还给公婆住。我们搬到原先借给公公朋友的二楼前房去住。那朋友自从去了重庆，就一直没有消息。

二楼前房小得多，光线也不好。尤其是搬过来后，什么银器、摆件、字画全留在公婆房间了。我们这间里空空荡荡的，只有张大床，还少了两床被子。

我明白了，原来那些东西并不属于自己，不过是婚时场面上的道具，用过后是要还给人家的。

但我心里并不难过。我本就是个一无所有的人，没有嫁妆，进了钱家门，能要求人家什么呢？何况公公之前已经送了我不少东西：钻戒、手表、项链、皮鞋，还替我做了衣服，买了大衣……我知足了。

我若无其事地坐在前房里看书，没有一点不高兴的样子。每当夜晚看到钱尚华熟睡在我的身旁时，就会满意地微笑。我只要得到这个人就足够了。有了人，就会有一切。幸福不能靠别人的施舍，幸福要靠自己的努力争取。

钱家的人说话我听不懂，我讲的话，他们也似懂非懂。只要钱尚华不在我身边时，我就只能是哑巴。和完全听不懂外地话的婆婆交流，几乎完全是靠手势来比划，真是困难。

钱家是个大家庭，公公成天不见人影，婆婆一天不说几句话。婆婆生的小弟弟和姨太太生的两个儿子一同住在二楼后房里，是三个只会玩耍还不太懂事的大孩子。还在读书的小妹妹一心都在她的男朋友身上，关起门来有说有笑。

一天打进来一个电话，我正好坐在边上，就去接了，可拿起听筒对方却说得全是上海话，我一句也听不懂，就紧张地放下来电话跑回了房间。外面传来一个声音，笑着说："伊滋阿拉屋里厢咯花吱波。"(她是我们家的歪嘴巴。)我听不懂，但从口气上听得出不是什么好话，就赶紧关上了房门。

我知道，我虽已是钱家的一个成员了，但要想融入这个大家庭还早着呢。

烧饭的佣人叫阿香，成天在厨房里忙。见了我一口一个"少奶奶"地叫，让我很不好意思。我倒是和她相处比较轻松。闲着无事就去帮她淘米，洗菜，讲讲话。一天，阿香对婆婆说买菜的钱没有了。婆婆说："老爷昨天没回家，没有钱。"啊呀！偌大一个家，每天还要等公公拿钱回来才能开伙仓的吗？

我看到了这表面华丽的家庭里的危机。看来钱尚华当初还真是没说瞎话呢。

我本来就是个闲不住的人，不喜欢让别人养活，吃白食。我要工作，要有自己的收入，能自己养活自己才算有出息。

我把我看到的和想到的都说给钱尚华听，他倒是很支持。告诉公公，他也同意，说一块儿回联勤总院，互相有帮助，也是好事。

我们商量好去找护理主任邓南阳，求她看在师生关系的份上，给我一份差事做。邓南阳看着我婚后才十七天就出来找工作，非常同情，就点头让我回医院办重新入职的手续。这样，我的蜜月就此算结束了。

四月十日，我的身影重新出现在了病房里。

在老师们的帮助下，我和钱尚华分到了一间小平房。双人床是两张单人床拼起来的，桌椅板凳、三斗橱、写字台都是向公家借的。虽然简陋，但是我们自己的家，我俩自己的安乐窝，是新的生活的起点。

钱尚华说："将来我实习期满了，分配了工作后，就能有一份收入。我们有了两份收人，日子就会好起来。这样就不需要父亲的补贴，还可以去孝敬父母了。”

我很满意他的话。人的快乐不是被别人帮助而是帮助别人。孝敬父母是做人的起码道德。我同意。

五、天亮前后

回到联勤总院后，我被分配到住院病区专收女病人的内科和五官科病房任副护士长。护士长是安顺军医大学护理科毕业的边菊影。她年资比我高几届。

边菊影是个为人厚道，待人诚恳，安静少语的人，很好相处。

病区里病人不多，寥寥几个，工作轻松。

一天，护理部主任邓南阳通知我们科，说战事已发展到了上海郊区，恐怕不久就会危及医院，交代要马上将病区转移到市区的“市西中学”暂避。我因家住市区，边菊影护士长就叫我去那里打前站。先把病房开起来。

我很高兴领受这项任务。因为这样可以免去坐长途汽车到五角场，再坐黄包车到医院的劳顿之苦。现在从我家里出来，步行十几分钟就能到市西中学了。

市西中学的临时病区成立后，只住进来了十几个骨折和慢性病又无处可去的国军伤兵。到了这时，他们都一下变得老实，谦恭起来。给他们做治疗都表现得特别好说话，特别配合。一下子反让我觉得他们怪可怜的。

是啊，现在如果医院不收留他们，不管他们，任他们流落街头，那就是死路一条了。

我们其实也只能是守着他们，一天查一次房，量一次体温，发三次药就无事可做了。医护人员都整天躲在办公室里打扑克消磨时间。对外面的战事，医院的去向，大家都麻木茫然，认为是上峰的事，咱们小人物不必操心，只要关心每月的薪俸能否到手就够了。

市面的物价已经失控，一天涨几次价。金圆券真的不值钱，快要变成废纸了。大家在五月份时就集体拒领金圆券而要求发实物。院领导只好在那个月用大米和银元来代替薪俸。还不够的，就每人发了一件病人穿的灯芯绒睡衣充抵。

这是大家很久以来拿到的最实惠也是最满意的一次薪俸。

我把大米运回家交给婆婆，她高兴极了。我把睡衣送给姐夫，姐姐和姐夫都很满意。我上街去用银元给小妹妹和三个弟弟买了糖果和蛋糕，他们连声说：“谢谢！”我第一次感到了用自己挣到的钱帮助家里的快乐感。觉得自己腰也挺直了，脚步也轻松了。

市面上的空气越来越紧张。但从医院到家里，大家都避免主动谈及国事、战事。解放军打到哪里了？政府今后的出路在哪里？都没人敢议论，只顾三顿饭有没有吃的，自己的东西藏藏好。一副鸵鸟将头埋进沙子里去的样子。

钱尚华是老二，上面有一个姐姐，下面有三个妹妹，三个弟弟。其中两个弟弟是二房生的。

嫁到杭州的大妹妹回娘家来了。她是一个能说会道的快乐的女人。说起话来那丰富的表情和银铃般的笑声，加上秀美的身材和得体的打扮，就像电影明星周璇一样。大妹妹的到来，给家中带来了活泼，新鲜的空气。

大妹妹说：嫂嫂，你是护士，哥哥是医生，将来我们家就可以开个诊所了。我们都来做你的帮手，帮你们拉生意，又赚钱又自由又没有风险，比爹爹(上海方言发“嗲”的音)做经济人强多啦！以后我们全家的好日子都要靠你们啦！

大妹妹的话简直是说到了我的心里。如果能以自己的技术和劳动使全家人都过上温饱幸福的生活，那该多好！

在和姐姐及大妹妹聊家常中，我知道了这个家庭的更多事情。爷爷原先是做钱庄生意的，就是民间的小银行，养活着全家几十口人。

爷爷一家曾经在南市区中华路上有过一幢大房子，佣人十几个，逢年过节、生日，办喜事都不用外出，就在自己家里摆开二三十桌解决。“八一三”上海打仗时，管钱的账房乘乱携款卷逃，丢下一大笔债务只好由爷爷赔偿。可祸不单行，日军飞机扔炸弹，炸毁了钱家的那幢大房子。从此家里的经济情况就一蹶不振了。虽说瘦死的骆驼比马大，但爷爷遭此接二连三的打击，加上年纪大了，身体渐弱，已没有信心和能力再去商场拼搏，支撑这一大家人了。他就拿出最后一些家财分给他的三个儿子，让他们各自谋生路。

公公是长子，搬到亨利路(现新乐路)买了栋房子住下，从事棉布经济人的工作。二叔叔搬到三马路(现福州路)买了栋房子住下，做些小生意。小叔叔留下个爷爷仍同住在南市区乔家路的另一栋石库门房子里。

公公的棉布经济人工作是一个大进大出，风险很高的行业。在局势平稳，经济发展，需求上升的时候，还有得钱赚。而到了局势动荡，经济萎缩时，海内外一天的价格波动就可能会赔掉老本变成穷光蛋。所以全家都是在提心吊胆中过日子的。

这就是上海商人的生活。说是提心吊胆还是吃鱼吃肉，说是日子难过还是穿得绫罗绸缎，说是没啥钞票还是金银首饰，就像《红楼梦》里大观园中的人们，家要败了，面子还是要撑的。

面对这样的家庭情况，我想自己更加不能指望依靠谁，而要自己奋发图强，靠自己的真本事养活自己。

我这一房里，姐姐和大妹妹、二妹妹已经出嫁。家中剩下小妹妹和三个弟弟同婆婆相依为命。婆婆是个三从四德的贤淑善良女人，性格内向，不善言谈，优柔寡断，从她脸上很难观察出她的喜怒哀乐。她整天难得说一句话，安静地在那里做自己的事情。这样的贤妻良母怎能成为在惊涛骇浪中拼搏的公公的好帮手，治家理财的好后勤呢？怪不得公公在外面又娶了一房姨太太呢!

我暗下决心，我将来一定要做个能治家理财、帮助我的丈夫事业发达的贤内助。

一个新的小生命已经在我的身体里孕育着。我时时摸着肚子，憧憬着未来。我要夫妻恩爱，家庭和睦，孩子聪明健康成长，不愁吃不愁穿不愁学费，顺利地读到小学、中学、大学、研究生，再出国留学，学知识、学技术，做个能为自己带来幸福生活的有本领的人。

我沉浸在自己的想象中，屈指计算着孩子诞生的日期，不关心外面的变乱，成为一个超越现实的幻想者。

一天夜里，街道上隐约能听到枪声，大家赶紧关灯睡觉。早上，钱尚华把我推醒，说枪响了一夜，看我睡得香，没敢叫醒我。现在天亮了，是不是出去看看?

我来到马路上，只见整条马路两边的街沿上都是军人。他们满脚泥土，一脸灰尘，躺着睡觉，坐着休息的都有。还有抱着枪，警惕地注视着看热闹的市民。

“解放军辛苦啦，解放军喝水，欢迎解放军！”

大家对昨夜睡卧街头的不扰民行为纷纷表示好感。和国军的作风比，市民们对解放军的第一次接触就眼前一亮。

我也用好奇的眼光看着这些军人。他们有的对着我们憨笑，有的因听不懂市民的上海话而面露尴尬。还有的腼腆地拒绝着市民们送去的大饼油条，更有甚者干脆低下头将脸藏起来，互相傻笑着……

我去和一个正在和市民们大方地说话的解放军战士拉手，没想到他紧张地瞪大着眼，难为情地把手往回缩，反倒把我弄得好尴尬。

这一天是1949年5月27日。上海解放了！

但我的肚子越来越大了，身体渐感沉重，有点力不从心的感觉。

搬回医院旧址后，我的上班路线重新变远了。一天工作下来，累得精疲力竭，不想说话。为此，上班后除政治学习以外的其他活动，如唱歌跳舞、联欢会之类的，我一律不参加，回家休息。许多留用人员下班后到解放军那儿去串门聊天，反映情况，汇报思想，我不去。我从参加工作以后就是个不喜欢串门聊天，背后八卦说人长短的人，特别是对当官的人，有一种敬而远之，凭自己的本事吃饭的简单思想。所以科里的解放军助理护士中就传出我“骄傲，不靠拢领导，不和她们打成一片”的议论。这种议论变成了当年的年终评定：工作积极肯干，希望戒除骄傲思想，和群众打成一片……在“上、中、下”的等级评价中，我的评价是“下”。

我想不通怎么会落了个这样的评价。在心里烦闷中，我于1949年12月26日早产了我的儿子。消息传到公公耳朵里时，他正在听苏州评弹。公公看到舞台上正挂着个牌匾，上写“钧天乐”三个大字，就灵机一动说：“就给孙子起个单名，叫‘钧’吧。”

1949，迎接新中国

丰一吟[①]

“啊呀，好险哪，我坐的是末班飞机，差一点不能着陆。现在总算回来了！回到上海来迎接解放了！”

爸爸在隆隆炮声中赶回上海，兴奋地对我们说。那时我们住在西宝兴路汉兴里46号张逸心先生家。张是我们同乡，后来自己改名为张心逸，说是要把良心放在中间。他请爸爸教过日文。当时也做一点出版事业。

爸爸带回了画展所得的钱，我们后来就在同一里弄近弄底处向杨老太“顶”了一幢房子。所谓“顶”，就是转让租赁权，要付很大一笔钱，而且由于通货膨胀的关系，不收钞票，要收“小黄鱼”，即重一两的小金条，收好几根。那时压根儿没房屋买卖的事。“顶”就相当于买。“顶”来的房子都是装修好的，还有家具。杨老太留给我们的家具中有一口日本式的七斗橱，我们几次搬家都带走。最后我捐给了重建的缘缘堂。

1949年5月27日，红旗飘扬到上海市空。我们都到弄口看街上的解放军经过。他们纪律严明，不受路旁欢迎者的慰劳食品。爸爸很感动，对我们说：

“旧社会有一句话，叫做‘好男不当兵，好铁不打钉’。这句话现在不适用了。解放军为正义而战，当兵的个个是好男！以前被称为‘东亚病夫’的中国人从此振作起来了！我们的国家前途无限光明！”

上海解放前，有不少人往尚未解放的地区逃，甚至逃到国外。我们却在爸爸的安排下反而“逃”进来。不过全家尚未团聚，还有华瞻哥去美国留学未归，宝姐在尚未解放的厦

①丰一吟，生于1929年5月15日，时在家工作。

南昌路邻园邨地块图

门教书。爸爸写了长达10页的信寄给华瞻哥，在信中详述家人近况，热烈赞扬新社会，歌颂解放军。爸爸要求华瞻哥看过这封信后转给在厦门的宝姐。谁知这封信差点害了宝姐。宝姐后来告诉我们说，有人透露给她听：这封信转到厦门后，被特务机关截获，拍成缩微照片存档。当局打算逮捕我大姐。只因经办此事的人同情教育界，才改为暗中监视她。

刚解放时，国民党飞机屡屡侵犯上海上空。我们住的地方附近工厂较多，经常成为轰炸目标。爸爸在上海艺术师范任教时的学生(后来又成了开明书店同事的)钱君匋创办的万叶书店，位在安全的卢湾区。他担心老师的安全，邀请我们到那里去住。这年的7月4日，我们就搬进了南昌路43弄(邻园邨)76号，住在二楼。汉兴里的房子，后来以“小黄鱼”顶了出去。

不久，上海文艺界在我们隔壁的复兴公园举行劳军游园会。爸爸踊跃参加，在园中设座，当场为人们画肖像速写，所得笔资充作慰劳解放军之用。遇到解放军来请他作画，当然一文不收。

暑假后，我在正行女中、乐华小学、怀远中学三校兼任图画教师，开始有收入了，买了一双皮鞋送给爸爸。给他钱，他坚决不收，向我要了两毛钱，说是做纪念。

黎明前后的回忆

张洪森[①]

1. 红色环境 转变思想

我的父亲张德佑在过去是一位热心慈善事业的民族资本家，在旧上海电业界颇有一些声望，家庭比较富裕，父亲对我望子成龙，希望学成后接他的班。我在高中的教务长曹凤山教授，经常教导我们："科学救国"，要好好念书，做到"正途出身"；因此我一心扑在学业上，不参加任何政治活动；虽然有些同班同学参加了当时国民党的"三青团"，经常穿了一身制服，摇晃着手枪，向大家显显威风，我就是视而不见不参加。

1948年秋有幸考上了国立交通大学，当时的交大是上海的"民主堡垒"，在学校里经常接触到进步思想，开始对共产党有所认识；而当时的国民党只顾打内战，由四大家族统治一切，社会上黑暗势力横行霸道，弄得经济凋敝，民不聊生；因此非常厌恶反动派，在思想上靠拢为人民所拥护的共产党。古代孟母三迁，就是为孟子选择一个良好的环境；我在交大这样一个民主气氛浓厚的环境里，开始有了思想转变，知道光是"科学救国"是不够的，一定要有一个进步的社会，进步的思想作为主导，才能真正挽救中国。同学中不少进步学生(后来知道他们是新青联和地下党的成员)接近我、帮助我，使我开始感到组织的温暖，跟着他们一起学习，一起参加各项学生运动。

2. 掩护同学地下工作

我有一位初中同学陈震海(后来才知道他参加革命，全家是革命家庭)共同在惠中中学

①张洪森，生于1929年7月22日，时为国立交通大学电讯专业一年级学生。

念书(现在是五爱中学)，是我的知心朋友，经常有来往。升高中进大学时我们虽然分开了，但还是保持联系。抗战胜利后他经常参加学生运动，为了避免被当局注意，经常到我家来“避难”；他后来跟我说，他给别人留的地址不写他家的地址，而写我家的地址。他对我表示道歉，没有跟我打招呼，他就自作主张了。他又怕连累我，没有发展我参加地下组织。

他的二哥陈震中是当时上海学生运动的领导者(后来知道他是全国学联副主席)在大中院校中很有声望，发动过多次学生运动，促进了革命事业。但他是一个好人，没有领导架子，平易近人。当时吃的大米是限量的，凭户口本分配，但是不够吃；他就带着我骑自行车到青浦农民家买大米，以补粮食的不足，这说明他很关心我。

在新中国建立前夕，他以“上海人民团体联合会”代表、“上海学生团体联合会”主席的身份，与他父亲陈巳生(著名民主人士，参与发起中国民主促进会——实际是地下党员)父子双双参加中国人民政治协商会议第一届全体会议，并一起与毛主席登上天安门参加了开国大典，见证了中华人民共和国的成立。

事后我对他非常崇敬。现在他虽在已93岁高龄在华东医院养病，但经常希望看到我，与我畅谈过去，还问我光通信是如何发展起来的?

3. 频传捷报迎接解放

1949年初，我在交大校园里与同学们一起参加学习，开展宣传工作。学生自治会每天出黑板报和大字报，及时报道解放区的消息。当时捷报频传，从辽沈战役、平津战役、淮海战役到渡江战役，一次又一次的胜利，真是鼓舞人心。除了文字上的宣传外还有交大广播站，由魏瑚同志(学生自治会女将)用大喇叭(九头鸟)广播解放军的捷报，响彻全校(据说附近居民亦能听到)。这只九头鸟就是我们班(电讯组)负责维修的，保证了天天广播，天天向反动政府、反动党团人员喊话。有时召开学生大会、演出革命文艺节目，当时交大大会堂(文治堂)刚造好，我们班就负责大会堂的音响和灯光；爬电杆接电线，埋管道敷电缆，设计制作配电盘，现场操纵音响和灯光，保证正常使用和大会的顺利进行。

我们还组织小分队到校外中学如启明女中、南模中学、南洋中学、上海中学、徐汇女中等及夜校开讲座和座谈会，并在街上用手提喇叭宣传党的政策、解放战绩，把各校学生团结起来参加反美蒋、反饥饿、反内战、反迫害、反迁校等学生运动，返校搞应变护校，以实际行动迎接上海解放。

终于1949年5月24日深夜解放军从上海西南进军，首先解放了徐家汇交通大学。5月27日上海得到全部解放。为了保证大上海的安全，解放军拼了性命不用重武器，只用轻武器，保护了城市建设减少了人民生命财产的损失。为了不影响人民生活，解放军再劳累亦不占民房，露宿在马路街头，看到此景的人们都为之感动。我们就组织起来向他们送茶水表示慰问，他们都是人民子弟兵，真是军民一家鱼水情。

附：国庆日记

10月1日 星期六

国 旗

今天一早，各同学都显出兴奋的样儿，有些在演习着锣鼓，有的贴着对联。虽然天上阴阴欲雨，可是大草坪上聚着各班同学及教授会、讲助会，工联会全体人员。因为今天是我们新中国政府成立的一天，所以庆祝新政协的产生及拥护世界和平。就在今天的早晨，举行升旗典礼及校内大游行。在八点钟左右，我们一寝室中的同学亦到大草坪上聚在一起，也算排了队。各单位差不多都到齐，西边锣鼓队响起，东边秧歌队徐来，炮声四起，正中鲜红国旗扬(飘)扬而起，我们行了一个注目礼。升旗毕后，我们绕五星国旗回大草坪巡行一周，声势颇觉浩大。礼毕后，我回忆着陈代主席的给我们宝贵的教训，只要我们能加紧工作一些时间，就能很快地建设起伟大的新中国，保卫世界的永久和平，因为我们的力量是大的。

10月2日 星期日

沉闷的气氛加上了阴雨绵绵更觉得毫无生气了。自经九月十五日开学以来，温温书做做习题，直到卅日考了一次微积分，我们预计着五日考好了电工，七日考毕了物理，那么才可以松一口气。但是自从这半月以来，一会儿鼓吹免试，一会儿建议延考，有的为了庆祝这一次的新政协的成立和保卫世界的和平，要游行狂欢，所以不可能考。有的提出考试制根本不合理，要求以报告制度代替。可是无论开什么讨论会，征求意见总是一套形式上的具(假)大空。闹了许久，亦不过是一个重点考试，但是归根究底大考是不应该延到暑期以后考的，因为那时学期刚好完结，一般功课都很连接，同学们学习情绪亦非常之高，可是一旦松弛下来，连得温书亦没有心思，因为都是老功课，偏偏接二连三的游行庆祝，一切的一切都显得零零乱乱，我想五日考试的时候又会出什么事的吧!

10月4日星期二

交大全境是被一片汪洋大水所遮掩了，进出全赖一双长筒靴之大力，可是无情的上天仍依旧故我，大赐龙涎，甚大不敢当，恐怕再过一二日全上海也快陆沉吧。在雨声淅沥中忽然听说新文治堂有腰鼓舞在练习，因为我从未见过这么一套，所以忙穿起了雨装，匆匆地到了那边，看见门口停了两辆卡车，堂内鼓声喧腾。走上一看许多小朋友和一批解放(军)同志，有男的有女的，看客也有十几人，他们分着四组围绕着圆圈，跳着轻松的步伐。各各敲着咚咚的小鼓手，扭着不同的花样，但是耽久了，总觉得是这么一套，一切的声音都觉得太刺耳了，这样(消耗)天真烂漫的小朋友的时间，我认为是太浪费了，拿这样宝贵的黄金时期做那种太无聊的玩意儿，我想解放军同志们还没有领会到，这是误人子弟的事吧。

10月5日 星期三

在昨天晚上，突然从膳厅中传来一阵Microphone(麦克风)的广播声，隐约地听见说，明天延期考试，连忙走出去一看，果真墙壁上贴着大幅广告，上面写着因为要庆祝游行，所以要大家组织起来，以行动来表示，并且要唤起徐汇区的工人，动员起来参加这次保卫和平大游行和参加政府成立检阅，因此不得不将五、六、七三日之考试延至十三、十四、十五日，今天志良同学向我们约略报道了一些，并给我们一张学习的资料，同时决定了一些工作。再者今天是上月份膳团的最后一天，故当然有一次牙祭，尤其明天是中秋佳节，晚餐特上稻香村苏氏(式)豆蓉小月(饼)一只，还有一大盆肉炒蛋，所以太使我兴奋极了，或许是这半月多来的一个大喜吧。

10月6日 星期四

今天是中秋佳节，校中并没有什么事可做，所以今天午饭后就返家帮助祖母料理供奉月亮的工作。我一回到家中，他们都很高兴，尤其是中秋节，大家可以欢聚一堂，吃吃玩玩，畅叙一下。沐浴完毕，就整理碗碟，布置香斗，那五颜六色的纸旗绕满了四周，魁伟的大将站在那矗立宏伟的牌楼下，旁边帅旗旌麾簇拥着正中直入青云的大香助，支架在六棵小香炷上面，地面上檀香、香末静静地铺着，好似黄金镶的一片。虽是一只小小的相斗，几疑是仙宫的下降。布置完毕后，将梨儿苹妹麦弟弟柿太太一盆一盆地安排好，正中就供了一碗清茶，椅子当然是权充月娘娘的宝座了。过后就燃香点烛，顶礼膜拜，弟妹们抢着吃月饼，要纸旗，同时毛芋艿清煮毛豆子是应该人手一盆的，我们吃吃谈谈，颇觉有味，坐在弹簧的沙发上，眼看着明月婆娑地扭过黝绿的晴空。啊，多么光明璀璨多么皎洁的皓月啊，人生有几时能看见你的娇容这样圆满，这样美丽，这样圣洁呢？

10月7日 星期五。

因为今天下午校内有大观园和晚会的举行，据说节目非常精彩，所以我不得不吃了午饭说赶到校内，看见图书馆门口人山人海，都是附近的居民，尤其小孩子特别踊跃，因为玩好还有赠品，大部分是好吃的东西。我看了这样挤的情况之下，也不想进去参观了，到了宿舍看见家裕兄留的条子，要我马上到新文治堂去，我就整理好了行装，立刻赶到那面。他们正在装灯头，当然啰，大家一同帮拆去旧(电)线换上新(电)线，正琛、传义同学整理着控制板，郑翔、家裕同学搬着话筒、喇叭和放大器，差不多都是我们电一(班)的同学负责着声光电的工作。同时我们在工作的时候，艺工部排演着精彩的活报(剧)，给我们不少的调剂。夜神渐渐地降临了，职工们的队伍在锣鼓声中渐渐地近了，可是我们还未筹备就绪，他们已经浩浩荡荡地开进来了，还好Microphone(麦克风)已经可以开始工作了。自治会里的人领他们唱歌，他们各队亦互相挑战，混去了很多的时间。终于一切以(已)准备完毕，控制板有王、郁二位和电三(班)的一位负责，我便到上面负责Spot light，可是因为设备的简陋，经验的浅薄，所以亦出了几次毛病。不过还算侥幸，自始至终未出过什么大乱子。大会开始前有复旦大学及《解放日报》的报喜秧歌队演得非常精彩，各有特色，赢得满堂掌声。大会的开始，由主席致辞和总工会代表、学联代表的演说，内容不外乎庆祝我们的政协成立和保卫世界和平，接着便是交大合唱队的歌咏，五首中，以“蒋匪帮一团糟”的一只(支)为最出色，抑扬顿挫极为生动，且二重合唱极合节拍，将一切的情感都表现无余，以后还有公交公司的腰鼓队，交大的国乐队，四位影星的朗诵诗歌，交大的活报(剧)，文华影片公司话剧表演群猴，等等，都是精彩非凡，无可以言语形容，而各工友更是兴高采烈，热烈的掌声，此起彼伏，可是我的双手已筋疲力尽了，自始至终紧握着Spot light，把持着角度，向重心点照射，尤其当交大活报(剧)的开始，一切灯光全熄，仅有此一Spot light照耀在中华人民共和国的大地图上。所以这时我的神经亦比较紧张，因为若有什么三长两短那么势必要前功尽弃了。所以关照老林注意，当心！可是直到最后所得的酬报，大概可以说是“麻电三次”吧！

10月8日 星期六

庆祝新中国的诞生大游行

流行这个玩意儿，我是上过当的，既费时又吃力，根本是一个劳民伤财的优事，尤其是自暑期以来，我的肚子是有胃肠病的，据说还是慢性肠炎和胃部下垂的毛病，一多走路或是多立一会儿肚子就会发胀的关系，我就更不可能去了。所以当我们一班开会讨论如何进行筹备工作和决定人数的时候，我就毅然决然地回绝了，今天早晨，当我在散步的时候，看见翔在体育馆楼上装扩音器，我很高兴，边跑边跳地上去看他们工作，结果说我们可能跟指挥车一起走，管理Microphone(麦克风)的工作，一刹那间我就决定参加这项工作，因为这对于我的腹部是不受什么影响的。所以我赶着回寝室拿了一袋工具和一些吃的东西，虽然同学们用有一副羡妒的眼光看着我，可是因为时间的关系，我不能多耽(搁)，所以亦就匆匆地跳(跑)了。

从体育馆的楼上向下望去，只见人山人海中间杂着各式各样红绿彩纸扎的模型和异服奇装的秧歌队，等等。大队长指挥着游行的路线和次序及排列地点。有的未取得联系，有的未报到，有的报告人数，有的来问讯，差不多的队伍都到齐了，有艺工部的秧歌队、打气团领首，接着是第一中队、第二中队、第三中队、第四中队，南模、南模女中，徐汇、徐汇女中，启明女中、立信会(计)专(科)，紧接着的便是各工厂的职工队伍，浩浩荡荡地开出校

交大的游行队伍

门。大队长因为责职所在，不得不先走了，我同郁正琛、郑翔二位拆掉了九头鸟，藏好后，连忙赶上去。可是那辆指挥车踪影全无，我们以为一定在队伍的最前面领导着，所以我们拥过重重叠叠的队伍，喧喧嚷嚷的人群，可是清清楚楚放在眼前，车子是早已不知去向，只得找到自己的队伍里。这次徐汇区的大游行完全由交大组织号召起来的，所以当我们经过各的队伍时一片“交大妙”“交大好”“交大交大呱呱叫”的欢叫声从两旁响，尤其是南模，这亦是对于我一大鼓励。我想在我的可能范围下，走到亚尔培路(陕西南路)还不会成问题吧，所以在这时候才决定参加游行一段路程。

前进了没有多少时候，队伍开始停止了好久，我们走到对手一看，原来我们要接在静(安)常(德)区队行的后面，可是现在他们队伍的尽段(端)还在遥远的地方看也看不尽。那时已快十一点半了，我们趁此吃了所带来的午餐，等了不知多久的时间，队伍才开始移动起来。左右前后锣鼓响声不绝，沿海格路经过红十字会折入地丰路(乌鲁木齐路)，队伍踟蹰缓进在大西路口才始发现指挥车开来打气领唱，可是到游行终了的时候，还是没有发现他(它)第二次的来临。总之它对我们是没有什么贡献的。队伍蜿蜒前进，偶尔垫起了足向前后一望，只见旌旗招展，鲜红的一片，前后汹涌，好似红色的海浪流过那宽广的大道，叫号不时地响彻云霄，正如万马奔腾的战场上，那坚决正义的吼声在狂嚎着。

游行的同伴已觉得太疲乏了，有的就席地而坐，有的蹲着，有的向小贩买茶水精和充饥的东西。虽然我们早已是走不动了，可是各团体的秧歌队不时扭出来表演，亦提起了不少的精神，尤其我们自己交大的艺工队，更觉得亲切而兴奋。从他们的脸上可以看得出亦已经困乏了，可是他们仍含着热情的笑容，跳得格外地有劲，我们情不自禁地发出热烈的欢呼。

平章兄处休息了一会儿，不久便进入了南京路了，四周的观众可说是已达到饱和点了。外面是挤得水泄不通了，连我们游行的路径已缩得无可再小了。虽然有军警的维持秩序，但是终究阻不了热烈狂潮般的人流。向上一看，各高楼大厦的窗口都是人头挤挤(攒动)，连屋顶的围墙上亦被不怕危险的人们所坐满了。这一切的一切都表现着全市甚至全国人民，对于这次的新政协的热望和多么坚决地拥护世界和平啊！跑马厅已在眼前了，我们排成了八人一行经过扎彩的牌楼，就踏上了碧青的大草地里面一字长蛇阵的行列，整队的行过检阅台，行了一个注目礼，同时高呼着口号。台上的首长以举手答礼，台旁的军乐队伴奏着雄壮的国歌，那庄重而喜悦的仪式就这样的举行下去，我们随后步出那红色的和平城墙，踏上马霍路(黄陂路)，转入爱多亚路(延安东路)，直至巨鹿路，至善钟路(常熟路)，经霞飞路(淮海路)过南模就返回本校了。

10月9日 星期日

昨天的大游行，从报上所知有百万人参加，并且直至今晨四点才方才宣告完成，这是多么伟大的洪流啊，是多么坚决的力量啊！前天我校所举行大观园的游艺会因向隅的人太多，所以今天决定继续一天。我们为了好奇心的驱使亦跃跃欲试地想去见识见识。正巧志良同学来请我们去当纠察，我们当然满口应诺下来。

我们早吃了晚饭，五点钟光景，我们去和别的服务同学调班，顺便东西上下溜达一下，大都(多)数都是左近的小孩子，可是其中亦有老先生和学生所玩的。都是小孩的游戏，但是布置得很有意思，如人民大翻身啊，打倒反动派呀，打到台湾啊，等等的，并且玩得好还有赠品可拿，所以这对一般小孩颇有兴趣，玩儿了再玩儿的大有人在。到最后虽然赠品全部发完了，可是游客的游兴仍是非常之高，不过在这次的游艺会中，最重要的是给了一般人们一个很大的思想改造。我们积三日来的？在散会后亦就回寝室睡觉了。

10月10日 星期六

今天是已成历史性的国庆日，中共已否认了这个国庆日，但是对于这一革命的纪念日仍是承认的，因为自从这次的革命后，全中国的政权始终操在帝国主义官僚资本的手中，人民依旧受苦了三十多年，至今天才始获得人民真正的解放而真正取得了自己的政权，所以新中国的开始并非自那年的十月十日开始。当然国庆日的尊号是否定了，但是革命先烈光荣牺牲的精神是不容磨灭，尤其中山先生领导之下的辛亥革命的成功，给中华民国有一个划时代的改变，所以仍是为我们应该敬崇而纪念的。

10月15日 星期六

轰轰的炸弹声在晴空中霹雳似的响起，这时候才早晨十点左右，我们正应付着最后一次的考试——物理，顿时一阵小小的骚动，此起彼伏，那监考的先生亦觉得异样的不安，接着连珠似的枪声弹声轧轧响起，有的声音似乎很遥远的地方才发出的，有的简直好似在我们的屋顶上发出的。今天那野心家的刽子手们太狠心了，爆裂的声音接二连三的穿进我的耳朵。

哎，不知多少无辜的人们将要被那无情的鸭蛋摧残呢，这阵阵的响声使得我太痛心极了，想到那垂亡的独裁者还作什么悲惨的挣扎呢？那疯狂的屠杀更加添了人们的忿很(恨)，更加强了革命的信心。死心吧，停止野蛮的残害，放弃毒的手段，向广大的人民低头，也许不至于弄得更糟吧！

突然另一个念头又进点到我的脑海里，因为万一本校附近有什么乱子发生，岂不是要立即疏散而停止考试的吗？那么我们上学期的分数岂不是又成悬案了吗？一延再延的考试简直要把我们的身体搞坏了。那时候我也顾不到千头万绪的思潮，赶进(紧)着解题目，还好今天的题目特别容易，大约是裘先生大开恩门的缘故吧。不到十一点，我已经校算完毕，同宿舍的几位亦已经交卷了，我想今天够侥幸了，陈账肃清，身子觉得异样的轻松，尤其今天是星期六，下午可以回家去快乐二(两)天了。

10月17日 星期一

今天鼎鼎大名的潘大头搬进来了，宿舍里不得不来一次大调整和大整理以便屯(腾)出一些地(方)给他放东西，但是左思右想，总是缺一只(条)长板凳，才可能容纳我们六人的用，所以决定到晚上到别处去偷拿一只(条)，这种行为在我们交大已成为最流行的了……

熄灯后，我们就开始就出去开始工作了。先到体育馆再到上院中院，但是全无踪影，便转道入恭绰馆，可是在灯光阴暗处，却立着一个人，我们推测大概是校工吧，因此我们就不好意思进去拿，只到楼上兜了几处就回下来预备至自治会去拿，可是里面有着人，当然是又碰钉子了。可是在恭绰楼上我们看见了一只长靠背凳，又不愿意白白地放弃，所以决定再作一次冒险，上得楼来进入就拿。他们正想走出教室，我看见正有几个人上来，我马上阻止他们，结果他们被我这样一惊，亦毅然决然地放弃，走了，再也不愿为了一只凳子而与自己作着神经战，打亮了电筒回到南院。

到了南院，我想起了膳团办公处有许多长板凳，同时那里的窗已缺了一块玻璃，所以伸手进去打去了栓子，一只正好放在窗口边，正好能够拿到，所以一提就出来了，那时我很得意，这次好似全部是我的功劳，全不费吹灰之力而得到如此好的成绩。哎！定神一想，这种行动是绝对错误，不应该自己的缺乏而用不正当的手段夺取他人的权利，可是学校内这种设备是太不行而太不合理了，在精神的责备之下不得不祈求上帝的赦免而悔改。

难忘的1949

宋凯耀[①]

1948年秋，我从育才转到省吾，和我同时转学来的还有范敬业、陈仲信、姚解生、高炜、吴文建等十人。我们都是因为搞学生运动而被原学校勒令退学或者开除的，大家不约而同地走到一起来了。当时省吾中学被誉为沪西的红色堡垒。我们高三级取名为星火级，意即星星之火，可以燎原，推选陈仲信为级长。我负责《星火报》的编辑、出版和发行工作。

省吾跟育才最大的不同是民主气氛很浓，学生与教师是平等的，有什么问题都可以与教师和校方商量，好的建议都受到学校的支持和保护，节假日期间由学生会发起，推行小先生制度，由高年级辅导低年级，对经济困难学生开展义卖助学活动。周末还经常举行文娱演出和教唱歌曲，这些也都是在校方支持下有几位高年级学生负责的，气氛十分活跃，而且有感染力。

当时国内解放战争的形势发展得快，继辽沈战役以后，解放军进关大量集结华北地区，包围平津两地，准备解放战争的第二战役。不久，国民党将领傅作义率部起义，北平和平解放，这对我们广大学生是个很大的鼓舞，大家纷纷撰写文章向星火报投稿，其中有姚解生的《论时局》，有季光中的《北平解放话上海》等，阐述上海的形势和上海未来的命运。这些文章立论精辟，说理清楚，质量都很高。足见那时学生们扎实的文字修养与深刻的政治见解。为了搞好《星火报》的编写工作，我利用晚上时间，到吴文建家中去听新华社的短波，整理后刊在《星火报》上，陈仲信觉得这是个很好的时机，可以教育，引导

①宋凯耀，生于1929年12月21日，时为省吾中学高三学生。

同学认识形势。于是由他发起，召开一次《上海向何处去》的讨论会。会上，有的同学提出上海最好学北平的样和平解放；有的同学则认为当时蒋介石派了他的嫡系汤恩伯部队驻守上海，看来要解放上海 必将有一场激战。总之，大家发言踊跃，都说出了渴望上海早日解放的愿望。陈仲信最后也做出了形势发展快，大家更要保持警觉，团结一致，注意斗争策略，不做无谓牺牲的讲话。

1949年春节前后，举世瞩目的淮海战役爆发，国民党虽孤注一掷，但还是阻止不了解放军的攻势。这年三、四月份，汤恩伯加紧对上海爱国志士的镇压。地下党为爱护每一个爱国学生，通知我们暂时避一避，不要抛头露面。因为我父亲在银行工作，在极斯非尔路(今万航渡路)中行别业有一幢三层楼房，比较隐蔽，于是地下党决定让一些有危险的同学到这里来暂住。我们班的顾联瑜参加地下市学联工作，这时处境十分危险，地下党通过我的联系人姚解生与我联系，让他住在我家，直到上海解放。

1949年4月下旬，南京国民党政府拒绝在《国内和平协定》上签字，毛泽东主席，朱德总司令下令“向全国进军”。于是，百万雄师过大江，彻底摧毁了国民党军队长期苦心经营的长江防线。上海已可隐隐听到隆隆炮声。

5月初，地下党为迎接上海解放，在进步学生和工人队伍中建立宣传队与保安队组织，接着又成立护校队和护厂队，省吾中学约有三四十人参加宣传队，我和姚解生、吴文建都是宣传队成员。我们宣传队集中三天在同学王宝善家中通宵做五角星、大红花和写宣传标语口号，大家的心情可以说激动极了。

炮声、枪声越来越近，很多同学都聚集在学校里，关上大门，等候消息。5月24日晚上是最紧张的一夜，天下着蒙蒙细雨，大批解放军已悄悄进入市区，开始进驻一批要害部门。第二天天一亮，老百姓看到解放军都睡在马路上，身上还淋着小雨，没有一个不被这种情景所感动。人们敬佩解放军，人们爱戴解放军。就在这时，传来一个很不幸的消息，我们的同班同学，地下党员陈仲信在执行保安队的任务时，被国民党残匪杀害，年仅二十岁。陈仲信是解放上海战斗中最年轻也是最后英勇牺牲的地下党员。那一天开始，我们宣传队出动，我的任务是负责从兆丰公园(即今中山公园)到静安寺沿街沿弄张贴标语，进店进家宣传，在空旷处还组织活报剧演出，以后又参加了反银元投机斗争的宣传任务。

这时，使我们最难过的是和我们一起战斗，为革命付出毕生心血的陈仲信已经享受不到解放的欢乐和当家作主的新生活了。烈士的追悼会在当时“约大”礼堂隆重举行，我们全班同学都怀着沉痛的心情参加追悼会。韦悫副市长到会讲话，省吾地下学生党支部书记范敬业介绍了陈仲信的生平，在场的同志个个泪水沾满了两眸，当仪韵女中的乐队奏起哀乐的时候，我和同班另外三位同学将一面鲜艳的画有火炬和省吾两字的红旗轻轻地覆盖在烈士的遗体上，哀乐声中，大家怀着沉痛的心情默默地向烈士告别。

一个烈士倒下去，千百个战士站起来，一周以后，省吾同学在烈士精神的感召下，纷纷报名参加革命，有的北上参加中央团校、军委干校的学习，有的南下参加西南服务团去解放祖国的大西南，有的到北方、南方参加市政建设，我被留在上海搞青年干部工作，后来又转到宣传部门搞马列主义的教育。

岁月易逝，五十多年过去了。当年的小伙子、小姑娘如今都已成了爷爷和奶奶。我们回想起当年在省吾的这段往事，历历在目，永远不会忘记，但是，饮水思源，我们更不能忘记的是，今天祖国的繁荣和人民生活的幸福，离不开无数先烈们的忘我的奉献。

附：日记片断

五月廿九日 雨　星期日

红旗在上海上空飘扬，我们都浸沉在解放后的幸福之中。为迎接解放，省吾高中部的同学都被吸收参加了市人民保安队和人民宣传队。我被分配在宣传队直属队里工作。今天上午帮宣传队张贴组去张贴布告，从静安寺一直贴到兆丰公园（现中山公园），然后到“约大”去准备陈仲信烈士的追悼会。四天以前，我们班级的陈仲信同学不幸在执行保安队任务时光荣牺牲了。大家听到这个噩耗都感到悲痛万分。石良耘哭得最厉害，同学们都围着劝她，可是，每个人的眼睛里都淌着泪花。大家边哭边相互勉励，化悲痛为力量，向为解放上海而光荣牺牲的陈仲信烈士致敬！

五月三十日阴　星期一

在宣传队直属队里工作了三天，今天回到省吾中学，心中充满着快慰，几个同学坐在一起谈了一会儿体会。下午新青联召开全体大会，研究健全组织和如何开展学生活动等问题。

五月三十一日　星期二

上午继续外出宣传。下午在新青联全体会议上，我们进行了宣誓。宣誓内容是：我愿在中共中央委员毛泽东同志领导下，终生为新民主主义奋斗，严守纪律，服从命令，如有违反，愿受处分。新青联目前的主要任务是发动群众，提高认识。我分配去发展张勤同学。

六月一日 晴　星期三

暖和的天气，心情特别愉快。

上午跟张勤谈了四个钟点的话，从陈仲信的牺牲一直谈到参加新青联的事。

下午到约大去参加“五卅”纪念大会，这次大会参加的人数有一千五百人，其中有工人，有教师，有学生，气氛十分热烈。因为中心会场在交大，所以，约大是收听转播情况。陈毅市长做报告，会场上响起了热烈的掌声。报告后，参加大会的同志纷纷乘卡车上街宣传，工人们扭着秧歌，学生们演出街头剧，号召全市工人、学生和各界人士复工、复校、复业。

六月三日　星期五

应育才中学同学的邀请，参加了他们的营火晚会。晚上因为迟了，睡在育才中学同学薛稚的家中，相互交谈了未来的打算。

六月四日　星期六

今天是上海解放后的第二个周末，市内都已恢复正常。我们高三年级只有十多天就要离开母校了，大家共同的愿望是在离开以前，把学生自治会的基础打好。

新青联进行选举，选举结果，季光中担任主席，高炜担任组织部长，陈保宁担任宣传部长，教育部长是吴南屏、顾联璧。

六月五日　阴雨　星期日

军管会成立八天了，市内生产已经走上正轨。驻在我家里弄中行别墅的一团解放军今天要撤走了。出发前，战士们都来向我们告别，大家有点显得依依不舍，当军用卡车开出里弄大门时，我们都奔上前去与战士们搀手言别，向他们表示感谢。

下午在家里总结参加宣传队工作的体会。市宣传队的组织是上海地下党为迎接上海解放的一项重要措施，目的在宣传群众、教育群众。每一个参加宣传队的工人、学生、干部都为解放上海做出了一份贡献。通过参加宣传队工作，我得到一次很好的锻炼，一是提高了为人民服务的认识，二是培养了干部联系群众的能力。今后的工作还长着呢！我要不断锻炼提高自己。

六月六日

今天是解放后第一届教师节。上午，

全市一千余教师代表在大光明电影院开庆祝会，我们也在学校组织收听教师节大会的实况。下午陪吴文建去四马路买书，用一块大头买了《唯物辩证法》《自然辩证法》《联共布党史》等六本书。

六月七日　晴　星期二

级联会改自治会，今天实行选举。范敬业提出新青联要成立一个工作组去指导新的自治会人选，我被分配去帮助编辑工作。

六月八日　晴　星期三

即将毕业，同学们都在谈论毕业后的出路。有的谈毕业后准备去参加文工团，有的想去考大学。不知愿望能不能实现？

六月九日　晴

今天《解放日报》登载了一篇悼念陈仲信烈士的文章，对陈仲信烈士的牺牲表示了沉痛的哀悼。

早上参加了一个临时会议，布置要展开一次经济方面的宣传工作。最近几天，市面上银元上涨得非常厉害，主要原因是一批不法商人利用银元搞投机破坏，想造成人民币在人民的心目中失去威信。下午，到育才中学去听上海人民银行行长陈穆的报告，题目是“人民币与物价”。共讲了四个问题：人民币与伪金圆券的本质区别；人民币的基础；人民银行的任务是跟随解放军，每到一处肃清伪金圆券；平稳物价，协助搞好市场安排，找出物价波动的主要原因。最后他要我们协助政府搞好反银元投机的斗争。

六月十一日

开始出动反银元投机宣传，我们编在机动队，先到南屏女中集中，一位解放军战士向我们讲了出动宣传的注意事项。然后到梵皇渡路永乐村前面的一块场地上进行街头宣传，我们边讲边唱，以后再分散到各商店去个别宣传反对银元投机的意义。下午到育才中学去宣传，我和籍传和、石良耘都去了。在会场上，大家高唱《解放区的天》《奋勇前进》《阴魂不散》和《袁大头》等歌曲，宣传气氛十分热烈。

六月十二日

反银元投机宣传今天是第三天。上午回校参加高三毕业考。下午参加反银元投机的游行集合。一时半，省吾校旗后随着一百多位宣传队员浩浩荡荡向兆丰公园走去，一路上，大家唱着《你是灯塔》《金圆券调》《打得好》等歌曲，两旁观看的行人都鼓掌给我们打气。走进兆丰公园，大夏

省吾中子南下同学合影

大学的一支队伍向我们高喊："省吾好，省吾妙，省吾省吾呱呱叫。"这时，随我们队伍而来的有仪韵、华模、复夏、奉化、伯特利等校的队伍。二时许，汇合的队伍又向梵皇渡路出发，经过地丰路(今乌鲁木齐北路)、愚园路、胶州路，进入胶州公园。集合地点设在胶州公园，四面解放军布着岗，交大、约大、同济的队伍也从东面进入会场。舞会开始后，先由上海学联代表吴振东讲话，接着由同济大学同学表演反银元斗争的节目，新安旅行团表演了《银元秧歌》《腰鼓》等精彩节日，使大家一饱眼福。集会在解放军进行曲声中结束。回到家里，已经晚上八时。

六月十四日　阴

早晨到学校参加物理考试。下午三时与吴文健一起温习以后要考的几门功课。

六月十五日　雨

《解放日报》登载了解放军的军旗军徽。军徽美丽极了，红星外一圈金黄边，星中竖立着“八一”两个字。

六月十六日　阴到晴

今天得到上面的布置，要动员学生去参加南下服务团。大家听到这个消息，一时群情激动。根据安排：姚介生、宋凯耀、诸萱萱、章剑平参加上海市中学政治教育研究工作；季光中、高炜、石良耘、唐林宝到北京参加青干工作；其他从初三到高三同学全部南下工作。

下午新青联开会，出席人数有四十多人，酝酿即将开始的新的革命工作。每个人心中都蕴藏着一颗火热的心，省吾的种子将从红色壁垒播撒出去，我们这一代将为解放全中国做出自己的一份努力。

六月十七日　晴

南下工作的气氛响彻了整个省吾校园。早上七点钟，同学们都已开始谈论南下工作的任务和准备。十点钟左右，国文刚考完，底楼礼堂已布置成开会形式。华模的同学也来参加，会上有几位北平南下工作团的同志向大家宣传了南下工作的意义和具体安排。

六月十八日

学联派了几位同志来校解释有关南下工作中的一些问题，谈了大家关心的问题，文凭、家庭、出路等等，这是考验自己的关键。结束后，我们准备到其他学校去宣传。先到民光中学，我负责向高一同学宣传。下午去文化会堂参加高尔基纪念会。

六月二十一日　晴　星期一

我们高三报名南下的成绩不错，王玉明、张勤都决定南下。昨天在文化中学宣传时，结果有三十多位同学积极报名。今天下午去参加一次盛大的欢送南下工作的大会，会上由北平南下服务团副团长介绍北平南下服务的工作经验。军管会的同志(过去是交大学生)向大家讲了他们到解放区去以后的生活，接着文工团表演了一些文娱节目，会后进行游行。

六月二十四日　星期四

下午由省吾、华模、复夏三校合办南下欢送大会。主席由初二的李定勋主持，主要是请团委季同志讲话，他讲了关于树立创业和吃苦思想等问题，要大家积极做好思想准备。明天南下工作服务团准备发榜，同学们的心情都很焦急。

六月二十六日　雨

整天下雨，屋槽下水滴滴答答。起身后，七时半到学校去，没有碰到人。刚出校门时，碰到范敬业，通知我下午到青年馆开会。下午在青年馆召开上海人民纠察队工作会议，商讨怎样在市区内肃清散兵游勇与特务的工作。主席由一位姓徐的同志担任。到会的省吾同学有范敬业、高炜、姚解生、季光中、石良耘、籍传和、王碧云、谭文修、王宝善、张莳英、夏乐仁、朱传棨、姚淑祎、吴宗茂、陈保宁、王文安、励汝丰、乐嘉纯和我二十人。

六月二十七日

几天的雨没有停过。早晨到学校去讨论了四件事情：一、组织学生纠察队的事；二、陈仲信烈士的安葬；三、七月一日组织胜利大游行；四、南下服务团的工作。午饭后去静安寺印了半打半身照。

六月二十九日　雨　星期三

南下工作服务团名单公布，省吾中学共录取五十五名。看过名单以后，大家互言告别，同时互赠了相片。

六月三十日　阴

南下同学今晨八时到大夏大学去集中受训。集队去的时候，同学们一路上送了一阵又一阵，互相依依不舍。

七月一日　星期五

今天是我们伟大的党的诞辰日，到处都有集会。毛主席的文章《论人民民主专政》刊在《解放日报》第一版。

陈仲信烈士今天安葬，清晨八时半，我和吴新宝两人赶到乐园殡仪馆去领陈仲信烈士的灵柩。陈仲信的哥哥陈仲义也来了，带来了三支香，点了一点，就到账房处去办手续，办完后，把灵柩放上祥生汽车，直向约大驶去。这时约大门口已经等了许多同志，一位军管会的同志接过遗像，捧向约大礼堂台上。大家没有顾得上吃饭，吃了点干粮。

下午二时，追悼会开始，先由仪韵女中的乐队奏哀乐，大家向陈仲信烈士三鞠躬、默哀，接着由同学代表石良耘宣读陈仲信烈士的生平，建承中学的同学代表读祭文，范敬业代表学校报告陈仲信烈士的牺牲经过。后由副市长韦悫讲了话，市公安局局长也讲了几句话。家属阵仲义致了答词，再奏哀乐，我们几个同学把写有“省吾”校名的大红旗慢慢地盖在陈仲信烈士的灵柩上。

追悼会结束后，车子把我们送到八仙

桥公墓，在那里安葬了陈仲信烈士的棺木。大家心情十分难过，在那里久久不愿离开和我们一起战斗过的亲密的战友。

七月四日　晴

部分南下的同学今天到学校来，讲了一些他们受训的情况。下午到市西中学去开军民座谈会，由解放军英雄射击手魏来国向我们讲解放战争中的战斗故事，大家听了很感兴趣。

七月七日　阴　星期四

纪念七七卢沟桥事件，上午参加大游行，下午到交大参加学联召开的招待南下服务团的文娱大会，一直到晚上十一时才散。

七月九日

姚介生告诉我，参加上海市政教工作，要进行一次考试。听到这个消息后，又高兴又紧张。高兴的是我们的安排也终于落实了，紧张的是怕考不取。晚上在家里读了一会儿书。

七月十二日　阴　星期二

政教考场设在光华大学。上午考政治，下午考国文。考试结果总算还满意。来应考的都是大学生，也有中学教师。我们几个中学生夹在里面实在有点小巫见大巫。

七月十四日

政教名单公布，我考取了，自己的心情不知怎么形容好。从今天开始，我打算好好读点政治方面的书籍，到新华书店买了几本书：《中国四大家族》《论文艺问题》和《辩证唯物主义与历史唯物主义》等。

陈仲信烈士追悼会(1949.7.1)

陈仲信烈士追悼会(1949.7.1)

七月二十日　晴　星期三

政教来通知，后天开始报到。姚介生来找我，说报到那天，我们一起去。西南服务团今天离开上海，上午去看望他们，向他们辞别。

七月二十四日　阴雨　星期日

政教班设在震旦大学。我们的寝室安排在震旦附中。我和褚萱萱、章剑平分在四队五组，姚介生分在另一组。明天举行开学典礼，听说要重点学习毛主席的《目前形势与任务》《中国革命与中国共产党》等书，还要研究中学政治课的讲授法。

我的中学生活结束了，开始从家庭生活转入了社会生活，独立生活，这是对自己的一个多么大的锻炼呀！

翻天覆地的1949年

唐培吉[①]

1. 黎明前的静寂

1948年9月，我转学到距离我家很近的上海法政学院，读大学三年级。因为我家住在陶尔斐斯路(今南昌路)，而上海法学院在西江湾路。当时感到法律太枯燥，于是又转入政治系。那时，考大学远不如现在那么难，同等学力就可以报考，转学亦方便。

1949年，上海的学生运动遭受到国民党进一步镇压，根据共产党关于白区工作的方针，上海学生运动深入群众，隐蔽精干，积蓄力量，等待时机。上海法政学院是个较小的私立学校，学生基本是走读的，学生上完课就走人，很是自由散漫，要动员学生进行活动的条件比较不利，况且我是刚转学去的，与同学都不熟，所以从1948—1949年解放前，我没有参加法政学院的学生活动，实际上亦没有大的学生运动。这时，我很想去解放区，又没有途径。原来在大同大学附中时，曾经有个同学联系进行学生运动，后来这个同学跟我失去联系，我又到了上海法学院，因此就成了一只孤雁，只能等待解放。果然不久，上海就解放了，我的人生轨迹就此发生了巨大变化。

1949年5月27日(苏州河以南地区25日解放)，上海解放了。我第二天即走上街头观看，一切都正常，就较静悄悄，水、电、煤供应照常，报纸、电台都热烈欢呼上海解放了，商店正常营业，交通亦照常往来，上海人民欢迎共产党，我心潮澎湃，向往参加革命，为建设新中国尽自己一份力量。

①唐培吉，生于1930年6月4日，时为上海法政学院三年级学生。

2. 满腔热情参加革命

1949年中国人民解放军百万雄师渡江，国民党军队如秋风落叶般溃败。那时的江南大片新解放区需要干部，华东革命大学和华东军政大学即应运而生。这年的8月，我即考入华东革命大学学习。此时，我父亲病已很重，子女理应在他身边护理，但他没有阻止我去华东革命大学。华东革命大学当时招收了大批学员，分二部，一部在苏州培训，一部在上海培训，借复旦大学进行教学培训，我被分配到上海二部，就住在复旦进行学习。华东革命大学校长舒同、副校长刘格平作报告，还请些领导干部来讲讲当前形势和任务，我们学员就学习文件如《新民主主义论》《中国革命和中国共产党》等和讲课内容，然后分组进行讨论，达到提高政治思想觉悟，领会党的方针政策的教学目的。经过近两个月的学习之后，10月，我与几十学员被分配到浙江省。到了省会杭州，由省领导谭震林、谭启龙(人称大谭、小谭)作报告，讲浙江省的形势与我们的任务，主要是参加省与地方各级人民政府的建设。我被分配到衢州去参加组建人民政府，负责文教科的工作。

3. 当了人民政府干部

衢州地处浙西要冲，虽然经济贫困，可地缘政治重要，国民党军统头子戴笠的老窝江山就在衢州地区，军统有许多人是江山人，解放初期人心还不稳。而且是交通枢纽，有铁路更有飞机场，当时党有解放台湾的打算，从衢州飞到台湾路线很近很便捷，如果台湾解放，我们政府工作人员即将会去台湾工作，领导上都作过有关报告，我们都有这个思想准备。

当时的衢州市人民政府只有一二十个人，而文教科一开始只有我一人。当时确是百废待兴，我一个人既要调查了解衢州文化教育方面的情况，到中小学去，到影院去，召开会议，要求原来的文教人员接受人民政府的领导，继续安心工作，并开始组建文化宫。要参加召开全市人民代表大会的筹备工作，因为是大学生，因此我还要作记录、写稿。更要下乡，参加查田反霸(查田地，反恶霸)工作，为土改做准备。主要任务是把所有的土地丈量清楚，并深入联系群众，调查情况，以便进一步划分阶级成分，查清谁是恶霸。当时乡下治安还不是太好，不仅给我佩一支手枪，还有两个民兵陪着我一起工作。有时需要住在村里，和农民住在一起。真是夜以继日地工作，根本没有休息时间，星期天也不休息。

当时生活条件很差。我们来衢州的时候，只带了一个背包，到了衢州之后，住的地方也没有，就到一所小学里面找地方住。在一个操场的角落，有个看门人坐的小房间，我就住在这里。生活是供给制，每天只能吃两餐，而且荤腥极少，主食主要是粗粮做的馒头，经常吃的菜是豆腐和竹笋。另外，敞开供应的是腌制在大缸里的辣椒，随便你吃多少。我当时的认识很简单，我是参加革命，不是参加一般性的工作，为了革命，再苦再忙亦应该。在这期间，我迎来了一次考验，我父亲去世了，家里写信告知，要我回去，我把信交给了组织。行署专员钟正斋同志找我谈话，要我划清界限，继续革命工作。我当时很幼稚，把家庭成分填写为“官僚资产阶级”，因为我认为我父亲曾在国民党政府当官，后来又开银行，加起来就是官僚资产阶级。我听组织的话，表示划清界限，不回家，继续革命。

这样的生活过了四个月，工作忙，加上生活条件差，这使原本体弱多病的我扛不住了。1950年初，我肺病复发，咳嗽吐血，卧床不起。这把组织难住了，衢州根本没有像样医院来给我治疗肺病，因为当时肺病还是难治的大病，而我又因刚参加工作，还没有评上什么级别，没有条件把我送杭州省级医院去治疗。组织上经过商议，由市委组织部长戚宝琳(亦是上海去的地下党员)找我谈话，要我回老家(上海)治病，等病好了再回来工作。我很理解组织上的难处。于是，组织上就开了一封介绍信，我的组织关系(在衢州人民政府工作期间，由于表现好，我已经于1949年12月加入新民主主义青年团)就通过中共华东局转到上海市委再转到卢湾区委。这样，在1950年初我回到了上海，在家里养病。先到区团委报到，团委要我一方面在上海治病，一方面要我回到上海法政学院做建团工作，建立团组织，是个三人小组，由正行女中毕业考入上海法政学院的地下党员周淑玉(后到交通大学工作)为组长。同时又要我到一个烟草厂的夜校当老师上课。起初那段时间，衢州市方面曾按供给制标准，给我寄过一双球鞋和肥皂草纸，但是再到后来，就没有联系了。

1949年的我由一个上海青年学生转变成为新中国人民政府的干部，从此走上革命的道路，在中国共产党领导下，为祖国的繁荣富强、为实现共产主义而奋斗终生。这是我人生道路上一个质的变化，一个天翻地覆的变化。

一个高中毕业生的1949

杨成绪[①]

1949年5月初，上海市区居民听到包围上海的解放军炮声日渐清晰。素有国民党常败将军的汤恩伯还在上海电台上誓言要死守上海。不过上海居民已经发现在市中心的国民党军队愈来愈少，警察也不那么神气活现了。5月下旬，里弄居民不断看到，解放军的侦察兵三三两两在街头出现。不时见到国民党军队朝着黄浦江方向集中。直到25、26日，至少在前法租界地区没有什么大的动静。27日清晨，我走上霞飞路(今淮海中路)，我发现坐在马路沿上的解放军在休息。我高兴地和他们打招呼，他们都微笑看着我。直到八九点，一群群青年学生和职工打着腰鼓，扭着秧歌舞，唱着“解放区的天是明朗的天”，热烈欢迎解放军。整个上海市人群如潮，涌上街头，充满着欢乐的气氛。

这一年，我就读于位于五角场附近的同济附中。由于战事逼近，校方宣布暂时休课，放假回家。上海解放后，同济附中复课，对于我们高三毕业班的同学来说，在举行期终考试、取得毕业证后，大家就纷纷离校，各奔前途了。我们班上不少同学备课，投考大学。当时有三类大学：一是交通大学、同济大学和复旦大学等国立大学，上学费用不高，比较难考。二是圣约翰大学、沪江大学和震旦大学，学费很高，学习水平不高的、英文不好的也难录取，且穷人家子女负担不起高额学费。三是大同大学、东吴大学，录取标准比较低，但学费不菲，没有点钱也难进入这些学校就读。对我而言，因家庭贫困我唯一的出路是投考国立大学。而且事前和我在上海银行工作的五爷爷商定，我在大学期间的生活费用由他负担。

①杨成绪，生于1930年9月23日，时为国立同济大学附属高级中学高三学生。

我至今记忆犹新，考场设在上海市西中学。7月的上海夏日炎炎，上午考了中文。午间，我坐在人行道路沿上昏昏欲睡，忽然看到近处一个报摊，走近一看，发现《世界知识》杂志，我买了一本，翻看时看到一篇专门谈“人民民主专政”的文章，上海解放前我很少读政治书籍，当天下午考政治，我坐在路沿上，将这篇文章读了两遍。下午政治考题果然主要是围绕着人民民主专政。那时我记性很好几乎全答对了。我记得好像得了86分或87分。此外，我中文和德文分别也得了80分以上，靠这三门成绩我已足以考上复旦大学。考取前还要口试，有两位老师考我，他们问的第一个问题是：要造一座房屋四面都朝南的，应该造在哪里？我不假思索地立即答称，在北极的中心点。他们露出赞许我的微笑，随后又问了一个问题，我也很快地做出解答。不过这第二个问题，我已经忘了。

大概在8月中旬，清早还不到七时，和我一起考大学的小学同学施济民拿着当天出版的《解放日报》，在我住的南昌路小弄堂，大喊：“杨成绪，你考上了复旦大学了！”这一天，我考上大学几乎成了这个小弄堂的大事。在解放初期，上海国立大学录取的新生名单都刊登在《解放日报》上。20世纪90年代，我经常为《解放日报》撰写国际问题文章，我曾和报社组稿的编辑笑谈：我的名字登上《解放日报》还是半个世纪以前的事。

9月初，我向弄堂的朋友借了一辆自行车，装上我的被子、衣服等日常用品骑向复旦大学。从我家南昌路出发，沿淮海中路向东行驶，转入西藏路，经过“大世界”，一直奔向四川北路。经过四川路底的虹口中学不远，面前已是一片田野。对于我一个生长在大城市的青年人很少有机会到上海的郊外。这一天我心情特别好，骑着自行车，呼吸着田野清新空气，微风迎面扑来。心中想到我很快要成为新中国第一代大学生，一种自豪感和责任感油然而生。走上邯郸路，不知不觉很快到了复旦大学。一路骑了一个半小时多一点的时间。我依然记得学生报到处是在登辉堂左侧的教室，我办理了注册手续。

随后，我被分配住进淞庄学生宿舍，那是日伪时期修建的两层宿舍楼，楼上楼下各有一间房，有四个双层床，中间有个长桌子、几个凳子。每间住七个同学，留下一个床位供大家放些日常用品等，此外还具备盥洗室和厕所。

1949年9月30日半夜，复旦大学千余名大学生整队步行前往市中心的跑马场(后改为人民广场)，在10月1日庆祝新中国成立的那一天和世界青年联合会代表团联欢。

我们在国权路上走着，当时两旁多是农田，时而有些稀疏的农舍。我们每次总是先唱

國立同濟大学附属高級中学一九四

国立同济大学附属高级中学1949级毕业班师生留影(1949.6)

《团结就是力量》这是解放前向蒋介石反动政权进行斗争，举行示威游行最爱唱的一首歌。复旦大学开会或是这次步行走向市中心时，最受大家喜爱的指挥是数学系同学，在他指挥下，大家总是激情、热烈、奔放。当我们唱到“这力量是铁，这力量是钢”时，学生们行进的步伐特别有力、特别整齐。特是唱到“是铁”“是钢”时总是使劲地踏在路上，爆发出强烈的节奏感。接着大家像怒吼一般，唱起“向着法西斯蒂开火，让一切不民主的制度死亡”，歌声几乎响彻云霄。我们走过虹口区四川路，远处已经显出晨曦的微光。我们唱着“向着太阳，向着自由，向着新中国发出万丈光芒”，这时这个情景和我们的心境几乎融合在一起。天慢慢地亮了起来，我们走上西藏路时，指挥迅速告诉我们要唱《解放区的天》，这也是当年大学生最爱唱的一支歌。“解放区的天是明朗的天，解放区的人民好喜欢，民主政府爱人民呀，共产党的恩情说不完！”我们一遍又遍地唱，唱出我们心中对即将建立的新社会的憧憬。一路上时而下起小雨，淋湿了衣服，可是没有人顾及这一点。一路上我们彼此不停地喊着，中文系同学唱一个，新闻系同学来一个，外文系该你们唱了吧！我们在前进，在歌唱，在聊天，几乎一直处在兴奋之中。到了跑马厅，见到世界青年联合会代表团，我们只能用歌声向他们问候。那一天的联欢情景几乎都忘了，只记得毛主席在天安门上庄严宣布：“中华人民共和国中央人民政府今天成立了！”这句话一直铭记在心。

1949，我的回忆

王祖德[①]

我是1948年9月进入高桥中学高一年级的，上海解放以后，做了三届学生会主席。1951年1月11日宣誓加入中国共产党。1951年3月7日脱产离校去青年团高桥区委工作。三年不到，时间不长，但是正经历着一段轰轰烈烈的人民解放战争取得最终胜利，推翻三座大山，建立中华人民共和国的重大历史转折时期。所以，写这一段回忆，心情激动不已。

由于我父亲失业，于1944年夏(念完初中一年级)到1947年夏曾经失学三年，在奉贤县分水墩镇的一个农副产品加工厂(益丰花厂)当过三年学徒。1947年夏天，父亲有了工作，我才又读书。在思源中学读初中三年级。那时一心想考进一座市立中学，将来争取考进一座国立大学。因为家庭的经济条件，不允许我进教会大学或私立大学。所以进了学校就埋头学习，功课不错(初三时两次得第一名)。我在初三时，接触到《大学评论》《观察》《展望》等进步杂志，思想上对国民党的腐败和物价飞涨，民不聊生，还打内战，深感不满。

当时，高桥中学地处郊区角落，交通不便(只有从北京路外滩开往高桥的一艘轮渡)，消息闭塞，加上校方不准学生参加政治活动，所以市区的好多学生运动没有机会参加，学校显得相对落后和平静。在我的记忆中，当时每个班有个班长，没有学生自治会。那时，高中一年级只有甲、乙两班。甲班是男生班，我是班长，乙班是女生班。高中学生中有一半左右是市区来的住宿生。夜自修时，训育主任潘肅在走廊里踱步，学生们非常安静地做功课，切磋功课也是细声细语。夜自修结束以后，由舍长(学生中挑的)提着马灯，带领大家排队回宿舍(男生在钟家房子里)，洗脸洗脚后就熄灯了。好像有个吹号的工友。只有到

①王成德，生于1930年12月26日，时为高桥中学高一甲班班长。

了周末，高一两个班组织同学举办文娱晚会，唱唱歌，讲讲故事，搞点游戏。唱的歌中，有些是民歌，如《康定情歌》《草原情歌》，还有四川民歌《古怪多》《茶馆小调》等。有些年轻老师，如金声穆、钟日照、黄万寿、贺仁麟等，也经常参加我们的晚会，其实，他们是暗中的组织者、策划者。这些老师在上课时，有时也讲一点时事形势或进步思想的内容。有时，利用周末下午，组织过几次时事形势座谈会，参加的同学较多，因为大家对时事还是比较关心的。这类活动，给学生带来一些清新的空气。当时，学校各班级之间还有足球、篮球、排球等比赛。

进入高一下学期，即1949年寒假以后，解放战争取得三大战役的决定性胜利，形势大好。开学后，校长陈月江不到学校来了，委托校长秘书潘鼐负责。同时，由金声穆出任总务主任，钟日照担任训育主任。开学不久，当上海去南京请愿和谈的师生和民主人士，遭到国民党特务毒打的消息传到高桥中学时，我以班长的身份在班上发表了一通激烈抨击当局的言辞。

校方决定允许建立学生自治会。每个班推选四名代表，召开学生代表会议，选举学生自治会的班子。学生自治会主席的候选人是高三甲的黄烈和高三丙的朱葆玛。会前，双方展开较激烈的竞选活动。我在上海解放以后才知道，朱葆玛是学联高桥中学地下支部推荐的。但是由于当时代表们还是喜欢功课好的同学，结果黄烈当选。这是潘鼐乐意看到的结果。当时，高一甲班的代表是我、毛耀伯等四人，我被选为执行委员，担任学术股长，负责出学生自治会的墙报、黑板报等。这时，以高三丙的汤德奎、王村民、朱葆玛、虞承源等同学和高二的一些进步同学，进一步活跃起来。主要手段是办墙报，报道学生运动动向，针对时弊发表一些进步言论，深受同学们的关注。高一甲的陆志航、郑茀庆等也办起了一张墙报。

这时候，高一年级经常举办时事座谈会，宣传解放战争的大好形势，抨击国民党的腐败，物价飞涨，民不聊生。文娱晚会的内容更加政治化，如歌唱《山那边好》《团结就是力量》，鼓舞了大家的斗志。这是因为开学不久，高一年级在高桥区地下党支部指导下，建立了一个以姚抟一同学为组长的地下党外围小组，成员有钟亚冠、王祖德、陆志航(后改名陆平)、朱树森共五人。其中，我和陆志航是住宿生，还有三位是高桥本地人。这是中共浦东区委高桥支部(书记是顾金德，党员是沈云祥、钟果行。这是上海解放后才知道的)唯一

高桥中学学生会成立现场(1949.9)

的外围小组，其任务是团结进步同学，保护学校，迎接解放。小组经常在姚家活动，有时去印家花园，以集体做功课为掩护，秘密传达党组织的指示，阐述解放战争的形势，分析学校动态，研究如何开展工作，或者传阅学习材料如渡江命令等；或者学唱革命歌曲《解放区的天》《我们的队伍来了》等。我和姚抟一两人，曾步行到高行农校，以学生自治会名义，邀请进步作家姚雪垠来校演讲，内容是“文艺为谁服务”。当时，学校没有一个礼堂，只好放在高一甲的大教室内，听的人很多，许多同学只得挤在走廊里听，全校为之轰动。

人民解放军渡江以后，高桥中学以进步师生为主，组成了“应变委员会”，实际是“护校委员会”，由教联系统的地下党员、学校总务主任金声穆负责主持。这时，也见不到潘鼐的影子了。当时，我担任膳食组副组长，组长是高三甲的凌熙同学。这期间，为了多争取平价购进一批大米，由高桥中学学生自治会出面，邀请全市市立中学的学生自治会负责人或派代表，前来高桥中学，共同商议如何以集体名义向粮管机关请购一批“应变米”的事项。谁知此事被国民党警方知悉。开会那天上午，警察如临大敌，七八人闯入会场，制止开会。同时，对高桥轮渡码头严加封锁，不准当天从北京路外滩开来高桥的早班渡轮靠岸。这样，国民党反动派无耻地迫使这次会议流产。

四月下旬，不少同学害怕高桥成为重要战场，回上海市区去了，有些老师也走了，课也上不成了。我们外围小组根据党组织指示，动员了一批师生坚持留校、护校，迎接解放。我和陆志航等住宿生和部分应变会的老师等(还有教导主任陈当时等)，从原来分散在街上各处的学校宿舍里，全部集中到学校高中部的教学楼里，以便互相有个照应。晚上，轮流值班，手持木棍，在校园中巡逻。少数同学还暗中在金声穆组织下，收听新华社广播，及时了解解放战争进展情况。当时我们秘密外围小组的同志在姚抟一同志家里，用红、绿、黄等彩色纸秘密写了一批欢迎人民解放军的标语，藏在甏内，埋在地下。

战争迫近上海，上海教联和学联的地下党指示，为了保护高桥中学师生安全，要求迅速撤往市区，高桥地下党支部则要求坚持护校，迎接高桥解放。为此，在留校师生中开展了一场热烈争论，较多老师和同学参与，但没有得出具体结论(其争论背景，也是解放以后知道的)。

五月中旬的一天早晨，国民党部队突然云集高桥地区，并且要立即征用校舍，驻扎军队。在这种情况下，钟日照老师前往国民党部队交涉，遇见一位熟人，就要求国民党军队派两辆十轮大卡车，把坚持护校的几十名师生、行李、储存的大米等，全部送往市区。姚抟一、陆志航和我三人，随大家一起撤到了市区。我记得汽车最后开到兆丰公园附近，愚园路上的一条新式里弄里。这里面，金声穆同志从熟人那里借了两间房子。上海没有家或亲戚的同学就住在那里。那许多大米，也都留在那里了。

当时，校方还借了敬业中学，想恢复上课。我那天去了，但师生来得不多，想上课也不上成了。那时，我和姚抟一、陆志航仍有联系，姚住在建国西路的舅舅家里，陆住在西藏北路附近的亲戚家，我住在福建北路的亲戚家。按照地下党指示，5月27日，苏州河以北刚被解放，我们外围小组全体成员赶往高桥。当时在石油公司的码头上，看到子弹堆成一堆一堆。在走往高桥镇的小路上，不断看到小河浜里有浮尸。到义王弄口，看到茶馆烧掉一半，还有一团乌黑的东西，好像是烧焦的尸体。外围小组五人，加上沈云祥同志，都到了姚抟一家里。他家在高桥东街。姚家临街的一排房子里，住了许多解放军伤员。沿着墙边挖了一条排水沟，因为那几天，雨下得多。姚抟一找出咸鱼，招待大家，吃了晚饭，几个人连夜到街上张贴军管会布告、刷欢迎标语。我们先在东街、北街贴，后到西街贴，后来遇到解放军警卫部队，不让我们再往西走。于是，就回到姚家休息，或躺、或坐。第二天早晨，就赶到高桥中学，一片狼藉，所幸校舍没有被毁坏。学校主楼前空地上被挖了

高桥中学校门(1949.10)

浅沟，有丢弃的军用垃圾，如纱布、头盔、子弹壳、饭盒等，满地皆是。我们是最早一批返校者。不久，老师、同学们都先后返校了。那时，大家兴奋极了，高唱《东方红》《你是灯塔》《解放区的天》等革命歌曲，歌

高桥区人民庆祝新中国诞生，学生参加化装游行(左起骆建春饰农民、毛耀伯饰工人、顾乃汉饰官僚主义、王祖德饰帝国主义、周继祖饰封建主义、王兴吉饰解放军，1949.10)。

颂毛主席和中国共产党。很快，人人学会了扭秧歌，吃过晚饭，一起从学校扭到宿舍，真是热火朝天。

六月间，市委、市政府动员大、中学生参加南下服务团和西南服务团。高桥中学以学联系统地下党党员为主，带动了130多人报名，据说在中学中名列前茅，最后被批准几十人南下福建，参加革命工作。其中，高一年级有虞承如、陈敏、汪似椿、吴宝生、周复、倪云石等六名同学南下。接着有一批同学去了苏州革大，如当时高二的杜菊文、沈玲等，高一的陆龙臣、陈焕良等。另有高一的谢德晶、胡家芬去了华东军政大学。在放暑假前，学校里还推选成立了一个学生会筹备委员会，选我担任主席。

1949年暑假即将开始，钟亚冠动员我到洋泾办工人夜校，我以为这不重要，想回航头老家去，毛耀伯也要回南汇。实际上，她是要动员一批同学去青年干部训练班学习。她没有明说，我和毛耀伯就没有去，都回到南汇自己的老家去了。市青年干部训练班，时间二十天，全校有几十位同学参加。学习结束后，学员一度去南汇海塘工地做宣传鼓动工作；同时，高一年级有四、五位同学直接报名去了张家口工程学院，其中有姚抟一、陆平(陆志航)、朱树森、郑茀庆等。

1949年9月，新学年开学后，市教育局正式任命程应缪先生(民盟市委委员)为校长。我是高二年级学生。选举第一届学生会时，主席是高中三年级的宗慕懿，我担任副主席。不久，宗到杭州笕桥空军学校去了，我接替他担任了学生会主席。当时，学校对学生的思想工作抓得很紧。记得是程校长发动师生，在校园内开展了一次以筑路、种树为主的建校运动，学校面貌焕然新。同时给学生进行了一次“劳动创造世界”的教育。当时，我们高二同学还利用校园内空地种了约半亩土豆，没有肥料就到厕所里掏粪。社会上有些政治运动，学生尽可能争取参加。比如积极参加打击银元贩子投机倒把的宣传活动。有一次到乡下(高行、东沟、凌桥等)去，参加宣传减租减息的活动。

1949年10月1日，中华人民共和国成立。高桥区在高桥中学操场上召开了庆祝大会，并上街游行。我们高二年级的同学搞了化装游行。如演出象征工农兵推翻帝国主义封建主义、官僚资本主义三座大山的活报剧。以高二女同学为主，化装成一群和平女神参加游行。

1949年10月间，由团区委先发展了10多名学生为青年团员，其中以参加青干班学习的同学为主，还有我和毛耀伯等。然后由这一批团员当介绍人，团员队伍像滚雪球一样壮

建校劳动(1949.11.18)

大。1949年12月9日，全校新民主主义青年团正式宣誓入团，并成立团总支，总支书记由毛耀伯担任。为了慰问人民解放军驻军，学校和学生曾经组织过一次军民联欢晚会。节目有高三沈玲等同学演的话剧，有高二孙建纲指挥的淮海战歌大合唱，还有腰鼓、舞蹈等节目。寒假期间，许多同学参加了农村的扫盲活动。

我们在愚园路迎接解放

黄玉鸣[①]

1949年冬，度过春节，过完寒假的我辞别寡母、幼弟、弱妹，奔向高桥完成我高中阶段最后一学期的学习。这时，解放战争三大战役已结束，国民党败局已定，解放军挺军南下，饮马长江，准备解放全中国，国民党统治区由于特务横行，物价飞涨、民怨沸腾，民众都热切地盼望早日获得解放。

进入学校，发现有些同学如黄义周已悄然不见了身影：其兄是国民党上海地区电影监督与检查官员、在同学中很活跃、诨名"湖北佬"的黄义周不见了，大概随其兄去了台湾；上学期由扬州渡江借读我校的一男同学，当时我班数学课正在讲授级数的收敛与发散，这是大代数中极艰涩难懂的内容。他初来乍到，听课时如堕入云里雾中。由于同桌，我尽力根据自己对该内容的理解予以帮助，彼此相处尚洽，这时他也不见了。特别是关福熹和袁棨，前者因父亲过世，接替父亲的职位而辍学，后者则因病卧床也离开了大家，这些平日过从较密的同学的离开，更使我心中有一种失落的感觉。

两种备战

解放前，上海的中学大多为私立学校，只有育才、格致等十八所属于公办的市立学校。高桥中学是十八所市立中学之一，但1946年才增设高中部。为了使学生的成绩能与"老市立"的学生比肩甚至后来居上，因此在教学上要求甚严，以我所在的班为例，不但三角、解析几何等采用英语原版教材，而且只用来了两年时间就将高中阶段的数理化课

①黄玉鸣，生于1931年2月8日，时为高桥中学高三学生。

程讲授完毕，至高三时则选学大学一年级的普通物理、普通化学和微积分。每天七节课，另加早自习、晚自习，学习压力极重。为了保证健康，我明天课后至晚饭前必去操场打篮球、踢足球，剧烈运动一小时，晚饭后晚自习前又散步半小时，长期坚持不懈。

在这最后半年的学习期间，我们在晚饭后晚自习前常至校外公路上散步，只见国民党军正在加紧修筑工事。校后门外的公路旁就有一个称为子母堡的地堡群，中间是母堡，高踞中央，视野开阔，四周环绕有五个子堡。堡与堡之间挖有战壕，既能交通，又能互以火力支援。地堡群的四周挖有既深又宽的拒马沟并遍布鹿砦、铁丝网。为开拓射击的视野，农村的树木、竹林都被国民党军砍伐殆尽，原本美丽、幽深的村庄，现在只见一座座裸露的农舍突兀地呈现在眼前。

我校的校址是高桥公园的旧址，小桥流水，林木成片。国民党军当然也在动我们学校的脑筋，当他们正动手砍我们教学楼前沿河的一排高大的冬青树时，教导主任陈当时先生迎了上去，经过周旋与力争，国民党军才悻悻然离去。上海是国民党的经济文化中心，是有国际影响的大都市，国民党准备在此拼死一搏，作困兽之斗，妄图引起国际反华势力对中国内战的进一步干预。而高桥是扼守上海海上通道吴淞口的战略要地，在高桥必将有一场恶战。在国民党疯狂备战的同时，我校像上海各个单位一样，在学校进步力量发动和领导下，也在积极备战。我们备的是保卫学校、保护师生安全、迎接解放的“战”。应变委员会成立了，接管了食堂，储粮储煤，辑录师生名单、通讯地址，以便于联络，教唱进步歌曲(那时还不兴叫革命歌曲)以振奋人心、加强团结，这些都在悄悄地进行着。

一日三惊

时光步入四月，渡江战役后，战线逐步逼近上海。一天，突然有人通知(传说)国民党将封锁黄浦江，断绝两岸交通，学校决定将家在外地的寄宿生全部撤至市区。不知是谁，通过什么关系借到了两辆军用大卡车。车厢下装粮食，中装铺盖箱笼，行李上坐人。装车甫毕，忽听一声剧烈的爆炸声，震人耳膜，其激烈的程度绝非战争片中的场面和音量可比，好像空气也要被撕裂似的。在这兵荒马乱的年代，着实使人惊慌。这是当天的第一惊。

爆炸声一过，我们急忙开车上路。那时的浦东大道尚是一条乡村公路，两车道，砂石路，路两旁长满野草，盛开着各种不知名的小花。一路上只见调防中的国民党军抱枪倒卧于路的两旁，车行其旁，浑然不觉，酣睡如故，因此车行甚缓。行至半路，只听见有人惊呼，车上失火，就急忙停车，我们则纷纷滚下车来。只见行李中有烟袅袅升起，经排除险情，继续上路。这是这一天的第二惊。

下午三时前后，车由董家渡的汽车轮渡搭载过江，然后绕市区外围由东南向西，从西站(老西站，今地铁3号线中山公园站)进入市区。车行至中山公园对面愚园路头的一条弄堂口停了下来。弄口有几间估计是越界筑路时留下的秦砖汉瓦的老平房，现在这里开了几家商铺。进入弄内走不多远，赫然有一幢铁门紧闭的巨宅耸立弄旁。这是一幢三层的别墅，室内墙上装饰有鹿头，扶梯有大小两架，大扶梯专供主人、宾客行走，仆佣上下就只能走小扶梯了，足见这是一座美丽的豪宅。房主已离去，只有一颇为时髦的年轻女性接待，金声穆老师与之颇为熟悉，估计我们这一新的立足点是由金老师设法筹借而来。刚安顿下来，天下起了滂沱大雨。大家正要入睡，忽听得急促的敲门声，原来是保甲人员以查户口为名来探查我们这些不速之客的究竟。在金老师与他们应对时，我从窗户冷眼瞥见，在漆黑的夜空下，瓢泼大雨中的冬青树丛后隐藏着不少身披黑色雨衣、手端冲锋枪、双目紧盯窗户的国民党军警。原来在当时的情势下，我们两辆卡车驶入市区，有些同学身高马大，又为遮阳而头披毛巾，非常引人注目。在金老师从容应对下，他们找不出破绽，终于撤离而去。这是那天的第三惊。

终日游荡

当时大家都打地铺，早收夜摊。生活上缺少炊事用具和碗碟，往往向愚园路上的吴玉蓉家借用。她家里的人很热情，除了碗、筷外，还寻出崭新的铝锅借给我们。因为不知战争将延时几何，所以生活上极其节约，天天厚粥烂饭，菜呢，天天是缺油少盐的卷心菜和蚕豆，但我们不以为苦，有伙食饱腹已是上上大吉了。闲来无事就结伴到处游荡。我对上海的道路不熟，在同学的引领下，我们去了附近绿草如茵、巨樟如盖、美如花园的圣约翰大学。那时中山公园的围墙是上海常见的涂有柏油的高竹篱笆，竹篱上早已被人挖有可直进直出的大洞，我们也钻了进去。园内寂寞，甚少游人，我们则在草地上大踢足球。那时的沪杭线在凯旋路旁经过，我们从西站顺铁路向北行，玩赏苏州河上的铁路大桥，向南又顺铁路行至交大，站在路基上远眺交大及紧贴交大的立信会计专科学校。那时，铁路东是市区，铁路西全是田野，遥望西方，林木茂盛，万绿丛中片片红屋顶显现期间，同学介绍说那是虹桥，是达官贵人和洋人居住的地方。这时常在一起闲逛的是同班的李光宇、郑榴明和陈瑜。在这动乱时期的游逛更加深了我们间的友谊，四人一起去拍了一张照。李、郑前坐，陈和我后站，这张照片弥足珍贵，可惜经历多次变故，遗失了。

敬业复课

一天，接通知，明天学校将借敬业中学校舍复课。第二天，我们起了一大早，那时上海公交线路甚少，加上我们这些学生崇尚节俭，因此就向东步行去敬业中学。一路上只见愚园路上幢幢别墅掩映在绿树丛中。那时的愚园路从车行道到步行道有两层台阶，这在上海很少见。可以说绝无仅有。因路上车少，我们一会儿从人行道跳下车行道，一会儿又从车行道跃上人行道，欢悦之情可见一斑。走完愚园路，转入延安路、西藏路，最后终于到达位于南市文庙对面的敬业中学。同学们十数日不见，如分隔数年，大家握手、拍肩，眼含泪光互诉别情。当天上的是大课，听形势介绍，就上了这样一次，一个上午。散课后怎样回到愚园路住所，因事隔多年，已毫无印象，好像仍旧是步行回去的。路是很长，要从上海的东南方走向正西方，好在那时年轻，体力充沛，来回奔走丝毫不觉得苦。

迎接解放

那段时间，耳中不时传来沉闷的炮声，感觉上距离尚远，不知战线在何方。五月底的一个晚上，刚入睡，忽听枪炮声大作，特别是机关枪声，既尖锐又连续不断，似乎就在我们住处附近。为安全起见，急忙将住在楼上的同学迁至底层。大家不管枪炮声，照睡不误。翌日清晨，一工友外出不久，就急匆匆地奔回，低声、急促地告诉大家："解放了，我看到了解放军。"同学们都一骨碌地钻出被窝，衣衫不整地奔至弄口看个究竟。只见路旁老屋的屋檐下有几个解放军战士在休息，愚园路上二三百米远处有一国民党的装甲车瘫在那里。后来这几个战士走了，很长时间不见后续部队到来。我们就相互告诫，"快回去，快回去"。我们担心这时国民党特务假扮解放军战士搞阴谋。

过了一些时间，大批解放军战士终于来了。不成队形成散兵状沿长宁路急速前进。这时我们才确信我们终于获得了解放。在前进的战士中，不时出现单个前行的侦察员，腰挎手榴弹，手提盒子枪，身穿黑色短衣服。那时，一直到五十年代初，中国北方平民的衣服以黑色为多。而这身黑色衣袄在南方的上海确非常显眼。最引起我注意的是这些侦察兵都背负一个面盆大小的圆形羌饼。这种饼很厚，很硬，又很香，极耐饥，上海解放前和解放初也有卖，现已失传绝迹。这羌饼显然是战士们行军途中的干粮，足见人民子弟兵为人民的解放，除了在枪林弹雨中冲杀外，在生活上也是极其艰苦卓绝的。

由于中共地下党的组织和动员，战时的上海水电不断，电话畅通。九时余，严育才从市中心茂名北路的家中来电话，告诉我们："我们这儿也解放了。"

上海全部解放后两三天，我们这批愚园路的外地寄宿生胜利返回高桥母校，和大家一起正式复课。到高桥，激烈战斗的痕迹随处可见。在镇郊，坍塌的战壕中不时露出国民党军遗体的绿色军装的一角，随风飘来浓烈的令人恶心的尸臭。高桥果然是上海解放战争中重要战场之一。

六月底，经毕业考试后我们毕业了，同学们开始彷徨，是参加革命还是升学或就业，路在何方？

但上海的解放以及随之而来的新中国的建立为我们开辟了广阔的天地。有两三个同学直接参军；七名学生地下党员带领学弟、学妹共32人报名参加"华东随军南下服务团"，随第三野战军南下解放福建，参与政权建设。高桥中学参加南下人数之多名列上海各校第二。

这些事过去已整整七十年，往事如烟，却又历历在目。

我在上海经历的1949

沈昌文[①]

1945年以后，我在上海的首饰店即“银楼”做学徒。1948年蒋经国在上海实行黄金管制后，银楼店的生意大减，这对我倒不乏好处，能有点时间去念补习学校。后来算了一下，这几年我先后上了十四个补习学校。

值得一提的是我一度去学习无线电收发报技术，就是现在影视剧里间谍发报的那种。我学习无线电收发报的夜校，就设在五马路(广东路)格致中学内，记得它的名字是市立职业补习学校。我很努力，学了以后，学校要介绍工作，我很高兴，想有工作做。我所在的店，老板没有孩子，老板也是我的师傅(过去都要拜师)。上海人把首饰店叫银楼。银楼老板他交游很广，经常请他本地的一些朋友来玩，他没有孩子，中间就有国民党、也有共产党，共产党很多。再加上宁波那里四面山有个新四军的根据地。

大约在1947年、1948年间，从宁波四明山来了一位虞天石先生。此人来后出手大方，经常广泛宴请朋友。忽然有一天他被逮捕，据说罪名是为新四军采购大量药品，上海一解放(解放前夕)他就被释放，而且被任命为上海税务(司法)部门的负责官员。我当然小心侍候过这位客人，他也有点器重我，看我爱读书，就常劝我读古典诗词。我之读书是为了谋生，寻求生路，所以对诗词毫不动心。上海解放后我见到书店出售过他的作品，篇幅极大。

那个时候我毕业了，(学校)要让我到什么地方去工作，我忘了名字了，我在店里顺便说起(这事)，有一个客人李佷民是四明山来的。他来时重病卧床，由我小心护理。他于是

①沈昌文，生于1931年9月26日，时为上海南洋桥西门路老宝盛银楼学徒。

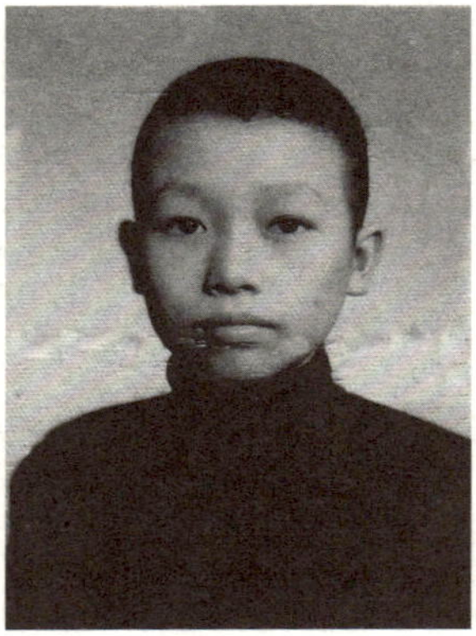

沈昌文(1949)

同我很亲热。他一听，暗中和我说，你千万不能去，那个地方是“中统”。我们共产党不让孩子们到“中统”工作。那我怎么办呢，只好作废了，没有去成。

这是(我学过的)一家。我发觉我的店旁边有一些学校。我过去最主要经常学的是中华职业教育社，在(过去的)法租界，我学了会计。学了会计以后很有用。

我这儿(无线电学校)作废了以后，我还经常去学会计那个地方，看到旁边有个学校，在现在的长乐路，有一个民治新闻专科学校，设有新闻电讯系，于是我一心想去学这专业。我没有去干“中统”的事，但是我还想搞收发报来谋生。我听说，报社也要雇人做收发报工作。于是我千方百计想到报社去工作。到民治办了报名手续，一心要想挤进去。不料，校方忽然告知，这个系报名人数太少，决定不办了。这对我打击太大了。正在其时，旁边有人说，采访系在扩招，你何不去那里。

我想想也行，我考取了。可是学费比较贵，那个时候我本来付不起，可是有一个办法可以付。我刚在中华职业教育社学了会计。学了会计以后，我很有办法，我把会计这一行变成造假账。所以我有办法给人造假账，拿到一点钱来付学费。

这样我就想办法考进民治新闻专科学校，很容易，也不怎么考，只要交学费就进去。学校实行学分制，学满90个学分可以毕业。有白天上课、有晚上上课，我当然只能晚上上课。这样我进了采访系，等于学了文科。学了文科也很高兴，最主要是因为学俄语，因为民治新闻专科学校的校长顾执中的弟弟顾允中是著名的俄语专家。我很高兴顾允中先生教我俄语。于是，1949年9月，我开始成为学习采访专业的学生。真想不到，在这个有伟大历史意义的日子，我本人开始了一个崭新方向的生活。

但是，这个“崭新方向”的日子并不好过。第一学期的新闻写作，我只得了50分(60分及格)。教新闻写作的老师叫陆诒，副校长，是上海的名记者。我初中一(年级)的学生，怎么能写作呢？他的课我努力地上，拼命学。据说，他批分从来不给人不及格，我是他认为不成才的典型。所以我对文科没有什么兴趣。

不过，也有赏识我的老师。最突出的是俄语，我的分数全班最高。我受上面说的共产党员李佷民的影响，他看老我学英语，就和我讲，我们共产党就要打下天下了，学英语没用，你赶紧要学俄语，我们共产党的天下要用俄语。所以我很早就学了俄语。想不到，这里的俄语老师一度也是在别处教过我的别列列勋，我当然很被赏识。

当时这个学校很进步，还教经济学，政治经济学我很感兴趣，和我的行业有关，实际上是讲马克思主义经济学，我听了感兴趣。我更感兴趣的是一个摄影老师叫颜鹤鸣，专家，教摄影。因为这个(摄影)可以卖钱，我心想银楼我混不下去了，老板要辞退我，我可以到照相馆找(工作)，所以学得很努力。

我没有照相机，我问店里那些有钱的顾客借了一个照相机，好不容易。后来这个照相机顾客借不到，是我一个小学同学杨慈传(他在我当学徒后还常同我联系，来店里找我。他求我为他代写作文上交，我则请教他几何、三角等数学问题。我在学无线电收发报时，老师讲的无线电原理我常听不懂，尤其是老师常常要引数学原理，口里念叨什么angleCOA之类，我简直莫名其妙。但是我同杨君的交往为时不很久？因为他妈妈闻讯来我工作的银楼店大闹一场，说我是小流氓勾引良家子弟，于是我同杨慈传同学“散伙”了。

还有电影课，老师很好，叫潘孑农。他一点没有看不起我们这些学生，给我们讲得很地道。更重要的是(他)带我去做业余演员。我到潘孑农的摄影棚里做临时演员。还有，做完了还给我吃一碗阳春面，我高兴死了。所以我和潘孑农的关系很好。潘孑农和我再三说，他对我抱很大希望。他用英文说，我到现在都不怎么懂。他说，你拍戏要拍malow Drama，不要(拍) drama。malow Drama比drama还好。于是我也很听从他，跟着他做临时演员好多次，每次都有一碗面吃，还有给我1、2块钱，我很高兴。所以潘老师我印象很好……

1951年以后，民治新闻专科学校被并到复旦大学新闻系。我没去。因我要养护我的妈妈。于是，我又千方百计以民治新闻专科学校毕业生的资格，“混进”了人民出版社，一直到今天。

总之，1949年上苍对我的安排，让我这个普通工人(当时俗称店员工人)成了知识分子！

(陈立群协助整理)

1949上海轶事

郭衍莹[1]

山东流亡学生涌现上海街头

1948年10月天刚入冬，上海市区街头就出现一批批来自山东的流亡大、中学生。这一现象为全国其他地方所没有。国民党报纸大肆宣传："共产党不让学生念书啦!""战火很快要烧到上海啦！"上海市民也感到战火已越来越逼近家门口了。

先是齐鲁大学一批学生在校长吴克明等带领下于济南解放前夕南迁，来到上海。

齐大到上海后借住在上海山东会馆。一大帮男女大学生无事在街上闲逛，成了当时上海滩一道风景。在上海的一些知名山东人士，如武训学校校长李士钊，山东会馆齐鲁学校地下党负责人景德等多次劝吴克明，上策是返回山东；中策是留在上海等待解放；下策是找个偏僻安静地方继续办学上课。不想吴自己定了个下下策，把学生一部分带到杭州，一部分带到福建后，就既不进也不退了。吴克明是典型的旧知识分子、"书呆子"，在济南时整天东奔西跑，为提高教学质量呕心沥血。在杭州时他和学生争吵，尽管解放军马上就要解放杭州，他还在那里坚持校规，成绩不及格者要除名。在济南时学生们揶揄他：喜欢自讨苦吃。此话后来不幸言中。全国解放后吴被责令将学生带回济南。

接着，1948年11月，以烟台联合中学(烟台八个中学联合而成。由第八中学校长张敏之为联中校长)为首，山东各地中学生共8000多人离开山东南下流亡到上海。我的外甥曲宝生当时在烟台第八中学上学，也在其中。他们也借住在上海的山东会馆和其他几所学校。大部分学生第一次到上海，虽对这五光十色的大城市感到好奇。但他们大多集体进出，很

①郭衍莹，生于1931年12月11日，时为上海复旦中学高三学生。

上海山东会馆。大门上挂的招牌上“齐鲁”二字系清末状元，山东人王寿彭题字。“上海武训学校”则是董必武同志的题字。会馆成立于清光绪三十二年(1906)。齐鲁学校成立于1925年。武训学校则成立于1946年。1951年批判电影《武训传》后不久，会馆、学校均被撤销，明清风格的老建筑也被拆除。此照系李士钊先生于1947年所摄。由李士钊之子李刚先生提供。

少像齐鲁大学生那样三三两两在马路上闲逛。每天晚上和假日还借齐鲁学校的教室上课，坚持学习，给上海市民留下了良好的印象。1949年初，这支队伍又继续南下，到江西、湖南后就失去联系，从此杳无音信。

改革开放后才知道，这8000多师生1949年从广州出发，想去台湾，经澎湖时发生“七一三”事件。张敏之和几位师生以“共党匪谍”罪被国民党枪杀，大部分学生被迫当兵，少部分学生在澎湖军队子弟学校上学。不过后来大部分都转了业，送去台湾上学，后来就在台湾安家立业。其中有的当了“部长”，有的成为专家、学者，成为蒋经国时代经济腾飞的骨干力量

目睹国民党疯狂镇压学生运动

1949年新年一过，上海市民心里都明白，解放上海已进入倒计时了。不过蒋介石还要垂死挣扎，调集几十万军队，利用上海郊区有利地形和密集的钢筋水泥工事，以及海空军优势，扬言至少可坚守一年以上。一年后就会发生第三次世界大战。上海将与第一次世界大战的凡尔登，第二次世界大战的斯大林格勒一样，成为战争的转折点而载入史册。其实大家都清楚，谎言再动听，也挽救不了苟延残喘的蒋政权了。

我当时就在上海近郊徐家汇的复旦中学上高三，眼看不到半年就要毕业了。当时家里父母担忧的是物价疯长，一石大米得要金圆券4个亿。而我担忧的是大学都被勒令关闭，将来无处继续念书。所以大家都盼解放军早早解放上海。复旦中学的老师向来以数理化教学严格著称，此时也无心教课。每天同学就三五成群去附近的交大看形势，打听解放军先头部队已到了哪里？当时的交大被上海市民称为“民主堡垒”，连国民党的报纸也称它为“苏维埃租界”。一进交大校门，到处是新华社的最新消息，以及解放军三野司令部的公告等；完全是一片解放区的景象。我们这些学生也是从那时开始接受党的启蒙教育。

一进入四月份形势急剧变化。解放军连续攻克苏州、嘉定、松江等地，形成对上海的外围包围圈。国民党军警特务则抓紧对进步人士和地下党员的搜捕和杀害。4月26日国民党上海警备司令部限令各大学3天内紧急疏散。当天国民党当局就对全市17所大专院校同时进行大逮捕，交大是重点。当天黑夜，大量军警用铁甲车开路，撞开交大后门冲进校内，迅速包围学生宿舍，按预先准备好的黑名单逐楼逐屋搜捕进步学生和地下党员。第二

天一早待我和复中同学闻讯赶到时,只见军警不断从校内抓出学生，一个个满脸是血，手铐脚镣，边走边高呼：“国民党特务抓学生啦！”被塞进囚车后不知去向。据后来得到的确切消息,此次突然袭击有56名同学被捕，其中有地下党员7人，党的秘密外围组织新青联成员10人。其中包括交大地下党负责人穆汉祥和学生自治会负责人史霄雯同志。在解放上海前夕,他们被国民党特务杀害。

解放啦！我们每天举着毛主席、朱总司令二位领袖像上街宣传和游行

现在的历史教科书上都说上海是1949年5月27日解放的。但我母校复旦中学所处地徐家汇的解放要早两天。1949年5月25日，解放军就全歼驻守徐家汇的蒋军，从上海西南郊进入上海市区。所以复旦中学后来就改以5月25日作校庆，表示从那天起学校获得新生。而复旦大学所处北郊江湾则是5月27日解放的。所以复旦大学就以5月27日作为新的校庆日。当解放军还在市区北面和北郊一带逐街逐屋歼灭负隅顽抗的蒋军时，徐家汇的老百姓早已自发组织起来庆祝游行两天了。

复旦中学大多数师生每天早早赶到学校集合,然后举着毛主席和朱总司令的巨幅画像，还有很多红旗，和女同学头天晚上赶制出的绢制红星，上街宣传和游行。上街后还和附近南洋模范中学、徐汇中学等校的队伍汇合。我清楚记得,有的游行队伍还举着解放军野战军几位司令，就是彭德怀(一野)、刘伯承(二野)、陈毅(三野)、林彪(四野)和聂荣臻(华北野战军)的画像。这些名字在解放前上海市民中早已耳熟能详。据说北京在庆祝和平解放大会上和五一劳动节庆祝大会上也在天安门城墙上挂满很多中央领导同志的画像。

上海市民对这些传奇将领还是很熟悉和很尊敬的，尤其是彭德怀和陈毅两位老总。

大家都知道陈毅是新四军领导人。无论抗战时期还是解放战争时期，他的部队一直在沪宁铁路和浦东附近作战，很多进步学生民主人士受日寇和国民党迫害时都逃到他那里避难。大家还传说他是一位文武双全的儒将，当年曾留学法国。部队一进上海后陈老总特别告诫不得干扰学校上课，所以我们游行几天后就被劝告回校复课。陈老总还派出检查组检查部队执行纪律情况。有一次检查组检查到我校。发现驻守在我校的一排解放军战士从不进入教学楼和课堂。每天晚上都是在校园的走廊内抱着枪席地而睡。所以参加检查组的胡介锋老师(民主人士，曾任解放后第一任复中校长)一再动情地说，看看这些就明白为什么

复旦中学一九四九届高中(A、B、商科班)毕业师生合影排行表

	吴宝贤		张龙荪	陈镇平		杨中行	朱彬忠		丁景豫		蒋云瑛 王去达	潘齐德			宋振东			张跃庆			金鼎		
	1A	2	3C	4A	5	6A	7A	8	9A	10	11A	12A	13	14	15	16	17	18A	19	20	21A		
					张良骥		郑宗俊	潘传兴	杨明	倪顺福	张祖良	华培德	徐雅舜	管志浩	陈国新	詹瑞祥		章燕豪	吴坤尧	方栋	陈嘉徽 王国祥	李德伟	王吉达
1	2	3	4	5	6B	7	8A	9C	10A	11	12A	13A	14A	15A	16A	17	18	19A	20A	21A	22A	23A	24A
			陈锦敷		楼宝珊		沈楷	朱鸿宝	刘承琛	阙家祯	盛尧和	王国祥	朱则谦	大培伦		吴炳华	郭衡行宝	朱怀桑	项小舞				
			1A	2	3A	4	5A	6A	7A	8	9A	10A	11A	12A	13	14A	15A	16A	17A				
		沈文娟	顾祥凤	陈慧芬	杨梓琳	俞丽娟	徐功芬	董敏琴	张良瑜	徐丽英	顾鸿光	曹莉贞	吴德莲	王志英	陈媛	刘淑云	沈月	刘怀玲	严大凡	叶青			
		1C	2B	3C	4C	5C	6C	7C	8C	9C	10B	11C	12A	13A	14A	15A	16A	17A	18A	19C			
			李贤珍	吴庆元	芮昕雨	董世卓	金从禹	郭根良	金肖宗	李白园	周仲丹	吴今彝	张耀治	祝慕高	金卓钧	朱元弘	邵振豪	王钊	王元龙				
			1	2	3	4	5	6	7	8	9	10	11	12	13	14	15	16	17				

国民党兵败如山倒了。

上海率先实行全市公立大学统一招考

打从上海军管会一成立，陈毅同志就聘请一批像孟宪承、陈望道等实干型教育专家参与领导上海的教育事业。这些教育家的特点是提倡实干，不尚空谈。听说新教育局(部)成立当天，就下令全市学校教职员工即日回校报到。并限期复课。还督促各区县成立调查组实地调查下面学校的情况，存在问题和困难。应届高中毕业生考大学问题自然是重点调查问题之一。我记得徐汇区就召开过一次应届高中毕业生座谈会，我也在邀请之列。会议主持人就是区团委书记钱其琛同志。当时他风华正茂，精神煞爽，说话干脆，直截了当，中间不时穿插幽默，全场活跃。一上来他就问你们想上大学还是就业?

1949年6月复旦中学毕业生与老师合影。第一排正中是复旦中学解放前最后一位校长周述。他的右边是解放后首任校长胡介锋。他的左边是复旦大学教授，著名生物学家李白园。三排右四是笔者。

到会绝大多数同学都表示想考理工科大学，以期有一技之长，将来为人民服务。而且当时经济不景气，找工作非常困难。钱其琛当即说你们和市领导想到一块了。你们将来是新中国第一批大学生，大学一毕业就要担当起像苏联那样经济建设五年计划的重任。党和人民对你们寄予厚望。希望你们现在积极补课、备课，争取都能考上大学，甚至名牌大学，为自己争光，为上海争光。同学们又反映，上海高中毕业生太多。而公立大学尤其是理工大学太少，考取公立大学难度大。而且大学都是单独自主招生，成绩好的学生往往可以连考取五六个大学，而成绩差的可能一个也考不上。虽然上海还有几所私立大学和教会大学，师资力量还算可以，但学费昂贵，一般普通人家都不敢问津。怎么办？钱当时回答(大意)：现在国家百废待兴，不可能一下子把旧社会的积弊都解决。不过我们会想方设法帮助大家克服困难。他说他(并代表陈市长)祝大家好运，个个考上名牌大学，为上海争光。

实际上到七月中旬，上海市就率先成立“上海市国立大学、专科学校统一招生委员会”，上海交通大学、复旦大学、上海水产学院等16所公立高校、专科学校采用统一招生、统一考试、统一试卷的办法招收新生。统一高考于8月11日进行，此时离上海解放还不到三个月，就组织起中国教育史上史无先例的一个地区公立大学统一考试。上海的领导和教育部门体现了敢于第一个吃螃蟹的精神。后来中央教育部根据上海的经验教训，于1952年开始实行全国高校统一招生的制度。

上海市政府还积极鼓励和组织外地大学来上海招生。除北大、清华、南开三所大学按惯例每年都来上海统一招生外，外地新办的几所重点大学，像东北的大连大学，铁道部唐山工学院，西北的兰州铁道学院等都来上海招了不少学生。另外还有解放军新成立的华北军政大学，大连舰艇学院等也来上海挑选他们满意的学生。这样一来，通过一个暑假，复中高中毕业同学大都考上大学，都有个好去处，而我和几个同学就考上梦寐以求的北大和清华。

很快各大学录取新生陆续发榜，报到的日子越来越近，9月上旬一天，大家都回到母校，向学校和恩师们告别。同学们也依依不舍互相惜别。我们一起度过难忘的三个春秋。校园里小桥流水，一草一木，无处不留下我们的足迹和回忆。有的女同学还搂着老师放声大哭。此情此景恍若昨天。

那年，我17岁

朱永孜[①]

1949年，那年我17岁。上海解放、高中毕业、考进大学，我都经历了。是时代的转折点，也是我人生的转折点。回忆起来，情景历历在目，永远不会忘记。

一、我的家

我祖籍安徽泾县黄田村。世代经商。高祖曾为曾国藩效劳，获得经营盐商权，由此发家。曾祖朱鸿度在李鸿章、盛宣怀的指引下，1894年在上海创建了中国民营第一家纺织厂——裕源纱厂，投资达五六十万两白银。举家于20世纪初迁到上海，是当时赫赫有名的“叉袋角朱家”。但是祖父不善经营，加上外商排挤，1918年裕源纱厂被日商收购，从此大家庭开始没落。

父亲小时在上海家聘师就读，中文根底深厚。和母亲结婚后，育有二子二女。我是老二，上有哥哥，下有两妹妹。那时我的名字叫朱永资，现名朱永孜是解放以后改的。祖父母都去世后，我父亲分到十多万元遗产。他受某亲属怂恿，将之投资地产业。结果因日军侵华，地产市场大跌，投资血本无归。此时他到上海法政学院法律系学习。1939年毕业时，正好上海成了沦陷区。父亲认为在这种局面下，律师工作很难开展，因此改行商业。他曾在洋行做经纪人。后在三和公司任职，曾驻杭州汇达烟厂当公司特派代表。1948年发生金融危机，物价飞涨，钞票贬值。有钱有势的人，人心惶惶。三和公司老板去了香港。我父亲失业。家中只剩下闵行和太原路两处房产。此时因负债过多，将太原路房子卖掉，

①朱永孜，生于1932年2月11日，时为南洋模范中学高三学生。

全家搬到闵行。

我母亲是浙江南浔富户邢家的闺秀，一贯重视家庭教育。特别是嫁到朱家，看到无数纨绔子弟，她决心要把自己孩子培养好。将我们兄弟两人送进南洋模范小学，后来升中学；两个妹妹送进中西小学，后来升女中。这两个最好的学校都是私立学校，学费都是惊人的数字。随着家境的日益困难，学费也日益成为重大家庭负担。我年年向学校申请减免学费，由于我功课不够优秀，能减不能免。我必须节约每一分钱，家离学校约两三公里，我必须每天走去走回共四次，包括中午回家吃饭。因为我家既供不起我公交车费，也买不起自行车。特别是中午回家吃饭，无论烈日当头还是大雨倾盆，必须像小跑一样。直到1948年因家搬闵行，我改为住读。

1949年5月上海解放时，我正在南模住读。

二、我的中学

我1940年进南洋模范小学，一直读到1949年高中毕业。南洋模范中学离交通大学只隔一条马路相望，原先是南洋大学(交通大学前身)的附属中小学，与交大有千丝万缕的联系。许多交大老师到南模兼课，因此师资力量特强，教学水平特高(这种模式解放后就取消了)。上海的名门望族都千方百计要将子弟送到南模求学。抗战胜利后大批后方要人进入上海，南模增开一男生丙班。每年级有三个男生班和一个女生班共约200人。我多在乙班。女生部是隔离的，男生不得进入。

进入南模就读的学生，首先要具备相当高的英文水平。因为从初三开始，就用英文本“S.S.S.平面几何”。以后高一的三角、立体几何、高二高三的大代数、高三的解析几何，加上高中各两年的物理和化学，全部用英文课本，用英文讲课、做作业。许多学生，特别是大后方来的，都知难而退。当然，英文课本身，南模的师资和课程配备也特强，初中的英文和文法是两门课。主要是编文法课本的作者——陈冰慧老师主讲。每堂课前要抽查学生背诵课文，背不出，初中时打手心，高中时罚站。文法的特色是学句法的“图解”，就是将句子分解为“主语”“谓语”“宾语”，等等，找出主干与分支，画成图形，使句子成分一目了然。这是针对中国人学英文的捷径，可惜现在已失传。高中英文教师配备更高。李松涛老师是宾夕法尼亚大学、郁仁充老师是哥伦比亚大学留学。郁老师将丘吉尔的“大西洋宪章”当课外读本，给学生朗读。英文的最高课程是《修辞学》(Rhetolic)，不过我学得稀里糊涂。

“数、理、化”一直是南模骄傲的课程，有最强的师资。化学老师徐宗骏、沈克超都是交大老师，他们的课程和大学一年级的水平类似。后来才知道徐宗骏是赫赫有名徐景贤的父亲。大代数老师王季梅是上海多所高档次中学的王牌老师。他讲课时常重点告示：“狄格Fine里姆没格”，意思是课本《范氏大代数》里没有的。物理两位老师俞养和与贾冰如，更是著名的“教学有方”，力、热、声、光、电、磁，门门头头是道，水平赶上大学一年级。

南模重视学生“德、智、体”全面发展。运动会每年举行一次，平时每周的体育课上赵焕先老师就在培养尖子。一到运动会，尖子的才华毕露，我班尖子多啦！郑瑞祥稳拿跳高冠军。运动会也是唯一男生班和女生班在一起的活动。这样男生才认识了女生朱锦云，她几乎囊括所有田径项目冠军。业余的篮球队和大乐队一直保持全市强项。体育老师赵焕先组织的“暴风雨篮球队”，请到美国海军陆战队员当教练，我班有傅国柱、沈士清、沈士华兄弟、蒋彦振、朱人达五位参加，经常到市里比赛，多次获得冠军。大乐队由郑润燊老师组织，有40多人。我班有蒋彦振吹小号、唐理明吹黑管、孙以鹏吹大喇叭，每到运动会就出风头啦！

三、我的同学

南模不需招生，生源滚滚而来，大多是家长托人与校方协商，当然进校要考试。我的同学中，有不少是老师子弟，还有很多是社会名人贤达的子弟。当然，大多数还是平民百姓的孩子。

属于老师子弟类的，如唐孝威，他是交大校长唐文治的孙子，品学兼优的好学生。我和他小学就在一个班里，每年他都考第一名，谁都考不过他，直到毕业。后来他进了清华，到了科学院，参加了第一颗原子弹的研制，很早就成了科学院院士。其他，如钱羲圭是国文老师蒋平阶的外甥，陈世正是英文老师陈冰慧的儿子，赵家铮是教务主任、数学老师赵宪初的儿子等等。

社会贤达的子弟，如留美医学博士、著名外科专家、中山医院院长沈克非的两个儿子，沈士清和沈士华就在我班，同学叫他们“大胖”“小胖”，他俩都是篮球高手。上海最大的民族资本家荣德生(申新九个纱厂和几个面粉厂的老板)，他的孙辈多人在南模就学，我那个年级就有荣智宪、荣智谦两人。申新九厂厂长吴士槐的儿子吴锡九也在我班，还曾与我坐一只板凳。他功课很好，就只有他敢与唐孝威较量较量。著名物理学家、中央大学校长吴有训的儿子吴惕生在丙班。他由于生日正好是1930年9月18日，所以起名“惕生”。我班赵永炎是上海市公用局长赵曾钰(哈佛大学电信工程硕士)的独生子，家里为他配一辆小奥司汀汽车，一名老司机专为他服务早送晚接。上海市教育局长顾毓琇(麻省理工学院科学博士、中央大学校长等)也有多个子女在南模读书，我班有顾慰庆，是我好朋友。他们家风又一样，孩子上学放学都走路。他家在永嘉路，放学回家和我同路。我常和他一起走回家。先到他家门口，有时还进他家在花园里玩一会儿。有趣的是，当时学生不用书包，用一根带子将书本一缚，拎着就走，顾慰庆和我都记得。国民党中将、上海警备司令杨虎也有一个儿子杨士德在我年级丙班，身材魁梧英俊。高三时他去了“重庆号”巡洋舰服役。还有潘祥林，家里是大华电影院(今新华电影院)老板，该院有米高梅电影公司独家放映权，“出水芙蓉”连演半年客满，潘祥林不时给最要好的同学送张票。还有交大纺织系主任的儿子张锡卿，上海市轮渡公司经理的儿子张孟瑞，上海华生电器厂总工程师的儿子杜程德等，太多了，不再赘述。喔！还有一位，我不认识、也不知道他，直到近年才晓得。他就是丙班的白先恒、国民政府陆军一级上将、国防部长白崇禧的侄子。

虽然同学有贫有富，但是到了学校一视同仁。开玩笑、起绰号、都一样。崇尚的是学习成绩，是人品教养。校风也很正派，提倡勤俭朴实、尊师爱校。没有一个奇装异服，尤其是女生，一律穿布旗袍。稍有出格，就要遭女中部主任施懿德训斥。

四、校园风波

1948年前，学校还比较平稳。放学时校门口停满了来接学生回家的小汽车，骑自行车的学生争着抢道，有轨电车站又站满等车的学生，狭窄的天平路挤得水泄不通。校园里常听到琅琅的书声。学校推崇背诵教育，为了避免罚站，学生都抓紧备课。背英语动词的：“buy bought bought”“see saw seen”“put put put”。背代数二次方程通解的：“两a分子负b，正负开方b方，减个4ac……”这是代数老师赵宪初领学生背诵的唱腔，非常有用，终身不忘。还有背国文黄鹤楼的：“落霞与孤鹜齐飞……秋水共长天一色……”这是蒋平阶老师最得意的诗句。

1948年形势大变，特别是经济大崩溃影响到每一个人。大米价一个月涨了5倍。发薪水要用麻袋装。寄信贴的邮票比信封还大(因为邮资涨得太快，邮票来不及印，只能多贴)。金圆券如此贬值，造成人心惶惶、民不聊生。学校附近广元路华山路口，出现了游动的银元市场。一些穿长衫的人，有的手握一大把银元，摇晃得哗啦哗啦响；有的捏着两块银元互相敲击，让它发出清脆的铃声，这是证实银元的纯度即真实性。口中不停地喊：“大头要哇!”“小头要哇！”“鹰洋要哇！”大头是袁世凯币，小头是孙中山币，鹰洋是墨西哥币。这些人，上海人叫他们“银牛”。我也得光顾这里，因为家里给的金圆券，只有换成银元才能保值。到用钱时再换回金圆券花。

学校西面隔着篱笆的华山路上，不时传来学生游行示威、喊口号、唱歌的声音，有时又听到警车呼叫的声音。有消息传来昨晚警察又到交大抓人啦！交大是当时上海学运的先锋。南模校园里也开始有学生贴海报支持交大学生。逐步出现了游行，队伍越来越大，有一次还举着血衣。学生宿舍里也有同学暗地里传看小书，我有一次发现有人在看艾思奇的《大众哲学》。对于政治活动，家里的指示很明确，你只管读书好了，供你读书多不容易，千万不能耽误。其他啥事不要管。弄不好还会吃官司的！果然不久，学校贴出布告，将组织游行的学生头头开除！我看了布告一眼，这个同学我不认识，也就没放在心上。几十年后我才知道，开除的是我丙班的何祚榕。他出身望族，扬州的“何园”是他家的祖产。后来在社科院工作，现在是我的好朋友了，常来我家坐坐。他告诉我，当时虽然被开除了，但是南模教务主任赵宪初老师还是给他开了一封转学信，介绍他到格致中学读书毕业。更有趣的是组织游行的学生头头中有两名女同学——曹子真和倪善锦。不知因为她们是女性，要客气一些，还是因为倪善锦是英文老师郁仁充女儿的缘故，学校没有开除她们，而是将她俩罚到男生的丙班上课。男生教室中出现女生，滑稽不?

1948年底、1949年初，校园的另一风波无声无息地进行着——一些学生悄然离开学校，去了他乡异国，当然是随家长的意志而转移了。去哪里了，不知道。只是放学时校门口的小汽车少了。原来是淮海、平津战役后，人们已看准国民党必败。受长期宣传影响，一些有身份的人担心出事，不如“走为上计”。直到改革开放以后，这层面纱才慢慢地揭开。这份名单有：王义方、潘祥林、吴锡九、荣智宪、荣智谦、赵永炎、李慧林、薛联宝、徐宇彭…… 还是很不完全的统计。

五、在睡梦中解放

现在公布的上海解放日期是1949年5月27日，而南模解放是5月25日，早两天。那天我就在学校里。早在3、4月份，上海已是风声鹤唳，渡江战役后局势骤然紧张。听新闻说“重庆号”起义，国民党派飞机对它猛炸后自沉，同学们都为杨士德担心。忽然有一天，杨士德回来了。讲到他在舰上苦闷极了。实在没事干时，拿袁大头(银元)削水片！校外重要路口建筑碉堡，马路上随处可见可移动的铁丝网、垒起的沙袋堆。国民党兵荷枪实弹，忽站岗放哨，忽列队转移。

5月初有国民党军队进驻南模，隔壁警察局也有驻军。学校当然只能停课。只有我们几个没处去的住读生待着。那帮大兵占了大食堂，又是檫枪、又是洗脚，把长长的绑腿布带，洗后挂在绳上晾干，像是战斗间休整。我们学生也不理他们。大约有一个星期。一天早起，我发现大兵没了，不知什么时候走的。耳边不时能听到枪声，知道离实战不远了，而且枪声越来越近。越来越密。校门紧闭，我们也尽量躲在屋子里，防中流弹。

5月25日早上，我在红楼一层走廊看报。忽然听到我班住宿同学王则明，连着大声呼喊：“上海解放啦 ！”我听了不禁心头一振，这是我第一次听到“解放”一词，过去这都叫“失守”“沦陷”，应该是改朝换代了。我急忙走到校外看看。马路上冷冷清清，果然站岗的是共产党军队了。我是在睡梦中被解放了。我沿天平路走到林森路(后来叫淮海路)，没有有轨电车行驶，路上仍有铁丝网。路边有中国人民解放军的布告，落款是司令员朱德、政治委员毛泽东，内容是军事纪律方面的，现在已记不清了。哎！发现宝贝了，路边有空弹壳！男孩最喜欢玩刀玩枪，这下可是真弹壳呀！我就一路找，捡到七八个，还捡了一个实弹，就是带弹头没有击发的，里面还有火药。远处还传来枪声，原来是闸北虹口方面还在激战，直到27日全市解放。几天后，解放军也曾进驻南模，不几天就走了。

六、我年级的地下党

虽然解放了，学校也慢慢恢复正常了，我们高三班要迎接毕业考试了，但是没有任何信息讲到地下党，我也不知道我们年级有地下党。我离开南模以后，才逐渐听到上海学生运动中的地下党……但是还是不知道我们年级的地下党。直到80年代开始校友会活动，才知道我年级当年地下党的活动非常广泛。人数之多，令我大吃一惊。具体名单有：王则明、王存方、陈守堂、陈志在、余日辉、褚家杲、王复孙、李宗有、高锴、唐孝威、李道豫(后来是我国驻联合国大使)、周通、顾慰庆、陈望新……还有一些丙班我不认识的同学。其中有些和我非常熟悉的，如顾慰庆、陈志在、王存方，经常相处，但不知道他们是地下党员。

最让我钦佩的如唐孝威，成绩这么好(后来考取清华大学最高录取分的电机系第一名)，而政治上觉悟这么早。又如顾慰庆，父亲是国民党高官，被蒋介石点名逼去台湾，后即转美国，而顾慰庆却加入共产党而且留在大陆。

七、高中毕业

局势稍定，学校恢复上课。我们毕业班进行毕业考试。我的成绩有进步。四个班在一起评，我大约在二十到三十名之间。学校组织拍毕业照片。校长老师坐前面；女生站前排，一律浅蓝色旗袍；男生站后几排，一律白衬衫蓝裤子。学校没有礼堂，毕业典礼是7月份借交大新文治堂举行的。我回闵行家了，没有参加。毕业证书是后来去教务处领的。

同学们自己组织编写毕业纪念刊，四个班在一起办，请赵宪初老师当顾问。选出文笔最好、画图最好的同学当编辑，还要选几位同学拉广告，因为经费全部自给。吴文俊被选为主委，黄定九副主委，俞鸿沧总经理，凌迈虹编辑委员，潘君骅艺术委员……学校已经放假了，大热天他们还在努力，室外蝉声大作，室内汗流浃背。终于修成正果，一本精装墨绿色封皮、全铜版纸印的《南模民卅八级毕业刊1949》，送到了每个毕业生手中。同时还制作了铜质毕业纪念章，每人一枚。可惜，已经远走他乡异国的同学，一个也没拿到。“文革”中抄我家时，这本纪念刊被抄走。造反派看到中学生出版的毕业纪念册，居然如此精致华丽，不禁夸奖称奇。后来审查了很久，返还了，这是后话。

我又忙着做毕业纪念签名册，就是请每一位师长为我题词留念。从小学的小学部主任陈友端、国文老师陆维周、算术老师刘叔安、童子军老师郑润燊，到初中的几何老师任象天、英语老师陈冰慧，再到高中的俞养和、贾冰如、赵宪初、王季梅、徐宗骏、沈克超、李松涛、郁仁充……不下三四十位。每位老师的殷切寄语，都给我终身鼓励；每位老师的

南模高三毕业住宿生联欢合影(凌景行摄, 1949.6.19)
前排左起: 徐志龙、陈兆雄、陆绍年、黄国桢、王家善、袁保同
中排左起: 朱永资、盛志定、周健、钱羲圭、吴文晶、顾燕谋
后排左起: 潘君骅、王永清、林殷铬、傅国柱、潘君乾、钱梓刚

精湛书法，都让我从内心佩服。现在，这本宝贵的纪念册。已经捐赠给母校南模校史纪念馆，作为永久纪念。所有的题词都在《南模通讯》年刊上登载了。

住读的十多位同学，怀着在同一间大宿舍里住宿多年的感情，在大考结束后举办了一次告别聚会。地点在一间教室里举行。下午就摆桌子、拉电线、留声机放音乐等做准备。开始就是酒宴，拼盘、色拉、红烧肉、狮子头……齐上，“全福”“五金魁”……划拳声不停。然后是娱乐表演，人人出节目。吴文晶讲福建方言，就像外国话。傅国柱、林殷铬两人扭秧歌……我则演唱了一段京剧“四郎探母”，这是当时街头巷尾最大众化的片段，由钱羲圭拉胡琴伴奏。“杨延辉……坐宫中……自思……自叹……”博得满堂笑声。这也是我最后一次唱这段京剧，以后就说这是“叛徒”戏，不让唱了。最后是照相。只有凌景行有只“老爷”照相机，没有自动快门，曝光时间由手动操作，要好几秒！“大家不要动呀！”他喊。最后照片洗出来了，所有人都看不清鼻子眼睛，只有一个轮廓。

八、参加高考

解放前，所有大学都单独招生，考生要到各个学校报名，参加该校的考试。上海解放才一个月，就出台了全市国立大学统一招生的新政策，对考生是方便多了。但其他大学仍是照旧。当时上海的国立大学有交通大学、同济大学、复旦大学和暨南大学四所；私立大学有大同大学、大夏大学、光华大学；还有教会大学：圣约翰大学、沪江大学、震旦大学。外地的大学在上海招生的也是单独招生、单独考试，如清华、燕京、北洋、南开、浙江、之江、大连工学院…… 所以7月份几乎天天有考场。

我的志愿是工学院机械工程系，但是只能是国立大学，因为私立大学和教会大学的学费我交不起。所以我只报了上海国立统招、清华和浙大三处。当时学生多抱着“实业救国”的理想，所以工学院录取分数最高。工学院又数电机系最高，机械系第二。我报名时忧心忡忡，机械系怕考不上，其他录取分数低些的系又不甘心。最后咬牙都报了机械系。考试中自己觉得清华考得不错。但最后发榜，清华没录取，上海国立统招和浙大都录取了。上海国立统招机械系共录取118名，实际上只有交大、同济两校有机械系，我在第60名以内，所以我的理想“考进交大”是可以实现了，真是天大的喜事！

正在奔走相告发榜录取的好消息时，忽然发现有一些同学榜上无名。怎么回事？临阵没有发挥好？不是！原来他们根本没有报名。他们参加了南下工作团，8月份去福建了！名单有：王则明、陈志在、王存方、是勋邦、陈守堂……都只有十七八岁，功课很好。他们后来在福建碰到很多的困难，有些就在福建工作了一辈子。

九、听到了毛主席的声音

9月3日发榜，开学要在10月以后，我就回闵行家休息。家中连电灯都没有(闵行尚无民用供电，晚上点煤油灯)，收音机当然也没有，什么消息得不到，我就琢磨自己装个矿石收音机。从同学处要了一粒绿豆大小的矿石，还有一副耳机。天线越长越高越好，我就将两根竹竿竖在房顶上，中间架一根长长的漆包线，天线就成了。不需电源，用根针触探矿石，就能从耳机收听到无线电长波的广播。但是效果很一般，时响时不响，要经常改换触点。

有一天，矿石收音机中收听到的节目声很嘈杂，有敲锣打鼓声，像是在游行。再仔细一听，是转播北京的开国大典，毛主席用他极重的湖南口音宣布：中华人民共和国成立了！我一点也没听懂，但意思是明白了。我是赶上新的时代了！我将是新中国第一批大学生！一看日历，那天是10月1日。

十、上大学

国立交通大学是我经常光顾的地方。进大门就看见那一片绿莹莹大草坪，东边图书馆和西边体育馆遥遥相对，北边两栋雄伟的大楼——上院和中院巍然兀立。铸成典型的大学风貌。草坪南面树丛中新增加了一个方尖塔，那是学运领袖穆汉祥烈士墓。

刚解放，学校仍然沿用过去的教学制度。就机械系而言，从一年级普通基础课、二年级机械基础课、三年级专业课(分制造、动力、汽车、机车)、到四年级毕业设计，全部教程、课本都和麻省理工学院(MIT)机械系一样，教学都用英语。只有少量根据中国具体情况做些补充，如机械制图，美国采用第三象限法而中国采用第一象限法，制图字体，除了学英文还要学中文仿宋体。交大的成绩单，美国大学是认可的。只要有教授推荐，就可以到美国(及英、加等)大学继续深造。新添的课程是政治课，由王逸峰(后任华东交通专科学院院长)主讲“社会发展史”，全校师生集中到新文治堂听大课。

师资配备也特强。就机械系而言，有陈石英、陈大燮、黄叔培、沈三多、陈学俊、金悫、朱城等一大批全国知名教授。连一年级基础课物理、化学，都是留美教授殷大钧、留德教授刘馥英(女)讲授。其他讲课好的副教授有的是。要知道，没有留洋一辈子只是副教授。所以当时交大机械系水平是全国第一流的，只有清华机械系可以较量较量。从录取生志愿去向便知分晓。1949年同时被清华、交大两校机械系录取的考生共28名，其中13名选择去清华，13名选择去交大。而考分最高的第一名钱文瀚、第二名孙强南(二年级转电机系)、第三名朱继梅、第五名吴祚真，都选择去了交大(第四名伍贻堃去向不明)。

学校重视“德、智、体”统一发展，请到最著名的篮球运动员——李震中教授，担任体育老师，每周有体育课。体育馆二楼的室内体育场(可供篮球、排球比赛)、一楼的游泳馆都随时开放。室外还有达标的田径运动场和足球场。

学生必须住读，新生宿舍10人一间，上下铺。国立大学免学费，但书籍文具自备，饭费是要交的，每人每月8万3仟2佰元人民币(相当于现在的人民币8元3角2分)。早餐一律是煮黄豆一勺，中午、晚上则是大锅菜一勺。主食饭桶放食堂中间，学生自己盛，随便吃多少。食堂没有凳子，学生全站着吃。每月有一两次改善生活，吃红烧肉、狮子头等，叫“打牙祭”(四川话)。

学校重视学生的健康情况，每年免费为学生做X光肺部透视检查，因为解放前肺结核病非常可怕，死亡率极高，而且流行极广。交大学生中流传着“一年级买蜡烛，二年级买眼镜，三年级买痰盂，四年级买棺材”的谚语。每年防痨协会的流动X光检查车开到学校院里为师生检查。果然，发现问题了，我班在一年级时查出四名同学患肺结核(TB),占总数的百分之七。他们是：王士尧、朱继梅、程悦荪和陈兆雄。立刻住进校区内隔离的肺病疗养院，直到康复后出院继续上学。

学生自治会工作重点已经由“学生运动”转为“为学生服务”。他们的力量不可低估，除了文娱活动、体育活动外，还掌握着学校的宣传大权。电机系电讯组的同学组织全校的广播。除了新闻、通知等外，每到傍晚，就将他们的宝贝“九头鸟”(九个喇叭的扩音器)搬到大草坪上，播放贝多芬的《田园交响曲》、舒伯特的《未完成交响曲》等优雅音乐，让饭后的同学们坐在草坪上尽情欣赏。照相组的同学发明了照相版的计算尺。当时只有美国K&E、德国FABER、日本太阳牌三个牌子的计算尺在世，以美国K&E最好，价钱高达100多万元(折合今100多元)，而计算尺是每个理工科大学生必备的工具。计算尺上的刻度如此精细准确，照相的技术可以说是最高明的了。照相版计算尺的售价不到10万元，解决了部分同学的燃眉之急。

十一、社会新貌

解放军进驻上海后，战局一停，立刻着手社会整顿。第一要事是抓经济、稳定市场、稳定人心。国民党残余分子一面拼命宣传：共产党能打下上海，可管不了上海；一面又继续操纵市场、兴风作浪。解放13天，大米上涨2倍，棉纱上涨1.5倍。南京路上四大公司——大新、永安、先施、新新，居然用银元标物价。6月10日，解放军出动，取缔了证券交易所和银元市场，抓了许多坏蛋。学校大门口广元路上的银元市场从此销声匿迹。政府强制使用人民币，同时出台了折实单位办法，每一折实单位含白粳米1升、生油1两、煤球1市斤、龙头细布1市尺。工薪阶层的工资就按若干折实单位计算，物价涨了，折实单位也涨，工资跟着就涨了。饱受多年通货膨胀之苦的广大工薪阶层，这下子吃了一个定心丸。报上天天登载折实单位价格，7月份和11月份有两次大风波——物价飞涨，到年底趋向稳定。老百姓才渐有信心，共产党能管好上海！后来我才知道，这是陈云同志领导经济战线干部，动员了全国力量，往上海急运大米、棉布等等措施，粉碎了上海投机分子囤积居奇的阴谋后，所获得的成果。

同时进行的另一件大事是把乌七八糟的赌场、舞厅、妓院、大烟鬼封了。妓女集中教育改造另谋正当生计。我听到此讯，不禁拍手称快！所有娱乐场所——剧场、书场、电影院等停业整顿，节目全部更新。上海市出现了一片新气象。到处能见到的是秧歌队、腰鼓队，听到的是“解放区的天是晴朗的天”“三大纪律八项注意”歌曲。人们换上了解放装、列宁装。电影院里好莱坞影片没有了，替代的是《中华儿女(八女投江)》《夏伯阳》……我在一片新气象中告别了1949年！

1949，别了上海

刘 冰[1]

1932年春淞沪抗战开始不久，我出生在世代居住的老家——上海南市三牌楼昼锦坊大宅。日军侵占上海，南市并不安全，全家逃难到浦东北蔡。1936年时局较稳，乃回南市董家渡暂住。1938年，中日战争愈来愈剧，全家又逃至法租界高恩路居住，总算安定了数年。

抗战结束，内战开始，国民政府民心全失，长江以北，解放军已大部控制。1949年春，江苏江阴炮台要塞投诚，南京接着失守，国民政府节节败退，上海也山雨欲来，穷人们要翻身了，富人们要受苦了，几家欢乐几家愁!

春季开学，家父在台湾工作，不过是薪水阶级，赶不及上海飞涨的物价。当时弟妹上的是南洋模范，学费较贵，我只能读学费便宜一点的复旦中学，仍不敢向母亲要钱缴学费。不得已请我大哥写了一封申请书给学校，请求减免学费，复旦校长周述(号仲丹)是我大哥在复旦附中读书时的老师，就批准免学费，可继续学业。

注册手续办完，开学已两周了，原来的A组没有座位了，被分发到B组，班上新同学就有很多不会讲上海话的外地学生。几个星期下来，也就熟了，有几位新同学就来邀我参加读书会，告诉我读书会就是一个团体，大家在课余一起读书、活动。读书不是坏事，我就参加，他们放假日去郊外龙华等乡下，农田、坟山边聊聊天，吃糖果，玩游戏，也没读书，联系感情，倒也不错。

交通大学在复旦中学隔邻，我们中学生看到交通大学的大学生，羡慕、崇拜。那时上海各大学闹学潮，罢课、游行都是交通大学的学生策划。在每次游行前一二天，他们就来我们

①刘冰，生于1932年3月18日，时为复旦中学高一学生。

高安路18弄春芬别墅地块图

学校找读书会的同学去制作游行用的标语，写字，削竹棍，调糨糊，做旗子，等等。这是练毛笔字的好机会，可惜当时我字写得不多，至今有人要我用毛笔签名都提不起笔来。

一般来说上海各大学，反国民政府的是左派，以交通大学学生为首。右派那是以复旦大学学生中的三民主义青年团为主，学生游行搞政治活动，在上海经常有的，社会交通秩序为之大乱。

上海警备加紧工作，我表哥是大学生，经常参加左派活动，是活跃分子。有一天警方到他家抓人，他在楼上听到警方来人，就跑到三楼顶上夹层，通过邻居家逃走了。

学校也因学生参加活动，上课教学也比较松懈，没以前认真，社会上工厂也闹工潮，罢工也常有的事。解放军一过江，每个上海人心里都在猜测将来是什么样的社会。抗日战争时，大家都往租界逃，而现在不知何去何从。当然有很多左派青年及经济较差的市民，觉得反正不是资本家，倒是欢迎解放军早点来。但整个来说，上海人是怕打仗的，尤其从商的老百姓，他们就请出社会有力人士，再和国军谈条件，撤出上海不要打了。

市面上秩序愈来愈乱，物资缺乏，身份证上附着厚厚一大堆粮票、布票、油票，等等。到处看到人们在排队抢购物品。物价天天涨，钞票对一般民众已失去信心，手上只有黄金和银元才能保值，也因为金子、银子每天价格不同，在大马路边上就有了一个换银元的贩子(俗称黄牛)，手中耍着银元抖动，使银元发出叮当、叮当的声音，口中重复叫着大头、小头，意思是指大头、小头可代换钞票来使用。银元分两种，一种是刻的袁世凯头像，重量七钱三分，称为大头，另一种是以孙中山头像的，重七钱二分，称为小头。银元贩子都站在大路边，为一般老百姓用银元来做交易，可买进卖出，赚取差额。

为了银元每天甚至上下午价格都不同，换了一块银元当天你用不完的钞票就亏了不少，所以我母亲就和舅舅们合起来换，今天我家拿出一块银元，换来钞票几家就分着用，第二天就轮到大舅家拿一块银元去换钞票用，再下一次则轮到二舅拿出银元换钱。这样就不会有损失，周而复始，老百姓对国府的钞票已完全没有信心了。共产党要来了，大家都想换个政府是不是好一点。

从全国各地逃来的难民到上海，所有旅社都已客满，没有钱的只能带着铺盖睡马路，有钱的就住到医院去了。

时局紧张，市区重要路口，有些建造了准备巷战的碉堡，我家住高安路18弄25号春芬别墅最后一户，二楼窗口望出去就可见到一个碉堡，建在康平路和吴兴路口，假如正式发生巷战，流弹不算，吓都吓死了，因此家中就开了一个家庭会议，讨论如何来适应时局。除了祖父母外，所有兄弟姐妹都参加了，我二姐夫虽然住在南市，也赶来参加了。大家提出了各人的处境、情况、经济方面及意见。最后得了个结论，可说是大难临头各自飞了。

那时大哥健康情况较弱，在上海市交响乐队工作，大嫂在教书，两个尚未就学的侄儿及祖父母就跟他们留在家中不走，南市房租的收入尚可补贴一些家用。三姐及三姐夫在国民政府励志社工作，随国民政府行动，从南京撤退到上海，就被分配暂住在离我家不远的霞飞路宋庆龄住宅。这宅内住了十几户人家，都是从南京撤退下来的国民政府官员，团体行动，准备得到命令可随时随国民政府走。五姐在1947年曾去过台湾，她尚未结婚，在上海世界书局总经理李鸿球家协助整理其收藏品，也随时可以离开的，所以这次她选择跟三姐一起走，但整个家族要去哪里？我后来才知道，三姐全家和五姐先到了广州，再到重庆。重庆解放后，三姐和五姐都参加了二野三兵团文工团。1953年文工团整编调到成都，三姐夫成立歌舞团，她们定居成都至今。

此时国民政府蒋介石也没有决定要往哪里跑。今天说要去抗战时的后方，改天又说要去广州，后又说要去台湾，最后换了主意去成都。因为国民政府尚未决定，所以一般老百姓只能在上海等。原定我也随三姐走，但母亲决定，在就学的儿女跟母亲去台湾和父亲生活，最后我没去成都。四姐的未婚夫在重庆，立刻决定提早去重庆结婚，托了朋友买到了飞机票去重庆。离开的那天，天没有亮，全家的人都一起去龙华机场送别，四姐痛哭流泪，不知什么时候才能再见。

二姐夫决定独自跟我们一起去台湾，等战争平静一点再回上海接二姐及儿女一起到台湾相聚，但到我们临走时台湾出入境证还未发下，虽然行李都包好了，他仍无法去台湾。

外面的战争气氛愈来愈紧张，我和弟妹都不去上学了。天气渐热，每人准备了一只小包，母亲也装了一只箱子，目的地是台湾，投靠父亲去。当时去台湾的船票，极为难买，最后的机会是等我八姐夫的消息。八姐夫在中国油轮公司工作，他在一条装满石油的万吨级油轮海澄号上担任二副职务。这船没有客舱，船员家属可以免费搭乘上船，找个空的地方睡就好了，俗称搭黄鱼。除了我们一家外另有船长一家五人。此船原定驶往台湾，但要等待最后命令决定何时驶向何方。我们只能留在家中，随时等待消息。

5月18日早晨，八姐匆匆到家里来，说立刻就走，海澄号接到通知，中午就要开了。我们立刻叫了祥生出租汽车，每人带了各自的包袱，上车直奔外滩。

因大船无法靠岸，只能在外滩另雇小船行到船边爬梯上船，狼狈万分。我心里想这是所谓的逃难吗？

不久海澄号船就开了。午后驶过吴淞口，炮声隆隆，炮弹在我们乘的船顶上交叉而过。总算上天有眼，没多久船就出了危险区，驶向大海。岸上国共战争打得天下大乱，海上倒风平浪静，我就把随身带的照相机，里面还剩下了上海家中还没有拍完的底片，大家照了几张相片留念。

八姐刘锦安在海澄轮上
(刘冰摄, 1949.5.18)

刘冰在高安路家中(刘沛摄, 1949)

1949年初，从上海到台湾的太平轮，载乘客九百人左右，再加上超载的货物，包括政府的资产黄金等，因海上大雾与别船相撞沉没，这是逃难发生的意外。我们这条船在海上也遇到大雾，每几分钟就要拉汽笛一次，警告附近船只，只能以每小时八海里的慢速前进。我第一次乘船，晕船，吃不下饭，躺在木板上，一直吐苦水，联想到去台湾这么苦吗?

船行三天，得到命令先不去台湾，暂停澎湖马公。马公没有港口，没有码头，船停在近岸的海中，每天靠搭小舢板上岸恢复一下精神。当时那里是穷乡僻壤，飞沙走石，房子是用石头堆起来的那种渔村，商店市集都没有一个。我们三天晚上都住在船上。大海茫茫，唯一能见到的现代东西，就是停在我们船附近的一艘军舰。八姐夫在对日抗战时投笔从军，服役海军，曾到美国接收美军七艘护航驱逐舰太康、太平、太和、太仓、太湖、太昭、太原回国，随后即转中国油轮公司服务，因此海军同往接舰的朋友很多。他认识这军舰，就发电报联系，得知这就是他去美国接收回来的军舰之一太康号，蒋介石在舰上停留，并且要我们谨慎一点。该军舰在上面尚未决定退到哪里之前也暂停在马公，可见当时政府之乱，自己往哪里去也不知道。

海澄轮在马公港停了近一周，最后母亲决定不等了，某日早晨就带着我们几个在马公搭小轮船去台湾。傍晚到高雄，八姐夫的朋友来码头接我们，在高雄的火车站饭店吃了一顿蓬莱白米夜饭，随即乘晚车北上，第二天一早到台北了。

我和1949

李世煌[1]

自淮海战役以“国军三大主力全军覆没，解放军大获全胜”后，国民政府不但在军事和经济上一败涂地，陷入全面崩溃，而且在政治上更是民心尽失、四面楚歌。1948年12月30日，毛主席通过新华社播报《将革命进行到底》的新年贺词，旨在“打过长江，解放全中国”。1949年1月1日，《中央日报》也照例在头版头条刊登了一篇近似求和的《元旦公告》，我们读了《东南日报》(该报由学生会主持订购)关于此文的转载后，也就更加清醒地意识到，国民政府垮台的日子不远了。

此时，在素有“民主小堡垒”之称的同济附中里，沉寂已久的学生运动又开始活跃起来了，各类揭露国统区腐朽统治及歌颂解放区自由平等的壁报，也如同“雨后春笋”般不断涌现。其中给我印象最深的是夏佩迪写的《挤》一文：“坐摆渡挤，坐有轨电车挤，买柴米油盐挤。”整个上海刮起一阵抢购风潮，处处拥挤不堪。他那辛辣犀利的笔风和诙谐幽默的语言让大家忍俊不禁。对于学生的一系列进步活动，校方并未进行过多干涉。这一段时期，校园内弥漫着久违的自由空气。

由于蒋经国“打虎”不力及当局币制改革的失败所引起的一系列连锁反应使得物价飞涨，犹如花园口决堤般一泻千里。我们附中学生每人每月交一个大头的伙食费，虽然区区之数仅能勉强果腹，但大家能够充分发扬“同舟共济”的光荣传统，苦中作乐。

当时，附中伙食由学生自办，每人每月交一个袁大头，仅能勉强果腹。时物价飞涨犹如脱缰野马一般，同学们普遍油水不足，但大家能够苦中作乐，充分发扬“同舟共济”

①李世煌，生于1932年9月1日，时为同济大学附中高二学生。

的光荣传统，有什么好东西总是乐于分享。记得我曾带过一罐红烧牛肉来校，大家“你一口、我一口”，风卷残云般一扫而光。李忠实是昆山人，他每次探亲返校，总会带一大包“炒麦粉”回来分给大家。待要吃时，只需将麦粉加入搪瓷牙缸，再倒入开水一冲，香甜可口。这味道丝毫不亚于“乐口福”，堪称速溶咖啡的鼻祖。我班的王伯伟家境比较殷实，大家都称呼他为“小开”。他曾带过一罐白脱黄油来校。到了课间休息时，我们便去一旁的“同济村”买来白面包，再涂上伯伟兄带来的黄油，味道真是美极了，不亚于一顿地道的法式大餐。有时我们也会去“同济村”里抗战老兵开的一家面馆吃豆瓣酱面解馋。记得在高一暑假，我们为了补充油水，合伙打死一只野猫，向食堂借来盐再用自带的酒精炉和菜油炖了一锅猫肉汤，怎料猫肉非常酸，一场盛宴只能作罢。

1月21日，蒋中正突然宣布下野，由副总统李宗仁接任总统一职。时局又变得扑朔迷离起来。国共双方会进行新一轮的磋商谈判吗？内战会结束吗？和平离我们还有多远?一长串的问号在同学们的脑海中浮现。

当时，学校里的斗争形势还相当复杂。其中，既有以李忠实为主要领导的“旗手社”(大家只知道是进步学生)，也有唯当局马首是瞻的三青团，双方大多行事低调，很注意保密。但与梁耀驹同班的黄益铨却是个例外，他不仅公开表明自己的三青团身份，还在寝室里公然向大家炫耀他随身携带的钢笔手枪，说是某某人奖励给他的。对此，大家也就是一笑置之。

战争的脚步在临近

年后，周边靶场的训练次数明显增多了，枪声此起彼伏，我和几个胆大的同学曾多次近距离观看过数枪齐鸣的壮观场面。一天下午，大家正在操场上打球，一旁的公路上，一支全副武装的国军部队正行色匆匆地急行军。忽然，一个士兵扔下枪从队伍里跑出，径直朝我们学校奔来。他跑得飞快，而他的长官在后面紧追不舍，边追边喊道：“站住！再不站住就开枪了。”士兵头也不回地继续狂奔。眼看士兵就要跑到小河边了，长官赶忙掏出驳壳枪连开数枪。子弹擦着士兵头皮飞过，毫发未损。转眼间，他就消失得无影无踪了。或许是军令在身，长官只得放弃搜索，回到队伍里继续前进，我们在场的几个同学都吓得直冒冷汗！

礼拜六下午，我照例穿上卡其色的国军军服(学校军训统一服装)先走到五角场搭顺风车至虹口公园，再坐有轨电车回家。因为当时规定军人乘电车一律免费，所以我这个“国防部预备干部局”的小兵也就借机省下车钱，在小吃摊买一两锅贴和一碗蛋皮汤解馋。我坐在电车上“望野眼”，一位穿西装的乘客指着我胸口的符号“国立同济大学附属中学军事训练团”，好奇地问：“怎么现在同济大学也归军队管了？”我说：“不是的，我们是同济附中的学生，按照规定，每个人都要参加由国防部预备干部局举办的军训团。”

星期天上午，各大影院都有“劳军专场”，我这身“老虎皮”又能派上用场了。当时，南京路上的大光明电影院是沪上首屈一指的豪华影院，乃观看“首轮片”的不二之选。我约上几个广东同学，穿上军装，早早地在门口守候。电影开映前一刻钟，大光明门口停满了国军军车，几路大军早已整好队，在长官的带领下有序进场。待大部队入场后，就轮到我们几个小鬼登场了。我们走到门前，先恭敬地向站岗的宪兵敬礼，再礼貌地问道：“我们能进去看电影吗？”宪兵打量了一下我们，“进去吧”，他大手一挥，我们就三步并作两步，兴冲冲地快跑进场。好位子自然是不要奢望了，就找角落里无人问津的位置将就坐，最末排中间的位置俗称“弹压席”，是维持现场秩序的军警专座。

1949年4月21日，人民解放军百万雄师强渡长江，彻底摧毁了政府苦心经营的长江防线。两天后，南京解放。此时，与南京近在咫尺的上海早已乱成一锅粥，达官贵人和西侨们都忙着南逃。

不久，我收到了大哥李世镗从广州寄来的信及两张家属票，那时他就职于中央航空公司。他在信里说，鉴于当前时局动荡，为安全起见，建议我尽快陪同他的未婚妻凭家属票乘飞机直接去穗，至于读书的问题到了广州以后再想办法解决。对于一直想坐飞机、遨游蓝天的我而言，这倒是一个千载难逢的好机会。经和家里商量后，星期天清晨，我陪同大嫂赶赴远在郊区的龙华机场了解情况。待我们抵达机场时，已近晌午。我找到机航组，向他们阐明情况，并出示了家属票。工作人员问清了我们和大哥的关系后，遗憾地答复道：“非常抱歉，因为你们不是李世镗先生的直系亲属，不满足使用家属票的条件，所以依照本公司的规定，我无权为你们办理免票手续。”言罢，我们只得悻悻而归！

至五月上旬，上海已处于解放军的层层包围之中。京沪警备司令官汤恩伯仍妄图凭借其所谓的固若金汤般的“马其诺防线”苟延残喘、负隅顽抗。他还将“上海保卫战”比肩为“斯大林格勒战役”，叫嚣：共军若敢来犯，定教他有来无回。这时，地处江湾的同济附中已能听到远处隆隆的炮声，我们的校园也被驻军霸占。为安全起见，学校停课。大家各自疏散，家在市区的同学大多回家暂避，郊区及外地同学被校方安排在外白渡桥旁的礼查饭店内暂住。我回到家，每天看看德文书，修修电灯，做做家务，生活倒是很充实。我还组装了一台矿石收音机用来收听新闻和广东戏。

“上海保卫战”打响后，国民党军曾一度宣传在西线连番“挫败”解放军的凌厉攻势，各大报纸纷纷鼓吹所谓的“月浦大捷”。汤恩伯更是得意忘形，在国际饭店大肆庆祝，扬言至少坚守半年以上。其实，明眼人都看得出，上海解放是秃子头上的虱子，明摆着的。一方面，国民党不断通过媒体鼓舞士气，负隅顽抗。另一方面，市区内的大批国民党军正源源不断地从火车站和码头分批朝吴淞口方向撤退，以冀保存有生力量。其外强中干，可见一斑。城区内早已是人心惶惶，不少商店关门歇业。

一天下午，李忠实匆匆赶到我家。刚一见面，他就赶忙脱下鞋。我大惑不解地问道：“干吗要脱鞋呢？”“嗨，应付特务‘抄巴子’(即搜身)的，给你，好好学习一下。”他笑着从鞋垫底下抽出一份用油纸包好的材料递给我。我打开一看，原来是《中国人民解放军约法八章》。忠实一边擦汗一边说：“国民党反动派已是穷途末路了，上海解放指日可待。我们要做好迎接上海解放的准备。但敌人是不会束手就擒的，最近，他们可能要进行全市大搜捕，你一定要注意安全。”这时，我妈从厨房端菜出来，见忠实也在，便要留他一起吃晚饭。“谢谢阿姨，只是我还有事要办，改日一定从命。”说完，他便消失在夜色中。忠实和我非常要好，经常来我家玩。在学校里，他也是篮球爱好者。上海解放后，我才知道原来他的大哥李忠诚(当时在同济高职就读)是同济地下党中的骨干，而忠实也正是在他大哥的引导下走上了革命的道路。

5月24日晚，激烈的枪炮声响了一夜，吵得我难以入睡。25日早晨，一缕阳光透过玻璃照在我的脸颊上，我揉了揉惺忪的睡眼，从阳台向下望去，看到底楼的蛋行老板正和大家兴奋交谈。“号外，号外！今晨上海苏州河以南地区已经全部解放。”标题上鲜红的大字非常醒目，我在三楼都能看得清。吃过早饭，我打开收音机，听到“这里是上海人民广播电台，现在开始播音”，电台里不断重复这句话,说明上海已经解放了。

不一会儿，电台里又传出激昂的歌声：“你站在哪一边？你仔细想一想，你若要与人民为敌前途怎么样？一边是专制独裁，荒淫无耻，垂死的疯狂；一边是严肃工作，自由民主，新社会的成长。你站在哪一边？你仔细想一想，你若要与人民为敌前途怎么样。”这首歌是当时专门针对国民政府的军政人员进行投诚教育的，希望他们能主动到军管会登记。吃过午饭，我外出闲逛。待我走到南京西路时，我看到解放军战士都背靠背躺在潮湿的人行道上睡觉，而马路对面就是王家沙、咖啡馆及小商店。解放军严守纪律、不进民房。他们那秋毫无犯、不拿群众一针一线的优良作风得到了人民的真情爱戴。“解放军都是好样的，不愧是我们人民的子弟兵。”看着这动人的一幕，我由衷地敬佩这支王者之师、威武之师。走着走着，我又拐到了石门二路，不远处就是恒丰路桥。此时，桥北还尚未解放。突然，沉闷的枪声打破了午后的寂静，周围群众都紧张地靠边站。只见一名着便服的中年人拿着手枪正带着几个解放军朝桥堍方向跑去。原来，他们要通过桥下的小舢板巧渡苏州河，包抄河北面的敌军。第二天，李忠实打来电话，让我明早带好行李到位于横浜桥附近的市立实验戏剧学校(上海戏剧学院前身)集合。

第三天一早，同学们都准时到达了集合地点。大家久未谋面，都异常兴奋，你一句、我一句地聊个不停。接下来就是分配任务，我被编入“人民宣传队”，戴上蓝底红字的袖章，负责发传单、贴标语。个别当过兵的同学则被编入“人民保安队”并配发武器，负责维护治安，防范敌特。李忠实还特别叮嘱我们，虽然市区的敌人已基本被我们肃清了，但可能还有潜伏的敌特分子和漏网的散兵游勇搞破坏。因此，大家一定要注意安全！经过一番细致的准备，大部队浩浩荡荡地出发了。一路上，我们高呼口号、放声歌唱。大家分工明确、各司其职，圆满地完成了上级交待的任务。

6月初，大家又回到了阔别已久的校园(原市立博物馆)。然而，展现在众人面前的却是一片满目疮痍的荒芜景象！眼下，首要的任务便是将肮脏不堪的校园彻底打扫干净。经过层层动员，大家齐心协力，充分发扬吃苦耐劳的精神，向困难宣战。经过不懈努力，一座美丽、整洁的校园又重新回到了我们的手中。大楼前的空地上堆满了战利品，弹药及各类军用物资、通信器材数不胜数。大家一有空便本着“物尽其用、变废为宝”的精神，在堆积如山的物品里东翻西找，看看有什么东西能派上用场。我也从中淘得一件飞机上用的铝制继电器盒并将其改造为储物盒，一直服役至今。也有个别同学因好奇心过重而酿成惨剧。五一届的沈法良因将炮弹里的炸药倒入铁制的空墨水罐中点燃而引发爆炸，当场就被炸伤两根手指。为安全起见，校方赶紧联系附近驻军，将这批物资及时运走。

6月中旬，学校开始动员大家参加“东南服务团”及“西南服务团”，建设祖国、巩固新生的人民政权。我的挚友梁耀驹和梁耀英两兄弟都先后报名参加，不久便获批南下了。我与他们情同手足，当年他们一家刚来上海时，生活窘迫、无处安身，正是由于家父慷慨相助，将东面的亭子间让给他们住，才解了他们一家的燃眉之急。而我能与同济结缘，也得益于耀驹哥对我的悉心引导。他在1946年就考入了同济附中，正是由于他向我介绍了当时地下党组织的学运情况，才使我能下定决心放弃直升育才高中的机会和耀英一起报考同济附中。

他们走后，我又参加了“七六入城式”暨纪念“七七全民族抗战”胜利12周年大游行。我们同英勇的解放军官兵们一道冒雨接受上海市民的检阅。虽然天公不作美，但每个人的脸上都洋溢着笑容，内心无比骄傲和自豪。

不久，我们的校址也由原市立博物馆迁到了西面的市立图书馆(原先是同济新生院)。这时，上海篮球联赛正在如火如荼地举行，我们篮球队的几个铁杆球迷经常踩着单车去位于陕西南路上的市立体育馆看比赛。我校篮球队一批老队员相继毕业、参军，廖月清教练已调至交大任教，由从外校调来的杜文辉老师接任。自此，50届的同学成为球队的绝对主力并吸收了51届的长脚徐寿椿(身高近一米九)入队，极大地增强了实力。一天深夜，我们看完球骑车返校。待我们行驶到虹口公园门口时，一名指挥交通的解放军战士将我们一行人拦了下来。一开始，大家还“丈二和尚摸不着头脑”。经他耐心的解释后，我们才知道自己违反了“夜间不得骑无照明设备的自行车”的规定。为此，我们只能从街边买了两个灯笼代替车灯，经解放军同志检查后才放行。回到学校，大家已经疲惫不堪。我躺在床上，内心久久不能平静，回忆起旧社会里飞扬跋扈的红头阿三和神气活现的“三六九”贪赃枉法、鱼肉百姓的斑斑劣迹，再对比如今解放军同志刚正不阿、秉公执法的工作作风，我不禁感慨：新社会的警察才是真正为人民服务的，他们执法的目的归根结底就是为了维护人民群众的生命财产安全。这样一个“想人民之所想，及人民之所及”的新政权又怎能不得到人民的爱戴呢?

常言道，民以食为天。在高三上半学期，我曾有幸担任过一个月的总务，负责管理同学们的一日三餐。我们同济附中历来就有学生自办伙食的传统。每到月底，同学们便会根据自身的经济情况将伙食费提前交给伙食团管理。伙食团下设财务、总务、采买、监厨。

我作为总务，待财务将收款总额告知我后，便开始着手拟定预算并向大家公开。我们的原则是前紧后松，争取在月底用多下来的钱改善伙食。负责采买的同学会按照我制定的计划提前一天领好餐费，第二天一早陪同食堂大师傅用扁担挑着两个大筐去农贸市场买菜。按照规定，钞票由负责采买的同学直接结算，大师傅则不经手。待他们买完菜回校，负责监厨的同学就抽空到伙房监督厨师烧菜，保证用餐卫生。当时，由于帝国主义和敌对势力的封锁，全市的粮油及副食品供应十分匮乏。早饭是一牙缸的白粥再配上腐乳、雪里蕻、油炸花生或黄豆；中饭、晚饭则是糙米加素菜，荤菜极少，只有月底才有机会吃到。到了下半月，粮食告急，而市面上又很难买到。为此，我专门骑车去大学部，请上级开具证明，再凭证明去江湾的仓库领米，这才缓解了危机。多年后，每当老校友重聚时，大家都会一起重温这段难忘而又艰苦的岁月。我们不禁感叹，附中那段短暂的求学经历不但使我们掌握了很多知识，更培养了我们自主学习、自主管理的能力，让我们能够受益终身。

10月1日，毛泽东主席在北京天安门城楼向全世界庄严宣告："中华人民共和国中央人民政府，今天成立了。"大家从广播里获悉这一激动人心的喜讯，无不欢呼雀跃、手舞足蹈，校园内顿时化身为一片欢乐的海洋。不久，我经李忠实介绍，成为一名光荣的"新民主主义青年团团员"。在团委的关心下，我开始更加认真地研读《为人民服务》《新民主主义论》《愚公移山》等一系列毛主席的著作，不断充实自己的理论知识，提高政治觉悟。十月底，北虹区委主管我校新民主主义青年团工作的林愚真同志来校通知，上级部门计划招收一批空军学员，培养保卫祖国领空的卫士，希望大家踊跃报名。我获知此讯，第一时间就报了名。我们先后在北四川路的第四医院和苏州河畔的公济医院进行体检。鉴于空军军种的特殊性，检查异常严格。郑一鸣和李名洲由于辨色能力弱，未获通过。我因曾得过中耳炎，导致听力受损，以致未能通过空勤体检，只能从事地勤工作。当时，我曾下定决心，如果这次当不成空军，那我就好好复习，准备考大学。我并不想免试直升同济大学，而是想去考哈工大。因为按照当时的观念，那里地处老解放区，到那里去学习就是参加革命。同年11月9日，震惊中外的"两航起义"爆发了。中国航空公司、中央航空公司的爱国志士分乘23架飞机从香港回到了祖国的怀抱。我的大哥作为他们中的一员也参与了这次行动并在起义宣言上郑重签名。我从报纸上获悉他们的壮举，钦佩之情油然而生，同时我也更加迫切地希望能够尽快得到上级部门的批准，早日参加空军。

1950年1月，北虹区委正式批准我和夏佩迪、胡一飞、徐寿椿四人参加空军。1950年2月6日，国民党飞机从舟山群岛倾巢出动，对上海狂轰滥炸。由于杨树浦发电厂被炸导致全市大停电。两天后的晚上，我们怀着对国民党反动派的憎恨，怀着亲人和师生们的殷切希望，依依不舍地离开了同济附中，离开了上海，投身于建设人民空军的伟大洪流之中。从此，我的人生也翻开了新的一页。

附录：七十年前的作文

(一)狂欢一日

为了庆祝开国盛典，保卫世界和平，我们同济附中“学生自治委员会”决定参加这次全市中等学校大游行。早在一周前,大家就做了一次深入的讨论并提前做好规划。

十月八日的清晨，同学们早早起床，做出发前的各项准备，譬如：练习行进的队列，准备干粮及饮水，音乐队在练习各种乐器，大家都异常兴奋。

为了发扬我们同济附中吃苦耐劳的光荣传统，大家都以“马拉松”式坚韧不拔的精神长途跋涉。一路上，我们的队伍浩浩荡荡地前进着，同学们的手中都带着火炬、灯笼等物品，走在最前面的同学举着三面醒目的大国旗。当我们抵达集合地点时，兄弟学校的队伍已将道路挤得水泄不通，我们费了九牛二虎之力才得以与大部队顺利会师。

下午三点整，大部队开始缓缓蠕动起来。队伍里，有的同学扮演成蒋家小朝廷和帝国主义者，尽显反动派的丑态。有的则扮演成工农兵，在市民面前宣传爱国主义思想。虽然前面是这样的人声鼎沸，但是我们的队伍仍举步维艰。要是就这样停着不是太沉闷了吗？我们立刻敲起锣鼓，扭起秧歌来。我们愈舞愈起劲，许多原本不会扭秧歌的同学看了这样的动人场面也情不自禁地学着动作扭起来。大家的动作整齐划一，围观的市民都拍手叫好。这样一直持续了一刻钟，大家才停下来休息。这时，我们队伍的后面又响起震天响的锣鼓声。原来是我的母校——育才中学的腰鼓队来接我们的班了，他们的舞姿及步伐格外整齐而美观。就这样，各个学校轮番表演，欢呼声、锣鼓声，此起彼伏。

表演持续了三个多钟头，前边的队伍才走完。终于轮到我们同济附中出发了，大家迈开步子，雄赳赳气昂昂地向大会场进发。此时已近七点，沿途真是人山人海，维持现场秩序的警察同志费尽口舌，才将热情高涨的群众劝回长街沿，让队伍得以行进。我们点起灯同济附中篮球队部分队员合影，背景为博物馆、飞行楼。前排左起：郑一鸣、李鸣洲、徐寿椿；后排左起：甘兰江、陈球、曹正家、李世煌。(1949冬)

笼、火炬将整个街道照得如同白昼一般，一路上不断地唱歌、高呼口号。当队伍走到南京路路口时，我们看见国际饭店楼顶那迎风飘扬的五星红旗在强烈的霓虹灯照耀下显得更加鲜艳庄严，大家心中的那份自豪感油然而生。

待我们进入大会场时，扩音器里又响起了雄壮的歌声："你是灯塔，照亮了我们前进的方向。我们祖国多么辽阔广大，它有无数田野和森林。团结就是力量。"我们也情不自禁地放声高唱。这时，主席台前那五彩的焰火腾空而起，强劲的探照灯照亮了整个夜空，会场的气氛达到了最高潮。我们以更加矫健的步伐走过检阅台，再从另一边的出口有序退场。此时，大会场上的时钟已经指向十一点半了。虽已值深夜，但马路上的群众仍精神亢奋，不肯离去。我们沿着南京路走到四川路，再从四川路一路向北走回学校。

一天忙碌下来，同学早已疲惫不堪，双腿像被灌了铅一般，但一想起会场里那壮观的场面，大家又鼓足干劲，连夜赶写壁报。这一夜，大家都沉浸在幸福的海洋里。

老师评语：文笔尚流畅，然叙述略平淡。

(二)我决心争取入团

在旧社会中成长起来的我，从未对政治有一点清楚的认识，而且也从不关心政治。管他什么国民党、共产党、民主同盟都与我无关。

在我读初三时，"五二〇"事件爆发了。当时，新闻界对于这一事件的报道多数都是说"学生们做得对而政府太不讲民主"了。但我却认为这些学生是自讨苦吃，而国民党当局也未免太辣手了。打这时起，我的思想逐渐产生了一些波动。

待我进入同济附中学习后，我目睹了当时学生自治会的斗争情形。尤其是在“一·二九”运动时，我以亲身经历感受到反动派压制学生的暴行。马队、机枪、刺刀、拘捕、坐牢、屠杀。自此，我的思想来了一个一百八十度的大转弯。我想：这种反动政府非垮台不可。

“一·二九”运动之后，学运转入了地下斗争。这时，我才感受到学运领导者的伟大，勇敢可敬。我每有机会就看他们撰写的宣传品。我觉得在中国共产党领导下的解放区人民是多么的自由、民主。这时，正值国民党兵败如山倒。锦州、长春、营口都先后解放，不久又解放了天津、北平，淮海战役后又渡江直指上海。在那段日子里，我真是日夜盼望解放军能快点到来。直到五月二十五日，我才终于实现了自己的愿望。

如今，中国人民都站起来了。我看到“新民主主义青年团”团员，他们无论在新解放区或老解放区的工厂和学校等团体里，对于生产或学习都起到了“身先士卒”的作用。我还认识到现在的中央人民政府的确是一个“与人民共甘苦，全心全意为人民服务”的政府。

为了更进一步地学习新民主主义、毛泽东思想和马列主义，为建设强大的新中国贡献一份力量，我决心争取入团。

教师评语：重点在末节，然发挥得太少。

(三)了解苏联，学习苏联[①]

俄皇彼得大帝退位之后，政权落入了尼古拉基沙皇手中。他为了资本主义的利益而倾举国之力参加欧战即第一次世界大战，弄得民众财尽，国内财富都进入贵族的口袋里。待克里米亚战争失败后，俄国国内更是民不聊生。

一九一七年二月，列宁引导全国工农群众组织了“共产党”并武装推翻沙皇。然而，共产党中的少数资产阶级分子叛变革命，夺取政权，排斥列宁所领导的布尔什维克，使得革命半途而废。经过工农群众坚持不懈的斗争及列宁的坚强领导，终于在一九一七年十月彻底打败了他们，使得无产阶级重新夺回了政权。列宁逝世后，他最好的学生和最勇敢的战友斯大林同志在莫斯科红场做了一次宣誓，誓为实现列宁同志的遗训而努力。经过了三次“五年计划”，彻底粉碎了敌人的武装干涉和经济封锁，将苏维埃联邦建设为富强的工业化国家。一九三九年，疯狂的德国法西斯悍然入侵苏联。在斯大林的坚强领导下，苏联

①文中部分表述有误，为保持原貌，未予改动。

人民誓为保卫祖国而战。虽然德国曾一度兵临莫斯科城下，但英勇顽强的苏联人民仍取得了最终胜利。第二次(世界)大战结束后，美帝国主义又欲发动第三次世界大战，但正是由于他们顾及苏联的强大而不敢贸然行事。

如今，苏联正与全世界人民一道共同努力保卫世界和平。联想到当前我们新中国在全国尚未完全解放，轻重工业尚待努力发展的实际情况，我们所遇到的困难确实很大，但是我们现在的经济、军事等条件都较苏联在其国内革命刚刚取得胜利时为优。我们想一想，他们在进行革命斗争时，每天都穿不暖，吃不饱，把地上的枯草用纸卷起来当香烟抽，这不是比我们现在还要苦，还要困难吗？这些困难，我们为什么不能克服呢？我们只要向苏联虚心学习，就一定能把新中国建设得更加富强。

老师评语：未认清题首，故仅在篇末稍触及题目，以前皆为空文。

(四)搞好我们的学生会

我们知道全校的事要全校的同学共同来做。“学生会”是一个团结同学的组织，同时，它又是一个帮助同学学习，为同学谋福利的组织。如果“学生会”搞好了，那么学校也就会搞好。为什么呢？因为学校是由占绝大部分的学生组成的，而“学生会”又肩负着领导全校同学共同成长、共同进步的重任？如果“学生会”搞好了，那整个学校会搞不好吗？但我们怎样才能把“学生会”搞好呢？这又是一个问题。

因为班级是学生会的骨干，所以我们又必须先要从班级着手。若要把班级搞好就要先把小组搞好，小组若要搞好就应慎重地分组，将各个小组的人才平均分配，不搞“小团体”。我们过去的缺点就是仅凭同学们的个人兴趣来分组，以至于每个组的小圈子打得很紧。长此以往，各个小组之间就会产生隔阂，就不能做到团结一致。如果小组都搞不好，那班级又怎么会搞好呢？所以，我们就应该平均分配各组的人才，尽量缩小各小组之间的差距。今后，各小组之间还要掌握“批评”这一有力武器。如果这个小组有突出的优点，我们就应该表扬并向他们学习。反之，如果他们有缺点，那我们就应该旗帜鲜明地指出他们的错误，并督促他们及时改正。只有这样，我们才能搞好班级，才能更进一步地搞好学生会。

另一方面，学生会的执委(执行委员会)们是最主要的决策者，他们的职位是由同学们经过普选产生的，同学们自然是很信任他们的。然而，一旦当他们担任了执委后，他们会不会脱离群众呢？事实上，这是很有可能的。我们上一届的执委便是一个非常典型的反面教材。负责人在未征得绝大多数同学的同意后就自作主张，使大家都感觉不可理喻，以至于后来执委们每发起一次号召，响应的同学却寥寥无几。这样的“学生会”又能得到多少同学的拥护呢？因此，只有从制度上着手，才能真正将执委们做到与大家一起同舟共济，而不是感情用事，逞一时之快。这就需要我们在今后能够集思广益，共同研究并制定出一部与时俱进的学生会管理细则。我相信如果我们对学生会的管理能够从制度上得到根本保障，再加上执委们自身的努力和同学们的真心拥护，那么我们共同的学生会就一定能管理好。

(五)批评与自我批评

“批评与自我批评”这两个随着革命的洪流而带来的新名词是先进的无产阶级最早使用的武器。

人民群众之所以能取得今天这样的胜利，就是因为我们善于利用“批评”这一重要武器。

人都是会犯错的，世界上从来都不会有从未犯过错的人。倘若人犯了错，自己不进行检讨，别人也不去批评他，那么他会知错吗？会改正吗？绝对不可能。而他也会一错再错，一步步滑向深渊。倘若有人能适时地对他进行批评教育，或者他能够进行自我反省，那么他才能真正意识到自己的错误并加以改正，才会有上进心。因此，我们认为“批评”是一件能使人上进的武器，倘若对方能虚心接受的话。

怎样才能正确地运用这一项武器呢？有许多人，他们批评的出发点是为了打击报复，而不是治病救人。这是推而不是拉，是整人而不是救人。也有一些人，他们在批评别人时满是一幅来势汹汹、盛气凌人的丑态，使得对方也产生不满情绪，以至于你骂我，我骂你，甚至挥拳相向。这种恶意的批评不但不能解决问题，还会加深双方的矛盾，严重地破坏团结。因此，我们在进行批评教育时应该以和蔼的态度推诚置腹、敞开心扉地交流。同时，我们也应该打破面子主义，不能因为他是我的好朋友，我们就包庇纵容他，这样反而是在姑息养奸、养虎为患。假如人家批评得有道理，我们就要虚心接受，做到“有则改之”。如果我们有不同意见，那么我们就一定要及时提出，不要藏在心里，直到最后心悦诚服。只有这样，我们才能从根本上认识到错误的严重性。反之，如果我们只是表面上被动接受而内心却充满抵触情绪的话，那么我们就会一错再错，直到错误不可挽回。

上述内容都属于人民内部矛盾而非敌我斗争。对于你死我活的阶级敌人而言，我们就应该彻底揭露他们的丑恶行径，让他们的罪行大白于天下。我们对他们不能有丝毫的怜悯，因为“对敌人的仁慈就是对自己的残忍”。只有这样，受反动阶级残酷统治的人民才能觉醒，才能加强革命的力量。

老师评语：逐篇说来殊见清朗，但末节恶意的批评有问题。

(六)我参观了学生运动资料展览会

本月十二日，我参观“学生运动资料展览会”的愿望总算得以实现。下午，我们一行七十多人冒雨前去参观，瓢泼大雨丝毫浇灭不了大家火热的心情。

首先映入我们眼帘的是一九三五年北平“一二·九”学生运动的资料。我们通过观看这些资料，真切地感受到“一二·九”运动是多么的伟大。他把中国学生的思想彻底武装起来了。中国革命之所以能取得今天这样的辉煌胜利，很大程度上还要归功于“一二·九”运动后，国内青年学生发起的一系列轰轰烈烈的爱国运动，使得反动阶级吓得赫赫(瑟瑟)发抖。

当大家看到“九龙事件”和同济“一·二九”血案时，我的脑海中又浮现出当时反动派的装甲车、马队、宪兵、刺刀、石块，吴国桢匪徒的狰狞面目。为什么？这是我亲身经历的血的教训啊！我的思想就是通过这两场运动才得以转变过来的。我记得，当我看到马队冲向我们队伍时，不远处的储复云被军警未开刃的马刀狠狠地拍出一道大口子，顿时鲜血直流。接着有人喊：“同学们不要乱，退到麦田去。”同学们开始自发地拾起石块向反动军警投去。由于敌众我寡，我们被迫退入工学院。校门口，一个浑身是伤的同学被抬上教授专车，车头挂起了一块醒目的红十字布，径直朝中美医院开去。这不正是一个血淋淋的惨痛教训吗？

当我看到上海解放前两个月，黑名单上备注的“枪杀”“活埋”等字眼时，我更加感受到反动派的恶毒，他们简直就是吃人不吐骨头，禽兽不如。通过仔细观看反动政府屠杀人民的凶器以及被他们残害的同学的照片、血衣和上海解放以来的“反银元投机”“南下动员”等一系列进步运动后，我才感悟到我们是怎样从苦难中成长，经过了无数次的斗争，才能得到今天来之不易的自由和民主。

如今，新中国建设的重担落在了我们新时代的青年学生身上。当前最重要的任务就是

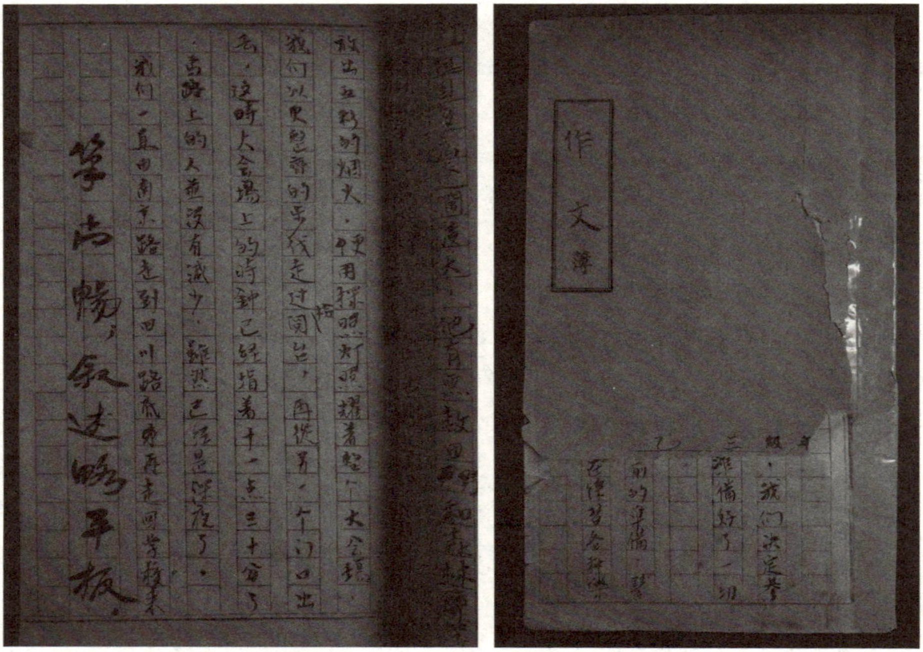

七十年前的作文本

努力学习。我们不但要学习科学文化知识而且更应该加强对“新民主主义”思想的学习，为建设未来富强的中国而不懈奋斗。

老师评语：流畅。

(七)我们对于人民胜利折实公债宣传的办法

我相信每个同学都读过中央人民政府颁布的《一九五〇年财政总预算》了。我们一定知道今年财政赤字占总收入的18.7%。诚然，这是政府的困难，同时也是人民的困难。但毛主席说过：“有困难，有办法，有希望。”事实上，我们确实应该携起手来，共同克服困难。在蒋匪帮统治时期，我国每年都有财政赤字，他们也发行公债，巧立名目、花样繁多，但是他们能否制止住通货膨胀呢？没有，通胀就如同脱缰的野马一般愈演愈烈。他们所谓的公债，都给“四大家族”中饱私囊了。受到“三座大山”残酷盘剥的中国人民，只能敢怒而不敢言。

有鉴于此，那些刚得到解放后不久的人民，他们对于这次的折实公债，也抱着十二分怀疑的态度，我们决不能迁怒于他们觉悟低下、不明事理，这一切都是蒋匪帮留下的遗毒在作祟。我们应该把它彻底铲除。

首先，我们要向群众解释的就是这次发行“折实公债”的目的是为了限制通货膨胀，善良的人民受尽了匪帮的蹂躏，对通货膨胀带来的无穷苦难记忆犹新。我们就应该抓住这一点向他们说明：人民政府本来也可以通过大量发行钞票的方法来消除通胀，但这样做就是饮鸩止渴，因为一旦钞票总量增多，物价就必然上涨，到头来痛苦的还是人民。政府为了尽量避免人民遭受通货膨胀之苦，才决定发行“折实公债”，这就是向人民暂时以实物折算来借一点钱以解决国家经济的困难，想办法渡过难关。为了国家的根本大计，大家又为何不能尽力去购买呢?

第二，我们要向人民解释，人民政府的公务员绝不会像国民党统治时期的公务员那样中饱私囊，只要请群众看一下人民政府的老干部，哪一个不是清苦的?他们绝不会贪污，他们都受过相当长一段时期的教育，都是老老实实、一心一意为人民服务的。

最后，我们要向群众说明：当“折实公债”顺利完成之时，中国的经济有了恢复，人民的生活有了保障，能够全力支援人民解放军解放台湾、西藏、海南岛，使“解放全国”的伟大任务能够早日实现。当全国完全统一后，我国的军费支出就能大幅度减少，就能将工作重心转到生产建设上。五年后，当中国经济驶入了稳步发展的轨道，政府的收支能够实现平衡时，人民政府就会把本钱和利息一同发还给大家。新中国也就能从新民主主义走向社会主义乃至向共产主义社会大跨步迈进，这将是一幅多么美好的蓝图啊。我想，如果我们能按照这样的方法进行宣传，那么我们的工作就一定能事半功倍。

后记：作文簿最后一页写完后，我就离开上海参加人民空军了。当时，我们为了响应上级“轻装行军”的号召，就将那些带不走的相关书籍或转赠或丢弃。直到一九五六年秋第一次休假回沪，我在家中发现了这本作文簿，就把幸免于难的它作为“同济附中”学生时代的“纪念”收藏起来。它在一定程度上记录了一九四九年十月到年底的社会状况并反映了我本人当时的思想认识，对我的后代也能起到一定的教育作用。

(李维嘉协助整理)

燃烧的日月，火红的青春——我的1949年

顾慰庆[①]

我于1932年9月9日在上海出生，祖籍无锡，是父亲顾毓琇、母亲王婉靖的第二个儿子。出生时父亲在南京中央大学担任工学院院长，大伯父顾毓琦博士是上海私立同德医学院院长兼附属同德医院院长，祖母在上海由伯父侍奉。长辈们决定要我母亲到医疗条件比较好的上海生下了我。我出生后，父亲回到他的母校清华大学创办电机工程系，为首任系主任(第二年任清华工学院院长)，父母带我大哥慰连和我到北平，在清华园度过了童年。

我出生时正逢国难当头，前一年沈阳发生了“九一八”事变，我出生那年“一•二八”淞沪抗战爆发。1937年“七七”卢沟桥事变，开启了全面抗日战争。命中注定我此生不会平静。

“七七”事变时，我父亲已先在长沙参加筹备西南联合大学，被任命为工学院长，不在北平。祖母、母亲带我大哥慰连、在北平出生的大妹慰文、三弟慰华和我，逃难到了上海。

不久国共开始第二次合作，我父亲以无党派人士的身份应邀参加了联合抗战的国民政府，担任教育部政务次长。母亲带我们兄妹(增加了1937年7月在上海出生的四弟慰中)五个小孩，经香港到了重庆。

在大后方的重庆，我们家起初住在市区，我进了川东师范附属小学读书，后来因为日寇飞机对重庆狂轰滥炸，全家迁到了郊区北碚。父亲与我三叔毓瑔(机械工程博士，时任中央工业试验所所长)、四叔毓珍(化工博士，中央工业试验所技正)一起租了一块农田，建了三座茅屋，请于右任题名为“茅庐”。由于不断躲避日机轰炸钻防空洞，我非常可爱的二

①顾慰庆，生于1932年9月9日，时为南洋模范中学高三学生。

妹慰慧，不幸患病夭折，全家十分悲痛，这是我第一次体会到生离死别，痛恨日本强盗。以后全家迁到了青木关，也是住在农村，我进了青木关小学。几年后考进中央大学附中青木关分校，父亲命大哥和我住校，在山沟里过着战时学生的艰苦生活。

抗日战争后期，父亲担任了中央大学校长，家又搬到沙坪坝，我转学到中大附中本部读书。

1945年8月日本投降，中国人民抗日战争胜利！八年离乱，父亲思念祖母，急切要回上海，立即辞去中央大学校长之职。不料获准的第二天，被任命为上海市教育局局长。又作为中国知识界的代表，先到南京，于9月9日在中央军校礼堂参加了接受日军投降的受降典礼，然后回上海与老母和兄妹团聚。10月份，母亲带我们兄妹(这时又增加了1945年初在沙坪坝出生的小妹慰民)乘轮船沿长江回到上海，住进永嘉路623号。父亲送我们五兄妹都进了私立南洋模范中学或附属小学。我插班到初中三年级，编在乙班，当年刚满13岁。

从山城重庆回到大上海，使我兴奋不已，满怀幻想。转进南洋模范中学后，我很快补上了因为迁家影响的功课。学校老师的水平很高，只要上课时认真听讲，完成作业，一般都能取得好的成绩。我性格比较外向好动，爽朗随和，正直诚恳，在学校很快结交了一批好友，主要是同我相似，在班上年纪较小还没有长高、而在前排就座的同学(那时南模是男女分校)。我们下课后一起踢小皮球，看电影，去郊游。谢绍申、周通、是勋邦和也是从重庆回来的余日晖、余凯成兄弟、马鼎璋等，成为我志趣相投的“发小”。

受父亲的影响，我们兄弟从小养成了课余读书看报关心时事的习惯，抗日战争的洗礼，使我懂得要爱国家爱人民。胜利后，中国成为“四强”，百姓盼望过上美好生活，谁知国民党统治当局倒行逆施，腐败无能，又挑起了内战，民不聊生。我虽然只是一个初中学生，也逐渐感到不满和忧虑。

1946年起，国统区爱国学生运动风起云涌，形成了毛泽东同志所讲的“第二条战线”。

在家里，我与哥哥同住一间朝北的卧室。他在学校比我高一年级，有同学夏忠仁、翟象乾、周树谭等常来我家，谈话中讲国民党太坏，只有共产党好，有时带来一些进步书刊。父亲为了让我们兄弟更好地学习英文，买来了一台上好的收音机，哥哥开始用短波收听延安广播，后又加以记录。买回钢板、蜡纸、油墨、手推油印机和白报纸，印成传单带出去。我在旁看着，感到很有兴趣，不由也参加了记录，学会了用仿宋体刻写蜡纸，帮着油印，每张可印100多份。哥哥说此事有杀头的危险，要绝对保密。这些工具放在床下，没有别人知道。细心的慈母隐约地看我们兄弟的活动有些奇怪，但她完全相信自己的儿子不会去做坏事，没有多问(大哥于1948年高中毕业。此时他已经参加了中共地下党，当时我并不知道。暑假后考进私立光华大学，平时住校。我们的房间由大姨母和大表姐来住，我搬到了一个亭子间，印传单就此结束)。

在学校，南洋模范中学学生逐渐成为上海学生运动中的一支骨干力量。出于爱国心和正义感，我也满腔热情地参加了学生运动。

上海1946—1947年“募捐助学清寒学生”活动和“尊师运动”，特别是1947年5月轰轰烈烈的“反饥饿反内战运动”和1948年6月的“反美扶日运动”中，我都是一个积极分子。

1946年隆冬，谢绍申带我去访问了贫民窟。想不到十里洋场的大上海还有“悲惨世界”，所见所闻，触目惊心！回家后激动地以“小波”为笔名写了一张大字报，第二天张贴在学校壁报栏。我说内战造成了恶果，引起注意。

1947年谢绍申和我发起，邀集一批同学成立了一个团体，取名“三益社”。我们办了个油印小报《团结报》，在校内公开发行(以后改为《学习周刊》)。

1947年春，上海学联组织了一次大规模的杭州春游活动，我和许多同学参加，住在浙江大学。一个晚上上海学生与浙大学生办了篝火晚会，正逢浙大学生于子三惨遭国民党反动派杀害，浙大同学控诉，引人泪下，使我深受教育。

南模学生自治会改选，我与“进步”同学全力为谢绍申助选，他成为学生会主席。

1948年春，南模成立了秘密的“南模学联”，名义上是上海学联的一个单位，以后我才知道实际上是地下党的外围组织，推动学生运动。成员不多，我参加后认识了其他班级的同学，以后大部分成为地下党员。

1948年夏，谢绍申突然来到我家，说是由于暴露，要去解放区，临行住在我家，与我同吃同住，等待通知。那时我不知道他已是地下党员。过几天后，他秘密成行。上海解放后他随解放军回来，改名叫李仁杰，多年后任中共长宁区委书记。

我父亲于1947年9月到南京担任了改制后的国立政治大学首任校长，并在中央大学教授电机工程。一般周末才回上海。他出任这个校长出于无奈，认为南京不是久留之地。

我在学校很忙，但仍要学好功课，这样在同学中才有“威信”。

1949年来临，中国迎来翻天覆地的巨变。历史潮流滚滚向前，日新月异。我逐渐成长，沧海一滴，不觉走到了时代的风口浪尖。

通过阅读了大量的进步书刊，包括毛泽东同志的《新民主主义论》《论联合政府》《中国革命与中国共产党》等著作，得到启蒙，又在学生运动中授受教育锻炼，使我对共产党和共产主义有了基本的认识，相信只有共产党才能救中国，决心跟着共产党走。然而当时我认为，共产党员是“特殊材料做成的”(斯大林语)，没有想到身边就有党的组织，不知道我的哥哥早已入党，也没有想到自己会成为共产党员。

其实地下党一直在关心着我。1948年王念清来到我们班上，他寡言少语，不太活跃，没有参加一些活动，但主动与我和周通接近，表示思想“左倾”，帮我将所办的小报到交大去找人用速印机油印。元旦过后，上海正处于黎明前的黑暗，王念清突然找我说，他有一位朋友从解放区来，可以介绍他参加共产党，他想邀我一起秘密申请参加，我表示同意，于是连夜写了申请报告交给了他。很快，过了几天，他告诉我，组织已经批准，约定了时间地点和暗号，叫我去接组织关系。

第二天我到衡山公园，想不到同我接头的是南模高三丙班的同学王纯亨(阿亨)！我们各执一本杂志，对上了暗号，从此我成了共产党员！阿亨说他是南模地下党的支部书记，以后由他与我单线联系。

差不多同时，王念清也介绍周通参加了党。我们二人入党后，他却不知去向。

2月1日，在永嘉路623号我住的亭子间内，阿亨带周通和我举行了非常简朴的入党宣誓。那时我们二人都还没有满17岁。我们为成为“年轻的布尔什维克”而感到自豪，知道自己还很幼稚，但并非“盲从”。初心坚定，义无反顾。这次活动，阿亨介绍张效俊同志也来见面，他当时是地下党区学委委员，负责领导南模党支部，实际上他也是南模高三丙班的同学，但很少到校上课，一般同学根本不认识他，我们称他“小张”。

以后大约每周一次，阿亨来同我们联系，有时小张也来，传达形势布置任务。他们讲的内容相当丰富，没有本子或稿子，带一张小纸条，使我佩服，后来我也学会了这点本事。为贯彻地下党“分散隐蔽，积蓄力量，等待时机”的方针，指示我们不再搞大的运动，在同学中做深入细致的思想工作，团结更多的人在我们周围。为了安全，决定我停办小报。在亭子间靠永嘉路的窗台上放一瓶花当暗号。约定组织上如发现我们有危险，会叫小馄饨担送馄饨上来报警。

中国人民解放战争进入决战阶段，几大战役激烈展开，地下党布置我们秘密调查街道地形，对指定的区域绘图标明各种设施。上报转送给解放军供进军上海时参考。我与周通为一组。甲班同学袁槐不慎被人怀疑盘查，逃到我家，与他同组的唐孝威机警地报告阿亨后，组织上将他转移到龙华某工厂做了车间“书记”工，解放后才返回。

1949年4月，上海地下党决定大发展，经组织同意，我发展了辛绍舆、陈志在、余日晖、王存方，周通发展了马鼎璋入党。同时我按指示，“激活”了先已入党的陈守堂恢复组织关系，又由他介绍了褚家臬入党。5月初辛绍舆介绍了陈声涛入党。这样我们班的地下党员达到了10人，上级决定我们成立党小组，指定我为党小组长。

此时甲班、丙班也有不少同志入党，区委决定成立南模高三级地下党分支部，由阿亨兼任书记，甲班的唐孝威(以后成为“两弹一星”功臣，中科院院士)、丙班的李道豫(以后曾任我国驻联合国代表、驻美国大使)和我同为分支部委员，并分别仍为本班党小组长。那时唐、李和我都是候补党员(现在叫预备党员)，按规定不能介绍别人入党也不能担任党内职务，这是地下党在特殊情况下的特例。分支委有时在我家，有时在李道豫家开会，张敦俊、王纯亨来传达党的指示，研究布置任务，再由分支委分别向党员传达贯彻。

以后地下党成立地下“新民主主义联盟”，我们发展了余凯成、是勋邦、蒋彬祥、洪一蛟、陈楚、刘恩科等同学为盟员。

1949年3月10日，我父亲“支气管严重发炎，体温极高，病情可能转为肺炎，在校医建议下，于当晚乘夜车从南京赶到上海”，我伯父“自己便是医生，他立刻意识到状况的严重，注射大量盘尼西林，热始退”。他在家中养病，解放军百万雄师渡大江和4月23日南京解放时，他早已在上海。他曾明确表示不会离开上海，共产党来后他可以回大学教书，这是他喜欢的工作。

但是，蒋介石没有放过他，5月初派人来找他，命令他去台湾，否则将予“制裁”。他临时决定出走。事先没有告诉我们兄妹，没有向我祖母和伯叔姑母辞行。

5月9日，我照常去上学。中午回家，突然得知父母决定全家去台，下午就要动身，这时我大哥也被叫回家，而大妹先回家知道后，已经逃出家门，母亲正在大哭大叫。我与哥哥一起对父母讲我们不走，但被送行的人们围住，已难脱身。表叔奚葆康劝我们兄弟说，看你们爹娘身体都不好，一时说不清楚，不妨送他们一程，去台后再回上海。他是地下民盟盟员，同情我们，无奈之下，只能听从了他的意见。

船在大海上航行了二天。我同大哥在甲板上商量，在船上和到岸后找父母，反复说，一定要马上回上海。父亲讲，他知道我们兄弟反对国民党，他自己从来不是“吃党饭”的人，对国民党已经失望，到台湾是为了辞职，为政大师生作安排，然后到美国去教书，他的母校麻省理工学院已经聘请他回去当教授。还讲可以立刻送我们到美国读大学(彻夜长谈，大意如此)。母亲说，上海要打仗了，怕你们在兵荒马乱时不安全。我们表示回去后一心一意读书，祖母和伯父、叔父、姑母都在上海，不会不安全。大妹一个人在上海，也需要照顾。我还说，即使坐小船也要回去。母亲在海上见过不少沉船和浮尸，害怕我们会铤而走险，先松了口。我们兄弟坚持力争，父亲见说服不了我们，也只能同意。

我父亲在他80岁时所写的自传中有简要记述说：

“5月9日，我和婉靖及儿女登中兴轮从上海到达台湾基隆。因我身体依然虚弱，又只有极少时间安排旅程，我们所携物品不多。长女慰文不愿和我们同行，这令我和婉靖非常伤心。慰连、慰庆和我们同到基隆后即转至台北。……然而，阳明山的美景和温泉并未能阻住孩子们的离去。他们劝我们在台北—上海空中航线尚未切断之前，同意他们返回上海。……于是，我们处在一种独特的状态中：一个家庭，两个世界。1973年，我们得以和3个孩子重逢，那时时光已经流逝了漫漫24年，分别两地，互无音信。孩子们靠着自己在奋斗，必须在新的政权中学习为人民服务。”

以后我父母、三弟、四弟、小妹经香港去了美国。从1973年开始八次回到祖国，为改善中美关系和国家和平统一做了贡献。

父母同意我们兄弟回上海后，母亲拿出身边仅有的一包金条、首饰、银元和美元，交给我大哥，含泪说：这是你们兄妹三个人的活命钱，以后你们要凭自己的本事去独立生活。大哥将这些东西带回上海，临近解放时他暂时住到大伯父家，与堂兄慰濂的一个朋友同住，将东西放在床下箱子里，想不到被偷个精光。他发现后非常难过，告诉我时，我只能安慰他说：身外之物，这样我们成了真正的无产阶级！

父亲亲自送我们兄弟到台北机场，买机票看我们登机。临别时见我的手表表面已有裂纹，脱下他的“浪琴”手表，换去了我的低级旧表。这只浪琴表好像满载乡愁，伴我到了中年。

父母与我和大哥大妹骨肉分离，天各一方。形成“一个家庭，两个世界”(这是他80岁时所写英文自传的书名)。

在去台登船时，我写了短信请表叔寄给阿亨，表示尽快回来。回上海后立即向他和党小组汇报。此行包括在船上，一共只有五天。

为了迎接解放，地下党决定成立上海人民保安队。以地下党员和新春联盟员为骨干，我们吸收其他积极分子，成立了南模高三乙班人民保安队中队，组织上要我担任队长。全校是一个大队。我们中队又被指定为区直属人民宣传队，我也是队长。去领回了两种袖章，秘密发给队员。

上海临近解放，白色恐怖下形势严峻。反动派垂死挣扎，交大候补党员穆汉雄、新青联盟员史霄文也血染申城，地下党通知我们要提高警惕。

这时组织上安排一个地下党“机关”进住我家，要我配合掩护，绝对保密，但不能与他们交谈，我当然照办。我大妹可能也得到通知，热情协助(我知道她是积极分子，还没想到她也已入党)。来人不少，却非常安静，解放后撤走。很久之后，我才知道是交通大学地下党总支。2002年我父亲逝世，他们几位负责同志给我写信表示慰问，说了这件往事。

1949年5月，上海解放，人民成了这座伟大城市的主人。25日，解放军先进入我居住的徐汇区，早晨见到解放军战士露宿在人行道上，感动欣喜无比！27日全城解放。

学校很快照常上课。下课后，我们组织同学学唱革命歌曲。《你是灯塔》《团结就是力量》《解放区的天》，歌声响亮，慷慨激昂；学跳秧歌舞，书写标语到校外张贴。

1949年6月初，中共地下党南模中学党支部召开了第一次也是唯一的一次支部大会，从此从“地下”走到地上。

在会上，我惊喜地见到了大妹慰文和她的同学姜保年、吴月丽等，南模女中部高一学生。大妹才刚满15岁！我知道她追求进步，性格柔中有刚，只以为她“瞎起劲”，想不到她也已经入党！

我们兄妹三人都是地下党员，但解放前互相保密。父母更不知道。直到1973年敬爱的周恩来总理接见从美国回来的我的父母，小妹慰民和在国内的我们三兄妹时，突然对我母亲讲，“感谢你为我们生了三个共产党员”，父母才大吃一惊。那天晚上中共十大刚刚闭幕，从晚上10点到凌晨1点20分，三个多小时的无“拘束的”交谈中，总理还以他自己的经历讲，一个人的家庭出身是不能由自己选择的，但走什么道路是可以自己选择的。说我们是经过考验的共产党员。

解放前，上海南洋模范中学先后出了135位地下党员，解放后走向不同的工作岗位，成为各条战线的中坚力量。

天亮了，时局并未太平。反动派掀起了扰乱金融的风暴，我们带领人民保队队员，走上街头，参加了取缔银元贩子的斗争。

我们南模高三年级原来叫“三八届”，这时改称“四九”届，即将毕业。

各方面急需干部，市委决定抽调一批地下党员脱产参加工作，高中毕业的党员如果读大学，只能进党的力量比较薄弱的私立大学，不能报考国立名牌大学。

我被选调到中共中央华东局组织部工作。周通到上海市总工会，陈志在与丙班的王复孙到华东公安部，辛绍舆(后改名辛丁)与丙班李宗有到南京华东军政干校，褚家杲和陈声涛到空军；陈守堂、王存方参加南下服务团到福建。王纯亨与余日晖到私立圣约翰大学，马鼎璋与李道豫到私立沪江大学去读书。我们都服从了组织的决定。

1949年7月6日，上海举行了声势浩大的庆祝解放大游行。我作为区直属人民宣传队队长，去领回了有司机的大卡车，队员们戴上了袖章，挂好横幅彩旗，兴高采烈地高唱革命歌曲，大声呼喊口号，一路散发传单，走遍了大街小巷。游行结束后，我告别了学校和同学战友，踏上了人生的新的征程。

党组织决定调我到中共中央华东局组织部工作。我事先毫无思想准备。华东局当时是党在华东地区的最高机关，调我前往，是党对我极大的信任，使我万分感动，但我一心想考大学，思想波动不安。

我比较喜欢“数理化”，曾想以父亲为榜样，学习电机工程，成为一个工程师。从来没有想过要升官发财，也没有想过要从政当“职业革命家”。家庭长辈都是大学毕业的学者，父亲兄弟中“一门五博士”，在我的心目中，读大学似乎是理所当然的必由之路。以我在南洋模范中学的成绩，考进清华、交大应该不是问题，现在不让我读大学，一时真想不通(多年后，我读了夜大学、函授大学，后又读了研究班，总算当了工程师、高级工程师，圆了梦)。

作为共产党员，个人必须服从组织。在参加庆祝上海解放大游行后，我毅然前往江西中路福州路口建设大厦，到华东局组织部报到。那天是7月9日，离我满17岁生日还差整整两个月。

华东局组织部先后由张鼎臣、曾山、刘晓同志兼任部长，他们平时都不来坐班，由胡立教副部长主持日常工作。那时机构非常精干，只设干部科、组织科和秘书科(以后才改为处)。一共只有三十多人。一批地县级老同志为干事。我与地下党学生党员男同志鲍彤、姜珣、女同志吴妙龄、计钟秀、酆皓明等一同调入，是“工作员”，起初算是排级干部。

那时华东地区还有大片土地没有解放，华东局管着上海市、山东分局、苏南区党委、苏北区党委、浙江省委、皖南区党委、皖北区党委、浙江省委、江西省委和福建省委，每解放一处，县委书记和县长都要由华东局组织部选派。许多候选干部来到上海大众旅社等待分配。三八式的干部每个人都有厚厚的档案，首长根本来不及看，我们几个年轻人第一个任务是将这些档案摘要填写卡片，交给干事们分组讨论提出意见，请部长签批何人到何处任职，再由干事代表组织找他们谈话送他们上任。有时老同志也会叫我们随从去参加谈话，实际上只是旁听学习。

看档案，感到许多同志虽然文化程度不太高，但内容丰富多彩，真实地记录了他们成长斗争的经历，有的可歌可泣，使我大增见识，深受教育。我们工作相当紧张，7、8月份上海闷热，没有空调，出汗不止，卫生间设备很好，我有时要去冲凉两次。这件工作到“十一”国庆节才告一段落。

十月一日，中华人民共和国成立，举国欢腾！令人振奋。大庆过后，组织上交给我新的任务——转组织关系。那时党员从某一省(区)到另一省(区)，要凭原地组织部出具的党员介绍信(干部还要有干部介绍信)到华东局组织部来换取介绍信，到前往的省(区)组织部再逐级转到所在单位，接上组织关系。领导叫我做这项工作，对我说组织关系是党员的政治生命，必须严肃认真对待。于是我平时在建设大厦一层靠大门一间畅亮的办公室值班，对面办公桌有另一位同志(葛健等)，我们分别代表华组组织处和干部处为来人填写党员和干部介绍信，互相照应。介绍信有编号、存根、盖上华东局组织部红印公章。按规定党员必须亲自来转关系，认为是组织观念的表现。

人来人往，我在工作中见过不少赫赫有名的党员同志。还见过几位秘密党员，领导嘱咐要绝对保密，我一直守口如瓶。我在工作中不敢怠慢，没有出过任何差错，受到了领导的好评。

华东局组织部有机关党支部，下有几个党小组，组织生活非常正规。胡立教同志与我编在同一个党小组，他带头参加活动，没有架子，不讲官话，对我逐渐了解，说我："小顾表现不错，政治上是纯洁的。""文化大革命"十年动乱期间，我在西北搞三线建设，被当作"走资本主义的当权派"饱受冲击。造反派为了"打倒"我，到处收集材料，去找在北京当财政部副部长的胡立教同志外调，他自己日子已不好过，却说我"当年还是一个年轻的小孩，他现在交代什么，你们就相信算了"。造反派为找到"大人物"而洋洋得意，没有把我关进"牛棚"。1984年底，我调回上海，立教同志时任上海市委副书记、人大常委会主任，我到康平路去看他，如同隔世。

华东局组织部特别重视学习，我们每天早晨学习一个小时，雷打不动。在华组工作，好像进了党校，使我提高了政治觉悟和理论修养。

在生活上，是"供给制"。过所谓"军事共产主义"的生活。每人发一身制服，一件粗布的白衬衫，冬天发一身棉衣裤，新棉花非常暖和。吃大锅饭，星期天吃两顿。住集体宿舍。没有工资，每个月发相当一斤猪肉钱的生活津贴，供我们买牙膏牙刷和肥皂。平均发给香烟，男女老少，每人一份，是简装的"飞马牌"，白纸包上印一个红飞马为商标，"烟丝金黄，烟味芬芳"，我和鲍彤学会了抽烟，不抽烟的同志将香烟给我们保管，烟瘾大的同志定量不够时可以随时来取(建设大厦原为宋子安所有，官僚资本留下的桌子很大，抽屉足够给我存放香烟)。还发草纸，每个月男同志每人一刀，女同志每人两刀，当时我不懂为什么不平等(我在1956年才改为薪给制，为全国最后一批)。我刚到组织部时，住在办公大楼内，以后跟同志们一起临时住过几个地方，大约到初冬时华东局组织部在淮海中路新康花园才有二幢小洋房，胡立教顾明夫妇住在其中一幢的二楼，我与几个单身汉住在他的楼下，有一个警卫班也在一楼。房间不多，有的老同志爱人在别的单位，夫妇平时分居，周末才能来团圆，叫做"过礼拜六"(那时称"爱人"，起初听了，感到好笑)。

华东局周末在建设大厦小礼堂内办小范围的舞会，动员我们参加。陈毅同志喜欢跳舞，常会到来。饶漱石也常来，坐在椅子上听音乐观看，没见到他跳过，他的爱人陆璀则兴致很高，舞姿优美。一些女同志喜欢拉我们小男孩做舞伴，我学会了“三步四步”，别的不会。

建设大厦办公大楼电梯不多并且都比较狭小，我乘电梯时常遇见陈毅、饶漱石、谭震林等首长，同我们一起上下。他们平易近人，在他们身边并不感到拘束。以后华东局机关扩大，人员不断增加，改进了保卫工作，这些首长难得再见。

上海解放后，我的近亲都拥护共产党，为人民服务。

我的大哥慰连于1948年在南模高中毕业后，由党组织决定改进私立光华大学经济系，1949年暑假转入复旦大学农学系，在复旦与李岚清同志等一起做学生工作。以后随校迁到沈阳并入沈阳农学院，毕业后到北京中国农业大学读研究生，后回母校任教，曾任沈阳农业大学校长。

大妹慰文到上海市委党校学习，以后也调到华东局组织部(我是“小顾”，同志们叫她“小小顾”)，几年后作为调干生到上海交通大学读书，后来成为交大教授。

有一位顾兰梅(阿兰)，在我家不是亲人，胜过亲人。她在我大哥出生前经我祖母看中请来当保姆，帮助我母亲带小孩，随我家从上海到北平，到重庆，回上海。母亲见她为人刚毅正直，很喜欢她，当亲人看待，叫我们兄弟(妹)称她为姆妈(我们称母亲为“孃孃”)。她特别疼爱我大妹。解放前同情我们参加学生运动。解放后她义务参加了居委会的工作，读夜校，学会了写信(我大哥结婚后接她到沈阳视同生母，养老送终。我们的子女都称她为奶奶，我母亲是“好婆”)。

大伯父顾毓琦所办的私立同德医学院解放后照常开办，学校也有地下党组织，公开亮相。同德曾有不少同学到解放区投身革命，从事医务工作，其中有李先念夫人林佳楣、王稼祥夫人朱仲丽。学校后来并入第二医学院，伯父曾任副院长。大伯母王敏是我母亲的堂姐，她们出自无锡书香门第。她早年毕业于北京大学，但结婚后未曾工作。新中国成立后走出家门，义务做了夜校老师，很受欢迎。我的祖母在大伯家，于1953年逝世。

三叔顾毓瑔解放前是当时中国最大的官僚资本企业之一的中国纺织建设公司(“中纺公司”)总经理，解放前与地下党吴克坚等负责同志秘密联系，密谋保护上海全部公营纺织企业的资产不被国民党外迁或遭破坏，于上海解放时宣布起义，为蒋介石“传令通缉”。解放后作为起义的民主人士得到留用，晚年被确认为离休干部。他曾担任民革中央委员、中央监事会副主席，第六、第七届全国政协委员。三婶华珊年轻时在无锡当过教师，参与编辑小学教材，婚后成为家庭妇女，喜欢打麻将和跳舞，会抽烟(她没有生育，以我的五弟慰国为子，视同己出，外人都以为是她亲生)。上海解放后她作为民主人士夫人，突然脱下时尚旗袍和高跟鞋，穿上列宁装参加革命工作到上海妇联当了总务科科长，与潘汉年夫人董慧成了好友，据说工作成绩不错。

四叔顾毓珍是同济大学教授，他向来只顾学问，远离政治，新中国成立后参加学习，“思想改造”，应邀参加了九三学社，成为高级知识分子中的民主人士，是上海市政协委员。

姑母顾毓桐早年毕业于沪江大学，与我姑夫王兼士结婚后，相夫教子。新中国成立后当了中学教师，直到退休，多次被评为先进工作者。她活到了101岁，韩正市长曾赠予荣誉证书。姑夫王兼士解放前是私营闸北水电公司经理，与地下党联系密切，曾帮助吴克坚等同志参与策反三叔起义，解放后积极参加工商联工作。他是留德经济学博士，晚年与同乡荣毅仁一起创办中国国际信托投资公司(中信公司)，为常务董事。

表叔奚葆康是民盟盟员，解放后在上海交通部门任处长。他的胞弟奚葆鼎早年加入共产党，1949年随军管会回上海做接管工作，曾在华东工业部分管轻工业。

大姨母王德靖和表姐许璟于1949年初迁出我家。表姐是印染专家，积极工作，是先进工作者。小姨母王汝琛一家在上海，姨夫唐淞源是民族资本家，佛教居士，热心慈善事业。几位表兄弟都学有所长，有的参加了民主党派，是上海市政协委员、常委。

我父亲另一位表弟王峥嵘一家在我伯父安排下，于1949年上海解放后曾暂时住进永嘉路623号一楼。他的哥哥王昆仑，是我父亲的表哥，是著名民主人士(逝世后才公开他早已是中共秘密党员)。

1949年极不平凡。70年过去，弹指一挥间。往事历历在目，值得回首。中国人民从站起来到富起来又强起来，我有幸成为见证者、亲历者，没有虚度年华，无怨无悔。现在已是耄耋老人，仍当振奋精神，努力前行。

1949·接管上海

相守荣[①]

1949年元旦之后，我华东野战军全体指战员，学习了毛泽东同志撰写的《将革命进行到底》的新年献辞，受到了极大的鼓舞。文章号召，无论遇到任何艰难险阻，都要将革命进行到底。我全军严阵以待，做好了随时“打过长江去，解放全中国”的准备。

南下渡江

1949年春节前后，军区领导机关即开始部署，做南下的准备，并明确一部分同志要留守山东，希望大家听从安排。我听了动员以后，心情万分激动，立即向领导报名，要求南下参加渡江作战，并写了决心书。此后，我一直心神不定，担心不让我南下，心里像十五个吊桶打水——七上八下。当领导宣布我参加南下渡江时，由衷的喜悦之情，实在难以自制，高兴得不知道说什么好。于是在星期天，我到了益都县城买了本地图，查看了南京、上海所处的地理位置，凭着自己所学的地理知识，估摸着南下渡江的走向，还以十分激动的心情，好像报喜讯一样，给母亲写了一封短信。当时写信的另一个想法，就是想跟母亲道个别。战争是残酷的，一旦战争打响有可能战死疆场，临行前给母亲招呼一声，自己也死而无憾。信的最后我激动而且自豪地写着：“娘，儿子就要南下渡江，为解放全中国而战了！”

三月份，我们通讯局的全体干部、战士向南进发，在副局长曹威廉(后来曾任一机部副部长和新华社香港分社副社长)的率领下，从益都乘火车出发，路经济南、泰安，以后就

①相守荣，生于1933年1月，时为华东军区司令部通讯局机务科见习机务员。

开开停停、停停开开，约经过三个昼夜，到达滕县，这是我有生以来头一次尝到乘火车的滋味。在滕县小住几天后，就开始徒步行军，向南进发。十余天后，途经历史名城徐州，步入江淮大地，进驻淮安，部队进行短暂休整。

初春的三月，胶东半岛的大地还是冰雪未融，寒气逼人。当我这个从小在北方长大的

山东小伙儿的脚步一踏上江淮大地的时候，被万物复苏的江南景色所感染，河湖港汊，碧波荡漾，大地已披上了绿装，在我眼前展现了一个崭新的境地。我心花怒放，脚底生风，一时感到浑身有使不完的劲儿。

在这期间连续发生了两件事，使我难以忘怀，现在回想起来还颇有滋味。

在我们南下的队伍里，有一位淮海战役时被我军俘虏的黄百韬兵团的上校通讯营长陆如涛，也在我们机务室工作。他是黄埔军校早期毕业生，懂得通信技术。由于他原来在蒋军的职务，还颇有点官架子。当时由于经费困难，我们一起工作时，往往几个人合用一套装修工具，他就有些不耐烦，颇觉得我们有点“无法无天”的味道。因为当时我们都是十六七岁的小兵，好像跟他还差上一大截。后来他和我们一起工作、生活，在我们思想的感染下，慢慢习惯了我军官兵一致的作风，大家相处还算融洽。他是安徽明光人，南下后，根据本人意愿，领导批准将其遣散回家。

当时和我们相处的还有一个抗日战争时期被我军俘虏的日军通信技术军官加藤君，他在我的脑海里印象就更深些。他的思想比陆如涛要开明一些，在学习时，他多次对日军侵华所犯下的滔天罪行表示了忏悔，还积极要求加入日本共产党(当时在军区政治部的一个支部)。他通信技术较精通，工作也算认真。记得最有意思的是，当时作为一个通信兵，并在通信器材相当缺乏的情况下，如果烧坏一个电子管，要记大过受处分，谁知加藤君不慎一下子把一部比较高级收报机的电子管全部烧坏，这下闯大祸了，加藤君也吓坏了，一个人跑到村外面的树林里去。我们怕他自寻短见，就发动全科的人去找，好不容易把他找回来，最后只让他检讨了一下，也没处分他。

当时我军对俘虏的待遇很优厚，每个月发给他们比我们高出数倍的津贴费，我们当时也就是半斤肉四两黄烟的津贴，这样是为了充分发挥他们的一技之长。我们真心实意地对待他们，也使他们深受感动。上海解放后，加藤君思乡心切，提出回国，我军很快作出安排。

渡江战役前夕，我们已进驻扬州近郊，并做好了随时渡江的准备。在向南进军的路

途中，我们经常碰到被我军遣送回乡的国民党军伤残兵员，这时我真切感受到“打过长江去，解放全中国”的目标离我们不远了。

在向长江北岸进军的道路上，川流不息的炮车和辎重车，战士们以嘹亮的歌声表达着豪迈的英雄气概，这是战争的伟大力量，同时成千上万的民工推着小车，抬着担架，赶着牛车，浩浩荡荡，跟随大军一起行动，为渡江作战运送粮草和弹药，在其后方还有数百万民工。

期盼已久的渡江胜利，使我们军区领率机关的同志受到极大鼓舞。军区领率机关，于4月底5月初，先后乘木帆船，从扬州渡江，抵达镇江，然后乘火车，到达丹阳。

丹阳整训

我们通讯局的干部战士受命参加接管上海，心情异常兴奋，到达丹阳后，我们住在城郊刘家塘。住房是一位老大娘的，儿子才结婚几天，坚持要把婚房让给我们住，我们再三婉言谢绝才作罢。为这事，老大娘还好一阵子不高兴了。这期间大家认真学习约法八章和入城的各项政策规定，有的还进行了测验，特别使大家受教育的，是聆听了陈毅司令员向南下的华东军区机关干部作的一次极为重要的讲话。

1949年5月10日上午，我们数百名排以上干部，集合在丹阳县城一个祠堂的大厅里，我当时在华东军区司令部通讯局机务科任见习机务员，有幸和老机务员一起，担任陈老总做报告时的扩音保障工作，感到特别自豪。由于在那个战争环境里，能见到野战军首长，特别像陈老总这样指挥千军万马的高级将帅，机会实在难得。我们在陈老总的报告现场，专门为他讲话安装了一台50瓦扩音器。他进场时，穿着一套褪了色的黄军装，由华东军区周俊鸣副参谋长陪同，风尘仆仆地走了进来，他边走边向我们微笑着点点头，并以他那浓浓的四川话，向大家问好，我们参加扩音保障的同志也备感亲切和温暖。

陈毅司令员的报告很有特色，他思维敏捷，语言生动，有声有色，极具感染力。记得讲话一开始，就指出部队在丹阳驻防时执行纪律不好的几件事，原来陈司令员讲的话，都是有根有据的。陈司令员上街散步在光明戏院看到有几个战士没有票，硬往戏院里闯，后来司令员亲自出马干涉，这几个战士才退出。

他还提到，在南下途中有拦汽车的。拦不到车，往车后丢上块石头就跑了，有的为了拦车把腿都压断了。陈毅司令员严肃而又风趣地说：这大概是革命无对象了。

说这话的时候，陈毅司令员的手在桌子上连续敲击了好几下，全场鸦雀无声。虽是批评，语气也有些严肃，但完全是劝导式的，摆事实，讲道理，论危害，使大家听了心悦诚服。对进占上海，他说："我们一方面要有革命的信心，另一方面要有谨慎虚心的态度。"他首先要大家树立我军解放上海和接管好上海的信心，说："现在上海只有敌人残兵五六个军，没有什么打头了。"

"现在我们是一个走路的问题，走到哪里，解放到哪里。以前那些恶仗不会有。""现在全党的中心要转到接收城市、保护公私财产，巩固胜利，建设新中国。"

在如何进上海，到上海后要注意什么，陈毅司令员讲了很多使我们久久难以忘怀的话："我们进入上海，可能仍如在前线打胜仗，也可能在上海打大败仗。我们共产党员要意识到这一点才是聪明的，领导上意识不到这点是要犯错误的。进南京、上海是我们胜利的标志，在南京、上海搞一件坏事，全世界都知道……"

"……我们要表现解放军是一支好的军队，前线打仗是勇敢的，但进城后表现要虚心谨慎，要小心，要表现这方面的勇敢，我们野战军的'野'，在城市里不能野'。"

陈老总越讲越兴奋，他的手臂在空中挥舞着，他大声地用浓重的四川话说的一句话，我今天还记忆犹新："今天世界上没有任何力量可以阻止我们接管上海！"

在场的全体同志都兴奋不已，热烈的掌声时起时伏。他的话大大增强了我们接管上海，管好上海的信心。

陈老总还指出："我们要有另一种态度，那就是要谨慎虚心，抱学习态度。因为我们对这些是不熟悉的。上海是个帝国主义的吞吐港，有青洪帮、反动势力等，很复杂，诸如此类，我们都不大懂。我们不能自大，吹牛。上海一天要烧二十万吨煤，六百万人这一张大口要饭吃，要解决几百万人的粮、煤及生活问题，单是每天的大小便问题不解决就不得了。每天的垃圾不解决，几天就堆成一座山……这些，国民党能搞好，我们搞不好，老百姓会比较的。"他要求大家，对这些问题，不能掉以轻心。

接着，陈老总着重强调："入城纪律是入城政策的前奏，是见面礼。"还告诫大家："入城纪律不好，入城政策要走弯路。入城纪律是入城政策的开始。"还说，"有计划、有秩序、有纪律，则加快我们好日子的到来；无纪律、无计划、无政府则永远不能得到。"

他用这些极其精辟透彻而又十分简明的语言，来启发我们注意和重视入城纪律。

最后，陈老总意味深长地说："上海革命胜利解决了，中国革命也就解决了。"他的通篇报告，循循善诱，深入浅出，激发了大家执行入城纪律和入城政策、做好接管上海的高度自觉性。

在整个报告中，我们聚精会神，始终把扩大器调到最好的音响效果。我的视线始终没有离开陈老总，他时而插着腰，时而挥着手。近两个小时的报告，一眨眼就过去了。最后陈老总还提醒大家："宁可土一点，但要讲卫生，在街上不吃东西，头发、胡子、衣服等都要弄清爽。现代化的大城市都是要讲卫生的。"

听了陈老总的话，我回来后，着实地把自己那两件衣服搓了好几遍，洗得干干净净。后来细想，大部队进入上海后，纪律严明，各项入城政策没走弯路，与陈老总那次讲话是万万分不开的。

接管上海

上海战役发起后，我们即从丹阳启程，经无锡苏州郊外向上海进发，多数是夜行军，边行军边整训，并向上海籍的同志学说上海话和熟悉入城后的生活常识等。一路虽风餐露宿，疲惫不堪，但个个精神振奋，恨不得一夜就进到上海。当夜间行军从沿铁路城市郊外路过时，竟然灯火通明，和多少年来在山东农村夜行军伸手不见五指的情景，形成鲜明对比，真是别有一番心境。特别是沿路的人民群众都以欢庆解放无比喜悦的心情欢迎我们，送水送茶，让房让铺。

我们华东军区领率机关，经过一路跋涉，在稀稀拉拉的枪炮声中，于5月25日晚到达南翔。当晚我们在真如国际电讯台(发电机很大)露天宿营。

26日，我们抵达江湾路1号原国民党港口司令部，一个四层楼(可以洗澡，晚上我们在那里吃饭)，立即投入了紧张的接管工作。

我们通讯局的同志负责接管邮电系统、仪电系统和国民党遗弃的电讯设备器材。在三个多月的接管工作中，我们严格按照规定，不入民宅、不溜马路、不逛公园、不外出看电影。当时我们住江湾路1号原国民党港口司令部，与虹口公园近在咫尺，却从未去玩过。移住唐山路澄衷中学时，就住在楼梯边的过道上。当时，听一起参加接管工作的上海籍同志说，到国际饭店去看看，喝杯咖啡，是很惬意的事，特别是像我们从农村到这样一个繁华的大都市的人，对此更是十分羡慕。当时对于四五个月的津贴才能买到一支钢笔的我们，钱自然是个问题，但关键还是一个自觉遵守纪律的问题，最终我们还是没有一个人去过。

我军入城后，不入民宅，露宿街头，坐在马路边吃干粮，这种纪律严明，秋毫无犯的精神，赢得了上海人民的啧啧称赞和国内外的高度赞誉。和我们在一起参加接管工作的一名交通大学学生，受到我军纪律严明的影响，也同样生活艰苦朴素，和我们一起睡地铺，挨蚊虫叮咬，毫无怨言。现在回想起来，而且感到可笑的是，当时这名学生(他是地下党)穿了双皮鞋，我们这些从农村出来的"土包子"，看上去就不舒服，我直截了当地开玩笑地跟他说："你是个共产党员，怎么能穿皮鞋?"他听了很尴尬，支支吾吾地憋了半天才冒出了一句："穿……穿……皮鞋……牢……牢呀。"因为当时我们都穿的土布鞋。现在想起来，还真有点觉得对不住那名大学生。共产党员就不应该穿皮鞋吗?这又从何谈起呢!

在接管五角场以国民党元老陈其美命名的"其美"仓库时，库区内存放着美国援助蒋军的大批物资，多数在露天堆放，满地都是包装精致的饼干、糖果、罐头等食品，还有被服装具、药品、美式通信装备、电池等器材，虽包装考究，但也都散落在露天日晒雨淋。

后来发现，有的也不是属于我们通信器材的，有的是医疗器械等，包装上写的是英文，我们不懂。美式装备包装非常好。

接管一开始，有个别同志觉得好奇，看到散乱的被服装具乱穿乱戴，看到满地的食品就捡起来尝尝。记得有一名被我军俘虏留用的日军无线电机务人员，看到美制斜口钳、一套赛璐珞起子，质量甚好，颇为喜爱，就悄悄地拿回驻地。当时纪律教育抓得紧，每晚都要对执行纪律的情况进行对照检查，对他也不例外。发现后，第二天就动员他将工具放回原处。从此，随意乱穿乱戴和尝吃食品的事，就再也没有发生过，时时把严守接管工作纪律作为大家一切行动的准则。

上海夏天比较闷热，蚊虫又多，使我们这些初到南方的山东人，着实感到难以适应。

由于供给困难，当时，我们每个人只发两尺纱布做防蚊用。夜间在楼梯过道睡觉时，闷热的天气使人浑身是汗，其实这块小纱布也只能把头像养蜂人那样罩起来。这真有点"黑瞎子钻山洞，顾头不顾脚"呀，两只手不停地在身上拍打着，瘙痒难忍。这样做也无济于事，有时被咬得实在睡不着，干脆就坐起来聊天、看书，等到大天亮。一个夏天就是这样在闷热和蚊虫叮咬的环境中度过的，由于我们当时始终被上海战役的伟大胜利和解放大上海喜悦心情所鼓舞，任何艰难困苦当然都不在话下。

1949年7月6日，为纪念“七七”和庆祝上海解放，上海举行了150万人参加的规模宏大的军民大游行，检阅台设在江湾路1号门前，陈毅等首长进行检阅。我们一大早就拉线安装扩音喇叭，我有幸又担任了检阅台扩音保障的工作，目睹了上海解放后第一次如此壮

检阅车队(黎鲁摄，1949.7.6)

观的盛大场面。整个游行队伍秩序井然，场面热烈，口号声此起彼伏，军队威武雄壮，人民群众欢欣鼓舞。这一历史瞬间，竟成为解放后上海沧桑巨变和今日欣欣向荣的前奏，成为永远铭刻在我心目中十分珍贵的历史一幕。

经过两个多月的接管工作后，华东军区领导机关一部分人员奉命调到南京，与第三野战军领导机关合并，合并后为华东军区、第三野战军司令部。因为我当时担负着接管原国民党的通信设备器材的任务，所以在1949年8月被分配到司令部通联处仓库工作，负责把接管后如获珍宝的“其美”仓库的大量通信装备器材，组织了两个专列，约二十几个车皮，和其他的六个同志；押运到南京下关火车站。由于器材数量多，用汽车由火车站运送到临时仓库(原国民党的交通部大楼)就用了一个多星期的时间，那时我们押运的几个人，深感责任重大，来不得半点马虎；所以风餐露宿地日夜守候在车站，直到将全部器材顺利运送完毕。

凑巧的是，半年以后，在一次偶然的机会，我们在南京下关，看到已遣散回家的陆如涛在挑柴叫卖。此时国民党大势已去，我们则以胜利者的姿态，出现在原国民党总统府所的所在地——南京，他作为一个原国民党的上校军官，想必感触一定比我们更深吧，当时我记得很清楚，分手时我们希望他守法文明，安度余生，毕竟我们在一起相处过一段日子。给我印象最深的是当时的仓库主任彭行祉同志，他是1927年参加红军的老同志，我在山东就认识他。南京解放后，他留在了南京，没有和我们一起去上海。见面后他高兴地拍着我的肩膀说：“小鬼，谢谢你们从大上海给我们送来了这么好的宝贝呀！”我俏皮地对他说：“首长，这可不能谢我们，要谢还是谢老蒋和美国鬼子吧！”听了我的话，在场的人无不开怀大笑。彭主任说：“老蒋是我们的运输大队长嘛，是该谢谢他。”彭主任在军区通信系统，上上下下都很尊敬他。他经受了长期的革命战争考验，工作勤勤恳恳，任劳任怨，从不计较名利地位。当时，还有一位1929年参加红军的罗传定同志，当年他任赤卫队大队长时，为革命出生入死，国民党曾悬赏五百大洋要他的人头，敌人听到他的名字，都闻风丧胆。当时在洪湖根据地他可是个家喻户晓的风云人物，但渡江南下后，他从不计较个人的地位待遇，兢兢业业、勤勤恳恳地在仓库担任保管员的工作。我们这些年轻人在他们手下工作，感到非常荣幸。这段时间，我从两位老红军身上学到了很多为人处事的高贵品德，为自己的健康成长打下了良好的基础。

1949年的碎片和断影

陆伟峰[①]

1949年是中国历史上不平凡的一年，也是大变革的一年。

1949年新年伊始的重大新闻，居然是蒋介石发表的元旦文告。

文告表示："只要共党一有和平的诚意，能作确切表示，政府必开诚相见，愿与商讨停止战争，恢复和平的具体方法。"

1月8日，民盟主席张澜在上海发表谈话，指出蒋介石元旦文告，并非真正和平。蒋介石所提条件，不仅中共，就是全国民众也难接受。

1月21日，蒋介石发表声明："战事仍然未止，和平之目的不能达到……本人因故不能视事……决定身先引退，由副总统李宗仁代行总统职权。"

中国历史上，袁世凯当了83天洪宪皇帝，被迫退位。而蒋介石在中国大陆当了8个月的总统，也被迫"身先引退"。两者可相互媲美。

1. 战前景象

1948年秋，我升入了市西中学高一年级。约在1949年寒假期间，国民党军队征用了学校的底层教室，并且在操场内堆放着大量空的炸弹壳。据说，他们是国防部下属的一支技术部队，专门从事炸弹的爆炸试验。我们学校顿时变成了一座兵工厂。那时，全校八百多师生只能挤占在二、三层的教室里。我们犹如在一个炸药桶上上课，全校师生的生命安全危在旦夕。

①陆伟峰，生于1933年6月4日，时为市西中学高一学生。

另一个战前景象是舞厅变成了招兵站。百乐门舞厅本是上海繁华的标志。它地处静安热闹地段，马路上人来人往，川流不息。国民党青年军看中了它的优越位置，就在舞厅里设立了招兵站，门口贴了大幅的招兵广告。有一些人曾被宣传广告所吸引、蒙蔽，前去报名。据说，有一个中学生也去报了名，后被其父亲发觉，及时给予制止，才未成行。

1949年1月21日，总统蒋介石宣布下野，由副总统李宗仁代理总统职务。李宗仁代理总统职务后，表示愿意在中共的八项条件的基础上进行和平谈判。并且，先后电邀李济深、章伯钧、张东荪等民主党派共同策划“和平运动”。

李宗仁采取了“七大和平措施”。其中，有取消全国戒严令，启封一切因抵制戡乱法令被封之报馆、杂志等。

那时，在我的上学路上，有一书报摊。一天，我忽然发现书报摊上出现了许多新面孔的杂志。这些杂志登载着关于“和平运动”的各种新闻；介绍著名民主人士张澜、颜惠庆、章士钊等生平。此外，还登载了毛泽东的《新民主主义论》《论联合政府》等文章。这是我第一次看到的毛主席的文章。我也曾买了几本杂志带回家去阅读。由于我的知识水平较低，尤其对政论性的文章，还读不大懂，无法理解其意义。

后来，国共北平和谈破裂，李宗仁的“和平运动”终告失败。街头书报摊上的新面孔杂志也就销声匿迹了。

2. 汤恩伯困兽犹斗

蒋介石奉行不守长江、守上海的方针。3月，汤恩伯的京沪杭警备总司令部由南京迁至上海。4月23日、5月3日，南京、杭州相继解放，汤恩伯的头衔只剩下了“沪警备总司令”了。汤恩伯凭借二十万军队和四千余座永备工事，妄图阻挡解放军的进攻。

为了避免在市区作战，使上海遭受损失。解放军采取了从宝山和高桥两翼迂回攻击吴淞口，断敌海上退路的钳形攻击策略。

5月14日起，解放军攻击月浦、杨行和刘行一线。国民党守军以子母堡为核心的多道防线，阻挡进攻；并在海、空军掩护下，发起反击。

当时，我家住在梵皇渡路(今万航渡路)、新闸路。我家与月浦等地相距约有20多公里。连续几天的晚上，从我家的屋顶高处，遥望宝山一带的上空，可以清晰地看到满天通红，并不时传来隐约的隆隆炮声。由此可见，双方战斗的激烈。

不久，解放军攻占月浦、刘行等地，逼近吴淞口。

5月23日，汤恩伯眼见大势已去，只得登舰逃亡。

回顾抗日战争胜利后，1945年9月7日，第三方面军总司令汤恩伯，戴着抗日司令的光环乘机抵沪，万人夹道欢迎。但是，未满四年，同样是这声名显赫、效忠“党国”的汤总司令，却只能无可奈何地从海上逃离申城。正是：“‘司令’一去不复返，白云千载空悠悠。”

历史是最公正的，也是最无情的。

3. 5月25日的日记

1949年5月25日清晨，我像往常一样背着书包，到市西中学去上课。途中，还遇到一个同学。我们来到了校门口，管门的大伯说，今天临时停课。这时，恰逢有一个解放军战士路过，我们就上前去告诉他，我们学校曾被国民党军队占据，他就要我们引领他到校内察看。当我们进入校内后，发现已经人去楼空，仅在操场内还遗留着许多炸弹壳。在校内巡视一圈后，没有发现其他情况，我们就一起离开了学校。这是我第一次与解放军的接触。

由于学校不上课，我就漫步走到静安寺观望一番，商店大都照常营业，十分平静，并无异样。不过，我走到中正西路(今延安西路)、华山路交叉口时，发现有一辆装甲车，停在道路中央，这是国民党军队败退时所遗弃的。回家途中，在梵皇渡路(今万航渡路)上，看到几个人在围观一只丢弃路旁的麻袋，而麻袋里竟然装着一支长枪。这是我见到的一些战后遗迹。

我家照相馆里有一职工，他的家住在闸北，而有时他也住在店里。这天下午，他想回家去看望，并约我一起去。他骑了一辆自行车，我就坐在车后。我们到达南苏州河路、乌镇路桥附近，发现桥堍周围散布着许多解放军，旁边还架设了一门小钢炮。而苏州河以北的楼房里，还盘踞着国民党军队。当我们朝桥北张望而停滞不走时，解放军战士就叫我们快速离开，以免遭到流弹的伤害。这是我最接近战斗前线的一次经历。

4. 上海人民广播电台的成立

上海人民广播电台现今的地址是虹桥路1376号，那是1996年建成的上海广播大厦。电台的旧址在北京东路2号，那也是从别处迁来的。倘然要问上海人民广播电台在何时、何址成立？可能就鲜有人知了。

1948年秋有一天，我接到学校的通知，要我到上海广播电台去当一天义工。电台的地址是中正西路7号(今延安西路129号)，即今上海华侨大厦所在地。那里原是一幢低层的花园洋房，广播电台就设在这幢房屋里。那时，电台正在举办"赈济苏北灾民募捐广播会"。我去报到后，被派去当临时接线员。我的任务是接听听众的来电，并记录姓名、地址和捐款等。休息时，我还到二楼播音室的周围去参观；遇到了一些颇有名的演员，例如著名京剧男旦黄桂秋等。这是我与上海广播电台的一次直面接触。

1949年5月25日凌晨，中共地下党派出人民保安队去保卫上海广播电台，同时派了一些同志与电台职工一起控制了局面。5月25日清晨，向全市民众广播了"上海解放了"的好消息。

5月27日，市军管会派出接管专员对上海广播电台进行接管。随着接管，上海人民广播电台同时成立。当天晚上，上海人民广播电台正式开始播音，使用频率为900千赫和11780千赫。从此，上海人民广播电台的声音响彻全上海的上空。

5. 张元济老宅遭搜劫

张元济的原有老宅位于极司菲尔路40号(今万航渡路，323号)。那里原是张元济的私人花园住宅，张曾在此住了25年之久。1939年，张将住宅卖给陶桂记营造厂老板，张迁居至霞飞路(今淮海中路)上方花园。陶桂记营造厂老板将买下的住房进行改造翻建。刚竣工，尚未入住，就被汪伪沪西警察局局长潘达强占作为住宅。抗战胜利后，该房屋作为敌产没收。后来，可能改作国民党军政人员住宅。

1947年2月，我家从虹口搬到梵皇渡路(今万航渡路)267号。与张元济的老宅是近邻。

1949年6月某一天，有一批身份不明的武装人员，手里都拿着长短武器，包围了张元济的老宅。一些人进入屋内，另外的人持枪在外警戒。过路行人都驻足远远观望。不久，这批武装人员就撤离了。而在持枪放哨的几人中，我们发现其中一人竟然是扫弄堂的儿子。据说，这是一起冒充人民武装人员，抢劫财物的盗匪活动。后来，那个扫弄堂的儿子也遭到了逮捕。

上海解放初，冒充人民武装进行抢劫等活动，比较猖獗。以后，经过市军管会公安部门的严厉打击，各类盗匪案件逐渐下降。社会治安也日趋稳定。

6. 接管市西中学

1949年6月某日，市军管会代表杭苇等人来到市西中学进行接管；召开了全校师生员工大会。会上，杭苇宣布赵传家留任为校长，学校照常上课、办公，所有人员不得撤离职守。又宣布学校废除训导制度，改为教导合一制；取消公民课，改设政治课等政策。师生员工代表在会上发言，对接管表示热烈拥护。

市西中学的前身是公立汉璧礼侨童学校。太平洋战争爆发后，日军强征学校，改为“沪西集中营”收押同盟国难民。抗战胜利后，汉璧礼在原址复校。1946年，国民党政府将学校改为市立市西中学，留美归来的赵传家为首任校长。当时，市西中学仍用英国公学的教学模式。学校仍留用了几位外籍教师，教授英语、图画等课程。英语采用直接教学法，不用汉语解释；教材采用泰西五十轶事、莎氏乐府等。高中数学课采用英文原版课本。

学校接管以后，废除了英国公学教学模式。取消公民课，改设政治课。英语课采用毛泽东《新民主主义论》等英译本教材。高中数学课改用中文版教材。学校成立了民主管理机构校务委员会；学生成立了学生会，并建立了团总支部；接着又建立了教育工会市西分会。

经过改革，学校出现了新气象。全校师生员工的爱国热情高涨，思想觉悟有了很大提高，积极参加各种社会活动。在“反银元投机斗争”“劝募灾民寒衣运动”等活动中，热情参与并取得了良好成果。

7. 一场严重的经济斗争

国民党政府滥发钞票，造成物价飞涨，使上海民众吃足了苦头。上海市场陷入空前混乱之中。上海市民对钞票失去了信任，手里一拿到钞票就马上去抢购东西或银元。市面上都以银元作为通货。

国民党政权被打倒了，但是恶性通货膨胀的灾难，并未随之消失。上海解放初期，就遇到物价暴涨和严重的投机活动。上海市民对人民币还缺乏信任感，刚拿到人民币，就立即去买物品。在静安寺、曹家渡等热闹地段，就会看到许多银元贩子，手里敲着银元，口中喊着“大头、小头要哦”的情景。

面对这场严重和复杂的经济局面，党和政府采取了政治、经济的各种斗争策略。

6月8日，市学联号召全市学生协助政府取缔银元市场。我们市西中学的学生积极响应市学联的号召，参加了声势浩大的“反对银元投机、保障人民生活”的各项宣传活动。

6月10日，市军管会查封汉口路证券大楼，捣毁了金融投机的总指挥部；逮捕重要投机分子二百多人。在全市群众的协助下，取缔了四万多名银元贩子。从此，在马路上再也听不到银元贩子的叫卖声。

为了解决市民的货币工资保值问题。实行了“折实单位”制度。一个“折实单位”，包含中白粳米一斤、生油一两、煤球一斤、龙头细布一尺四种生活必需品。每天按市价折算，并在报上公布“折实单位”的牌价。市民的工资按“折实单位”计算。从而保证了市民的基本生活安定。

银行还推行折实储蓄、折实公债等措施。这是对资本的釜底抽薪，削弱了投机资本的力量。

物价飞涨是长期缠绕在上海人心头的噩梦。党和政府全面地采取了各种有力措施，经过10个月的奋战，平息了四次大规模的物价涨风，实现了物价稳定。上海人心头的噩梦终于被驱散了。

1949年的回忆片段

俞芷倩[1]

1949年是我国现代史的一个巨大转折点，也是我人生的转折点。

1949年上半年，我在上海中西女中初中三年级，因为我幼年经历了八年的日寇占领，在对国民党蒋介石寄于极大希望中迎来了抗日胜利，谁知没有多久就党国腐败，社会黑暗，民不聊生，像我那样年纪轻轻的女孩子已经十分忧国忧民，对民族的命运看不到希望。那时我对共产党很不了解，在要好同学的带动下，参加一些外围活动，主要是学唱歌曲，有较强的追求自由平等的思想。从1948年以后，社会上、家庭内对国民党已经失去信心，共产党节节胜利的传言日益增多，就在那样惶恐不安，又有些期待的气氛中迎来了解放军解放上海。

不久，学校的地下党公开了身份，课程中增加了政治课，原来的数学老师张晓如先生教我们政治课了。张老师对我的影响特别深，我非常喜欢听她讲课，她由浅入深地对我们进行启蒙，讲社会发展史，讲中国的贫穷落后，人民的苦难，社会的不平等；讲苏联的美好幸福，讲什么是马克思列宁主义，苏联人民如何幸福，他们的今天就是我们的明天等等。

这时我心情豁然开朗，充满着对国家和个人前途的美好向往，1949年下半年第一批我就参加了新民主主义青年团，记得那时我们十来个积极分子为了举行入团宣誓仪式，每个团员胸前要带一个新发布的青年团团徽，有一天放学后都没有回家，通宵达旦在学校里制作道林纸的彩色团徽。那一夜不眠，第二天没去上课，大概是周末。那种疲劳劲儿是终生不会忘记的。但那时的心情无比激昂，好像为革命做了积极的贡献，非常自豪。

①俞芷倩，生于1933年8月19日，时为中西女中初三学生。

中西女中学生参加国庆游行(1949.10.8)

另一件记忆很深的事是在解放后不久的某一天(六月份左右)，我们一批同学都到交大去参加解放前一两天被国民党在监狱里杀害的交大学生党员穆汉祥和史霄云烈士的追悼大会。我对他们两位由衷地崇敬，无比的痛心。那种全场高唱革命歌曲，呼喊革命口号的场景使我心灵震动很大，暗下决心要学习烈士的革命精神。

还有就是经常参加游行，学习扭秧歌，打腰鼓，参加各种会议，入团不久我即被选为班级的团支书和校团总支委员。因为我家里没有人管我，所以我的学习成绩大幅度下降，记得高一的数学没有及格，但那时候这种情况不止我一人，学校还是让我升级到了高二。我对于自己的学习已经不怎么在乎，因为解放不久有一次开中西全校大会，热烈隆重地欢送好几位同学放弃学习，参加南下革命工作去了。我认为她们都非常伟大，为了神圣的革命事业，放弃小我的学习和舒适的生活，离开家庭到遥远的南方去，这是了不起的精神啊！这样的全校大会，如欢送参加文工团的同学等等，有过几次。我对她们都非常敬佩，但由于自己年龄太小身体较弱，不敢想象能离开家庭，离开学校。

1949年10月1日的开国大典，我记得是因为天气缘故，上海是在10月8日举行全市大游行。我当然积极参加，具体细节记不大清，只记得走了整整一天，十来个小时。由于组织工作没有经验，队伍走走停停，两旁的观众时多时少，我们积极地喊口号唱革命歌曲，开始时非常起劲，后来就很疲劳了。

终于在1950年底，在团总支书记瞿明明同志的动员下，我毅然决然地走上了上海市公安局的工作岗位，1953年入了党。到了1956年，又在“向科学进军”的号召下，我参加了高考，走进了北京大学，后被留校当了教师。今年我将进入86岁，回顾自己一生，值得庆幸的是我始终坚持1949年建国初期和我的母校对我的培养教育所养成的品格，比较能够坚持真理修正错误，对人对事实事求是，与人为善，兢兢业业地工作，教书育人，做一个有人性而不违背真正的党性的人。

1949，一个17岁少年的回忆

殷立民[①]

1949年是中国近代史上天翻地覆的关键年，直接影响到城市或乡村的每一家每一人，对于上海人来说，也许关联更多更切身。上海解放前夕，时局不稳、人心惶惶，很多家庭去了台湾、香港等地，有的全家一走了之，有的走一半留一半，妻离子散。时隔三十年，中国迎来了改革开放，其中有些家庭得到了团聚。当然更多的家庭是从此分离永别。我家也不例外，人员离散，可是因为种种原因，与众不同，较少凄惨可怜。

淮海一役的胜负决定了中国的命运，解放军很快到达了长江边，渡江只是时间问题。就在这时局万分紧张的时刻，住在同一个石库门内的二叔殷之钺和二婶佘崇懿突然提出要到广州探亲。二婶佘崇懿是广东中山人，从来没听她说家乡还有什么亲戚，突然说走就走，由于种种原因，我们不便打听追问。因为二叔抗日战争前是上海江海关关员，抗战初期去了延安，抗日战争胜利后从延安回来上海，恢复在海关的工作。家里人都知道他们是地下共产党员，不过彼此心照不宣。

十天后二叔回到上海，继续在海关上班，二婶和三个女儿都没有回来，说是留在广东了。后来才知道，北平和平解放后，正在筹建中央人民政府，急需各方面人才，二叔二婶接到北京的指令，从香港搭乘海轮到天津再进入北京。因为一则预计上海解放后，到北京的铁路一时不能通车；二则天津已经解放，上海不再有海轮去天津，所以必须绕道香港海路去天津。当时二叔殷之钺因为有迎接上海解放的任务，还不能离开上海，因此二婶先走。

解放军渡过长江后很快就逼近上海，那时候母亲方品霞在上海海关工作，派驻龙华机

①殷立民，生于1933年9月6日，时为辑椝中学初三学生。

场办公室，虽然解放军已经到达龙华机场的边沿，我妈妈还是每天去上班。一天，我的父亲殷之炯突然来到龙华机场，他将立刻飞去台湾，父亲对妈妈说可能过几天就回来。其实我爸爸搭乘的是龙华机场起飞的最后一架飞机。飞机起飞后，机场工作人员，包括海关关员即刻撤离龙华机场，解放军很快进驻龙华机场。

父亲的离开对于我妈妈来说并没有太多的分离痛苦，因为父亲另有外室，与母亲长期分居，感情已然淡化。而且当时我家的情况已是两极分化，我父亲是国民党一方，而我母亲受到同住一起的二叔二婶和堂房大孃孃殷之瑾(也是地下共产党员)影响，是迎接解放的左派。那时我已经十七岁，正是热血青年，也是亲共的欢迎解放军的一分子。

1949年5月20日前后，上海市区已经可以听到远远的炮声，上海西区(徐家汇)炮声更明显，解放军已经包围上海。我家住在北京西路黄河路口平和里，这是市中心地区，也能够听到炮声。当时我在杨浦区提篮桥附近荆州路上的辑椝中学上学，我的伯祖父殷正甫和堂伯父殷之鸿都是辑椝中学的教师，我每天跟随伯祖父搭乘有轨电车去上学。解放军开始攻打上海，辑椝中学比较早停课，因为一则有不少学生的家在苏州河以南，有种种不便……二则当时学校已经腾出一些教室给青年军作为驻扎的营房。

5月24日炮声更接近更频密，这天晚上经常不回家的堂房大孃孃殷之瑾也回家来了。一家人聚集在一起很热闹，没有炮声带来的恐惧，只有迎接解放的兴奋和激动，大家都难以入眠，集中在楼下后厢房谈论时事。二叔和大孃孃都是海关的地下共产党员，虽然不是一个组织系统的，但是彼此心中明白。抗日战争时期大孃孃曾经与茅丽瑛一起从事抗日活动，后来转移到重庆，抗日胜利后再回上海从事地下工作。我们收听新华社广播，了解解放军的进程。炮声渐渐稀少了，这就意味着解放军进入市区，越来越靠近我们了……

25日大清早起身，已经听不到枪炮声，外面显得非常安静。打开收音机、上海广播电台已经开始播放解放军解放上海的各种消息了，广播告上海人民书，约法八章……公告解放军在上海市区的进展情况。上海广播电台地处外滩北京东路2号，这就说明外滩已经解放。

大约是早晨八点，我跟随二叔走出家门，弄堂的大铁门还紧闭着，我们透过门缝观望北京西路，一切都很安静。我们请看守弄堂的老巡捕打开大铁门上的小铁门，我和二叔出门来到街上，所有的店铺都门户紧闭。看到一行十几个人的解放军小队伍，自西向东行进，此时的我很是兴奋，因为这是我第一次见到解放军。二叔对我说要去外滩的海关办公室，我就退回家里。没过多久，二叔回来了，他到了大光明电影院附近，有解放军劝他回家，说战事还没有结束，去外滩或许路途上有危险。

中午时分，从广播中得知解放军已经完全控制了苏州河以南地区。下午二叔再次出门去外滩的海关大楼，大孃孃也去赫德路(常德路)海关总署办公室，虽然他们的身份是不公开的，但是家里人个个知道他们的秘密身份。我知道那几天很多海关的职工带同家属搬进海关大楼居住，因为外滩的海关大楼很牢固，外墙是花岗石建造的，战火中相对比较安全，海关的领导就腾出地方让职工入住避险。

经过不多的枪战，26日解放军已经到达苏州河北，5月27日上海完全解放。解放军进城纪律严明，特别引起舆论关注的是解放军不进民居扰民，这一点得到了确确实实的赞赏。解放军进攻上海前陈毅司令员做出了两个硬性规定：一是攻城不用重武器，二是解放军士兵不进民居。这是因为四月南京解放后，军人误入美国大使馆，与司徒雷登发生了语言冲突。另外，陈毅在刚解放的丹阳，看到很多士兵夜晚逛街发生的一些情况。陈毅考虑到这些从来没有进过城市的农村兵，进了大上海后可能……所以做出了以上两个硬性规定，事实证明这两个规定是十分英明的，赢得了民心。

解放军如此顺利地拿下了完整的大上海，也许主要原因是抗战胜利以后国民党管治失调，官场腐败失民心，失民心者失天下！但是后来我明白了还有一个很重要的原因是，共产党在上海的地下工作起到了重大的作用。首先是解放前长期以来利用各种媒体进行了有效的宣传，当时上海的《大公报》《文汇报》经常发表不利于国民党政府的文章，我还在书报摊上买到过完全是左派立场的没有封面的杂志(可惜这些东西在“文革”期间都被扔了)，地下工作者通过媒体争取到上海民众的心。

上海市区的解放，战争带来的破坏很少，包括房屋、街道、桥梁和工厂等等，都很完整地保存下来，没有断水，也没有断电，而且电话也能打通。二十五日我们还与住在虹口区山阴路的二姑妈通电话，交流情况。这有几个方面原因：一、解放军为了保护老百姓的生命财产，不用炮火等重型武器攻打市区。二、共产党在上海的地下力量很强大，无处不在，例如上海海关就有很多地下工作者，据说分属六个不同系统，我的二叔殷之钺是延安中央社会部(调查部)派遣到上海的，表面上他很安静，按时上班下班，星期天打打麻将。在赫德路海关总署工作的堂房大孃孃又是另一个系统的，她是另一种类型，很活跃，经常参与南京西路海关俱乐部的各种活动。上海的地下工作者在上海临解放前，积极组织力量保护上海，各大工厂都有工人护厂队，防止有人破坏工厂。当时的上海警察局已经被国民政府缴械，而海关的关警还保持有武装力量，关警大队长王昭培是地下共产党员，他的这支队伍就担负着保卫苏州河上的桥梁，防止国民党军队撤退前破坏。解放后我曾经居住在海关大楼，王昭培叔叔是我家隔壁邻居，曾经听他讲故事。三、实际上国民党军队撤退时没有破坏工厂和桥梁，一则当时打算三个月以后再打回上海，二则不想给老百姓留下坏印象。

1949年有些家庭因为分离而凄惨悲痛，我家却因为团聚而开心鼓舞。小姑妈殷之瑶抗战初期随二叔他们去了延安，二叔抗战胜利后回到上海，而小姑妈失去音讯十一年。上海解放后从北京传来消息，小姑妈殷之瑶已经进驻北平任职……如今我清晰记得小姑妈回上海探亲时的情景，她与我母亲同龄，却显得英姿飒爽，在我眼里很有巾帼风采，我好奇地每天跟着她走东走西拜访亲友，嘘长问短……有这样的英雄姑妈内心很自豪。

1949年上海即将解放，很多人纷纷离开上海，小叔叔殷之泰不想走，他自认为抗日战争期间做出过贡献，据说他与当时的飞虎队有交往，觉得自己对中央是有功劳的。可是当他与延安归来的小姐姐(小姑妈殷之瑶)相见，小姑夫张国坚了解情况后，立刻警觉起来，因为小姑夫长期从事公安保卫工作，曾经是瑞金时期和长征时期中央保卫局的干部，邓发的副手，小姑夫知道各种内部规矩，像小叔叔这样的情况是绝对不可以留在大陆的，可是那时候已经不能随便出境了。姑夫张国坚利用手中权力，安排一项任务给小叔叔殷之泰，嘱咐他到香港完成任务后，不要再回大陆。后来我与小姑夫较多接触后，了解到他与一般解放军干部不一样，他在印度尼西亚读书长大，华侨家庭重情义，他极其重视人情和人性。小叔叔殷之泰因此得救。

我1933年出生，上海解放那年我虚年17岁，因为肺结核病，经常休学，所以还只是初二学生。全市解放后没几天我跟随伯祖父去到学校，有不少教师和同学都回到学校。大礼堂有外校来的宣传队表演歌舞节目，宣传解放军爱人民，鼓励同学们欢迎解放军，拥护共产党。当时的红歌还不多：《解放区的天》《解放军进行曲》《山那边好地方》……另外就是几首新疆民歌《青春舞曲》等。辑椝中学(后来的市东中学)是著名的三青团堡垒，地下共产党的力量比较薄弱，所以有关方面安排外校的宣传队到辑椝中学来宣传党的政策。

我是学生“积极分子”，这个名称是当时拥护共产党者的别称。那时候我就结识了还没有公开身份的学生党员钱关林、袁楚良、张夔麟和施叔华等，一起组织、参加各种活动，成了好朋友。

辑椝中学是上海解放最后一所被接管的公立学校，先接管其他公立学校，积累了经验再来接管这所麻烦较多的学校。当时借用了东海电影院作为接管大会的会场。主持接管仪式的是市领导舒文同志，派段力佩担任校长，吕型伟任职副校长。

学校恢复上课，我是个很认真的“积极分子”，常对同学们作拥护共产党和解放军的宣传！鼓励同学一起参加社会活动，但是那时候大部分同学都比较保守，不敢参加活动。有个别要好的同学还来劝说我，不要太积极，假如老蒋打回来就糟糕了。很多同学受家庭影响，一是不相信共产党，二怕国民党打回来，那时候我这样的积极分子还真是少数。

我还记得动员同学们参加10月8日的游行，庆祝中华人民共和国中央人民政府成立。当时乐意参加游行的人不很多，有些同学怕国民党飞机来轰炸……经过多次动员劝说，后来我们班大部分同学参加了。那次游行拖延时间很长，可能当时的组织者还缺乏经验。中午在学校集中队伍出发，队伍很宽，八人并排占据了整条马路。一路行进，一路叫喊口号。从学校出发走到长阳路，向南过苏州河到达南京路，走走停停。到达南京西路时已经接近晚上，天空渐暗。进入跑马厅(现今的人民公园)接受领导检阅。我看到检阅台上有华东区委书记饶漱石和上海市长陈毅……走出跑马厅队伍解散，大家已经很累了。那天没有任何国民党飞机飞临上海上空。

不久以后学校有了新民主主义青年团，我成了学校的团总支委员、初中分支部书记，而且兼任少先队辅导员……1950年我有机会进上海市青年团干部训练班学习一个月。可惜学业结束后，就因肺结核病复发长期卧床休养……

1949年以后，我家的变化有点特殊，从上海的一个大家庭，逐渐变小，家庭成员一个个离开上海。二婶先期进入北京建立中国海关总署，南北铁路通车后，二叔到北京任职海关总署办公室主任、总署副署长……过了几个月，和我们同住一起的堂房大孃孃也赴北京任职了。祖父祖母也去了北京养老。我妹妹殷立礼长大了，也去北京上大学、工作。母亲也去了北京……上海的大家庭几乎化整为零。

一个中学生的1949

葛伟成[①]

1949年春节后高一下学期开学不久，有一天突然接到学校紧急通知，要我校高一几个班级的同学生次日全部穿上校服，上午9：00去福州路天蟾大舞台集合，参加活动。第二天到了大门口，学校级任老师(班主任)、训导主任，在外集合点名，不得缺席，否则作旷课处理。我们排队进入会场，里面的大会横幅是国民党高级将领黄百韬追悼大会。会上有国民党国防部、市政府、市党部等代表先后讲话，最后发给黄的遗孀抚恤金，10两黄金的大金条10根。

这次会议的召开告诉我们，以毛主席为首的党中央直接指挥的辽沈、平津、淮海战役的伟大胜利，战局已靠近长江边。党中央发出了将革命进行到底，打过长江去解放全中国的号召。而蒋介石开始自己下台，由李宗仁代总统出面，要求和平谈判。学校地下党支部通过班级里的地下党员不断加强与我的联系，开展时事座谈会，给我们阅读油印的《学生报》。帮助我们认清形势，明确任务，要让老百姓都知道，不要上国民党的当，那是假和谈真备战，不要存有幻想。共产党提出打过长江去，推翻蒋介石统治。

这份油印的《学生报》是由党领导的外围组织地下学生联合会不定期出版的，开始个别传阅，后来有点半公开的。我通过会刊的启发教育，同时积极参加各项活动。同年3月我提出了加入地下学联的要求，经过党支部审查得到了批准。从此在党的指引下，我走上了革命的人生征途。

先是发传单，拿一张样张来，学校里有人刻蜡版印的。育才有风雨操场，下面有几

①葛伟成，生于1933年12月9日，时为育才中学高二学生。

间房间，一间是体育课放器材的，一间是童子军放东西的，还有一间是学生自治会的，传单藏在那里。印完以后有人来通知，抽空去发掉几张。不能多拿，以免发现。每次拿两三张，藏好。上海比较规范的人家，有信箱可以扔，邮筒里扔；书店里，假装看书，塞在书里。同时关照过绝对不能说出来，如果抓到，就说拣到的。

发传单是后来很大一个事，印了很大一批，大家都要发。当时规定根据各人住址不同，分散发，不要集中。

大概1949年3月，那天通知《约法八章》印好了，要大家分头去散发。一般3点半到4点半，多一课少一课，我去拿了两张传单，书包里的文件夹里有夹层，藏好，沿路发。如果沿路不能发，吃完晚饭后再出来散发。一张一张带出去，抓住也不承认。

那天走过延安路朝南到了黄陂路，突然发现对面有人过来，便衣把前面的人拦住搜身。当时距离只有几十米了。那时如果我马上回头，就可能暴露，只能硬着头皮向前。好在我人矮小，又是学生打扮，我假装没事。前面两人被放行，擦肩而过。当时心里很紧张，走过去了还不敢回头，有惊无险。

在国民党疯狂镇压革命活动白色恐怖笼罩之下不畏风险，分头散发各种油印传单，宣传和平谈判的《约法八章》。解放军的《三大纪律八项注意》，动员全市人民提高警惕，防止敌人破坏。

同年4月份和谈破裂，渡江战役开始。为了防止蒋家王朝垂死挣扎，进行各种破坏活动，地下党指示开展各种宣传活动，加强保卫，防止破坏，迎接解放各项准备工作。

其中有一件事，上面布置我们调查情况，发过社情调查表格，提出各种要求，收集国民党驻军、伪职人员情况，还有伪保长是谁，住在哪里等，报告上级领导。我调查过一件事。

在我家附近太仓路有一大寺庙庄严福祥寺，是大的花园洋房，三进，三个殿，老百姓一直去烧香。4月中旬突然进驻一支国民党军队，寺庙停止开放，不能烧香了，只有和尚才能进出。我在外面等，看见小和尚出来问，我们要进去烧香，怎么不让进？他说军队驻在里面。我问你们还做饭给他们吃，他说驻军自己做饭，有一百多人。我及时报告了上级。

为了迎接解放，我们在放学后，分批召集部分积极分子同学集中到三楼角落偏僻处的教室，关上门窗，教唱革命歌曲《团结就是力量》《你是灯塔》《解放区的天，是明朗的天》，练习扭秧歌。

5月初，我又参加了人民保安队组织，晚饭后轮流在学校值班，巡逻检查安全，直到全市解放。

那时白色恐怖很严重，西藏路南京路口枪毙两人，说是银元贩子，实际上是策反国民党军队的地下党人。张权好像就是在那里被杀的。

5月24日晚上，我还去学校值班。宝山杨行、吴淞、浦东高桥还在激烈战斗，一支解放军从西南由西向东攻入上海，枪声越来越近市区。当晚市区大多数市民急切盼望着解放军的到来。等到25日天亮，上海苏州河以南市区枪声已停止，我走出家门到淮海中路宝康里弄口一看，(前几天下雨)马路边沿街潮湿，解放军全睡着，头朝里，脚朝外，背包枕在头下面，躺着。估计他们是前一天夜里进来的，不进民宅。围观的市民对人民解放军的风纪严明、秋毫无犯，齐口热情赞扬，附近居民还手提水壶、热水瓶为他们送茶水、点心。

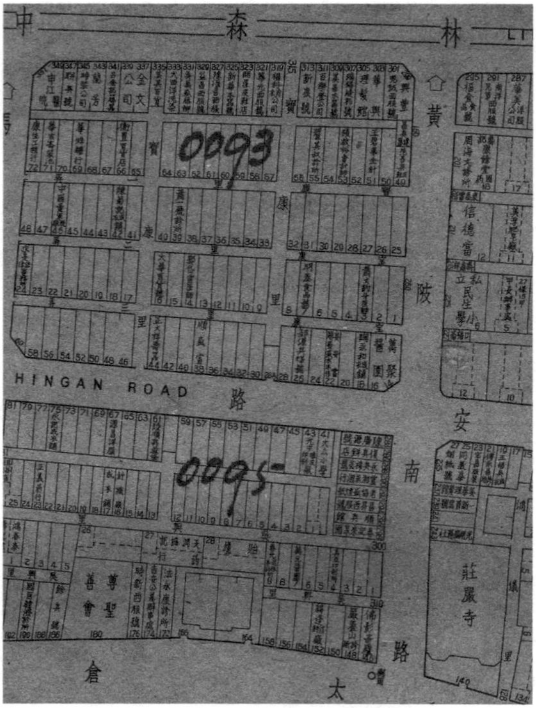

保康里周边地块图

不久一声哨响，他们站了起来集合点名，列队开拔。

那时，苏州河北面还有敌人顽抗，直到27日军管会正式宣布上海全部解放，从此开始了新的历史时代。

那个时候宝康里的垃圾桶里还发现扔掉的国军黄军装，还有士兵敲门讨旧衣服的。

解放后的上海到处百废待兴，去旧立新，大家忙得不可开交。

临解放前后，学校经常停课，各科老师又抓紧补课，完成高一下的期终考试。1949年6月的一天，接到通知，我们地下学联成员和人民保安队队员赶到交大礼堂开会。中共中央宣传部部长陆定一同志以交大老校友身份回母校，市学联组织全市大学高中部分学生代表来聆听他作政治形势报告，从国内外当前形势，上海解放前后的形势谈到党中央对上海的任务和要求。会场秩序井然，场内座无虚席，我们去晚的只好席地而坐，门口窗口都挤满了人。历时近两小时，掌声不断，鼓舞人心，很受教育。

6月份，校中就有几位同学报名参加解放军南下工作团，随军南下福建工作，我们班里就有两位。

放暑假了，我被借到新建立的上海市学生联合会当志愿者，去位于陕西北路182号原“荣德生宅”的学联，协助整理档案材料。吃完午饭去半天。

1949年9月1日开学后，学校开始新的学生会的选举。我在党支部的领导下和班级同学的积极支持下，通过竞选，以高票当选为学生会执行委员，分工担任联络部部长，负责协助学生会主席和秘书长，联络全校和各班级的代表，贯彻执行学生会的各项任务。不久新成立的新成区团工委学生部又按市团委和市学联决定成立市学联新成区联络处，负责联络全区36所完全中学和初中学校学生会的联络工作。联络处有成员7人，主任是团工委学生部干部程元生(脱产)，其他6人都是区内各校学生会的委员或学生干部，我是组织干事，还有学习、文艺、体育干事等。每人分工联络区内各学校，以推动学联决定的各项工作的开展。团结广大同学做好学生工作。召开各项座谈会、交流会，交流情况，介绍经验，组织各校的文艺活节目，开展文艺汇演、评比，开展校际各类球类比赛(排球、乒乓球、体操比赛等)，组织各校同学参观大合唱，扭秧歌，打腰鼓，等等。

印象最深的是我的邻居，原来是我读喇格纳小学时的老校长，解放后担任市府交响乐团总务主任，每当举办交响音乐会，夏天就借南昌路46号(现市科协礼堂草坪，露天音乐会)，其他时间在兰馨大戏院(室内)。场子租借后，没有服务人员，找我商量要求组织同学当志愿者，每次免费发一张入场券，可带亲友去参观。我有同学负责进场检票收票，引领入座，场内秩序维护，直到退场清场结束离开。为此，我接到他的通知后每次要组织我班和其他班级同学10人参加服务，时间长达一年之久。乐团省去开支，同学在社会实践中得到锻炼，而且培养了一批古典音乐爱好者，终生欣赏，陶冶情操，提高素质。

下半年开始，课程设置有变化，原来开设的公民课不上了，改上政治课。英文课原来学泰西36，罗宾汉，现在改成《论人民民主专政》。上课老师叫宓佐昌，西南联大学生，去滇缅公路当翻译。他是美国腔，育才原来英语教学全身英国腔。后来他又开始教俄文。

1949年10月1日下午3时，北京天安门广场召开大会，毛主席宣布中华人民共和国成立，举国欢腾。可是上海当天正值大雨倾盆，我们都在室内收听无线电的实况广播。

那几天天天下雨，直到10月7日才停，所以上海全市的庆祝集会游行一直推迟到10月8日才隆重举行。

当时的跑马厅还是一片泥泞地，第一次筹备这样大规模的集会游行，实在煞费苦心，兴师动众，克服种种困难。集会时间定10月8日上午9时，但是参加的市区各县人员分别在10月7日晚上开始陆续到达，除了广场内分片集中外，附近各条马路都排满了集合的人群。跑马厅广场内因多日下雨，泥泞路滑，灯光昏暗，大家在露天等候到天明的到来。既冷又饿，但是口号声、歌声，此起彼伏，直到大会开始。陈毅市长等领导讲话，宣布庆祝大会开始。队伍排列有序，接受主席台检阅后，离开会场后陆续散开，回家已近中午了。新中国成立振奋人心，再累也值得，因为我们见证了新中国的诞生。

那天，我从午饭后去学校整理队伍，傍晚带领游行队伍到跑马厅报到安顿后，东奔西走，前后来往联络安排，组织活动。参加开会后又按序安排各校游行队伍通过主席台检阅，直到游行队伍分散，回家午饭后倒头便睡，实在太累了！到9日午前才醒过来。

1949年10月初新成区团工委派出建团工作组来到学校，开展中国新民主主义青年团的建团工作，张贴告示，筹备建团工作。我们学校的地下学联小组和人民保安队的成员意见不少要求进步的同学向工作组报名，申请加入新民主主义青年团。建团主要在高中各班级，工作组在课后建团培训班学习团章，团的基础知识，了解入团条件，明确入团动机，每人联系自己认识，学习心得，填写入团志愿书。建团工作组的成员、团工委组织部长李若兰、学生部长巴洛分别深入小组参加讨论，启发教育，个别讨论了解情况，最后，按团章规定，召开班级申请入团成员开会，逐个自报互评，讨论通过入团。并且，除了李灏然同学被评议为候补团员(候补期三个月)外，其余10多人都是正式团员。

11月上旬某天，新成区团工委在国际电影院召开“建团单位团员宣誓大会”，宣布各校团组织(总支或支部)的建立，各校同时张榜公布批准入团正式团员和候补团员名单。全区入团团员在团工委组织部长李若兰领导下举行入团宣誓仪式，区团工委书记陈元同志作报告。我校团员的入团时间都是1949年11月4日，介绍人就是区团工委建团工作组的负责人李若兰和巴洛两位同志。

一个休学生的1949

张晓慧[①]

……到了1948年底(这时平津、淮海、辽沈三大战役均已进行)，家里生活较紧张，就想卖掉母亲在安庆的房子，就由我独自去镇江找大哥，一到了北站我几乎被惊呆了，只见到一列列从北边开来的火车车顶上都扒满人，火车头上都挤了好几十人都是从江北跑来上海的难民，到了镇江找到大哥，和大哥哥一起经南京坐小火轮赴安庆，轮船竟开了两天才到安庆。因为下雨，轮船竟会在江中迷失方向，更叫我至今都不理解其中还被国民党江防部队扣住，说是不是一船共产党。好在船上有几个从徐州撤退回来的国民党校级军官，解了围，才到达安庆。到了安庆住在二舅家，我是旧地重游，这时大表兄一家已去芜湖，他的房子已卖掉，但房客们都在，经二舅家的大表兄和舅姥娘等人联系，将房屋卖给了原客户佟木匠，大概是袁大头300元，一切办妥之后和大哥坐船经南京回上海。

1949年开始了，淮海、平津、辽沈三大战役均已结束，国民党在军事上遭受严重失败，蒋介石发表了元旦文告，宣布下野(1月21日蒋介石下野)，表示要和中共和谈，国民党由李宗仁代总统，派出了以张治中为首的代表团赴北平谈判，国人寄予很大希望。但谈判终于破裂，到了4月23日这一天，我照例买了新闻报，一看上面头号标题“共军突破长江防线，国军转移，作袋形防线抵御之”“共军向沪杭推进”。消息传来，大家大惊失色，尤其是住在阁楼上的吴太太一家。她原住南京，她的先生特地将她和三个小孩送来上海，以为南京是国民党首都，一定很大打一仗，而上海是国际城市，不会大打的，谁知他想错了，解放军渡江后一路势如破竹，江南各城市如常州、无锡、苏州等，都是由西门打进接

①张晓慧,1934.2.7~2005.5.2，高中休学，摆小人书摊。

着由东门打出，大兵直抵昆山的陆家浜。

接着战火漫延到黄浦江来，上海已被包围，繁华的外滩已禁止行人通过，只有公交车辆还在通行。一天我带着老三、老四到父亲办公的中国银行第十一层楼上观看浦东对面，只见战火纷飞，在黄浦江的国民党军舰不时向浦东远处发射炮弹。中山东一路上有一些装甲车还有坦克在巡逻。我意味到在上海外围要大打一仗了(其实已打了起来)。上海外围国民党早就修建了所谓“固若金汤”的防御工事，其坚固程度大大超过了二战时期法国修筑的马其诺防线。据报纸载，在上海的国民党军队有十七个军的番号，约有好几十万人。在市里依然灯红酒绿、车水马龙，电影院戏院照常营业，只有在商店的橱窗和居民住房的玻璃窗贴上了防空纸条，在马路上看到一些“反共戡乱”的标语，可是到晚上又出现一些“拥护中国共产党”“打倒国民党反动派”“中国人民解放军万岁”等标语。晚上炮声不断震得门窗哗哗响，在1949年5月24日那一天，我带着小弟弟在四川北路游玩，只见家家户户都挂着国民党国旗，马路上许多汽车上面坐着一些敲锣打鼓的人并散发传单，说是浦东外围国军大捷，以告全市人民书，可署名的是上海市警察局局长毛森。我回到弄堂给大人们一说，大人们都表示怀疑，说怎么汽车直往吴淞开，看样子上海保不住了。

第二天(5月25日)父亲照样去外滩上班，到了苏州河边就被士兵阻挡住了，到附近打了电话去单位问了一问，对方说我们这里已解放了，原来解放军已解放了苏州河以南。我接着去三角地小菜场附近的十六区中心小学，把老四和老三接回家。一会儿，学生家长们纷纷来接学生，马上学校也就停课了。回到家后，收音机(里)就广播了中国人民解放军发布的公告，马路上国民党散兵游勇满街都是，有的换了便衣，有的扛了一袋面粉来回无目的地乱跑，可他们脸上并不很惊慌，有的还在开玩笑说都是中国人。末了我就这样说着把帽子一转，使帽檐朝后，上海市民还成群地涌上街头看热闹。

这时候各商店关门闭户，可这时国民党的一些老兵油子就开始抢劫了，用枪对着看热闹的人，将他们手上的戒指和手表都抢去了。大概有人向解放军打了电话，在收音机里播出了命令，指出在虹口一带有散兵游勇抢劫，警告他们赶快到指定地点向解放军投降。直到5月27日，一早我见到在昆山路吴淞路口有一个士兵在站岗，粗一看和国民党军差不了多少，仔细一看，军衣是粗布，脚下穿的是布鞋，这是我第一次见到的人民解放军。随后我又见到大批的解放军入城，人数之多是我从来没有见到过的，他们排着长长的排队伍，也不知道向那里去。算起来在上海自被围到解放共有半个月的时间，这些军队不打搅老百姓，后来大部分都转移到郊区和外地去了，只留下一部分驻守上海，我们弄堂里也驻着约一个排的部队。过了几天形势稳定下来，上海市的交通邮局公共设施一切正常，除了煤气在5月26日停了七个小时外(因为在泥城桥处有国民党军在顽抗)，水电等始终没有停，也是工人阶级和共产党地下工作做得好。就是在围城时垃圾无法运，弄得弄堂里到处是垃圾遍地是粪便，解放后不到一周就全部清理完毕。

解放军入城严格遵守三大纪律，对群众态度和气，这样就使得老百姓对他们发生好感。上海解放后，父亲原单位被军管会接收，父亲仍留原单位工作，7月份华东军事政治大学在上海招生，我也报了名并参加了考试。不久在报纸上登出了录取名单，我被录取了，但由于种种原因迟迟未去报到，直至九月份报纸上再一次登出，为了还有一些学生没有报到等此再给一次报到机会。我终于沉不住气了，不顾父亲反对，毅然于9月20日，在上海荆州路入了伍，参加了革命工作。

9月22日离开了上海，赴苏州军大第二总队(原在济南的华东军大)，在六团一大队一中队当了学员，学员都是来自上海、杭州的青年学生和社会青年。

华东军大的前身就是抗大，在南京、上海解放后，为了吸收广大知识青年参加国防建设，特地将第三野战军的第八兵团兵团部改为校部，战士们调到其他部队，干部们留下担任军大的干部。我们的区队长(排长)原来都是部队的连长，而中队长(连长)、指导员原来都是营一级的指挥员，以及类推，原来的师长当团长，团长当营长，陈毅司令员任校长，余立金任政委，陈士榘(原八兵团司令员)任副校长。原来准备将学员们按苏联军官学校那样，在校半年预科一年半本科，毕业后到部队当见习副连长。学校的目的就是培养现代化近代化的国防军干部，预科学习政治、社会发展史、近百年史，中国革命基本问题等。

1950年二总队由苏州迁至南京孝陵卫，这里原来是国民党的中央训练团，南京解放后第二野战军军政大学在这里。因二野进军大西南，我们就迁到这里。孝陵卫面对中山陵，离灵谷寺很近，我们经常在中山陵音乐台进行团日活动，转眼预科毕业，有些同学分配到部队，如海军通信兵等，我升入本科学习军事，学习了兵器、工程、射击。等到了六月份，南京的天气炎热了起来(南京亦是有名的火炉之城)，学校实行了半休制，上午学习，下午就举行歌咏比赛，组织游泳，讲革命故事。中山陵是一个避暑胜地，暑期生活丰富多彩，忽然传来消息，我们的邻邦朝鲜民主共和国发生战争，开始朝鲜人民军节节胜利，美国出兵，派第七舰队和第十三航空队进驻台湾，侵犯我国主权。学校停止了半休制，到了七月底，我接到通知检查完身体，到校部集中。次日乘车至上海，在跑马厅(现人民公园)住下，休息了一天以后排队至共舞台开会，由上海防空司令部黄泾深参谋长讲话，大意是国民党为了封锁上海，并对上海进行轰炸，在白天遭受了我们的打击，又改在晚上。为了加强夜间的防空力量，经中央军委指示，从华东军大抽调出两个大队的学员到上海来成立上海空军探照灯团，从二总三总抽一个大队(全部是初中以上文化程度的)，另一个大队是军大的工人子弟团(全部是小学以上文化程度的)。

浦东，1949散记

蒋沛江[①]

上海解放前夕，我们宅上的古根阿哥，曾被国民党部队抓去当挑夫，一直走到浦西龙华塔西南不远处的梅陇镇。他回来说："梅陇镇上也有蒋姓人家，而且他们的客堂上，也写有崇德堂的名字，所以也有可能，我们的崇德堂是从他们那里来的。"

首闻地下党

解放前不久，杨思中学成立学生会，并要选举学生会主席。当时有两名候选人：一个是三青团的人，能说会道，讲起话来滔滔不绝；而另一个是家住三林的沈宗飞。

沈宗飞的妹妹叫沈宗英，是我们同年级的，所以我们知道沈宗飞。在快要选举的时候，有人说沈宗飞是地下党，这是我第一次听说"地下党"这个词。结果，沈宗飞选上了。

在暑假里，我有时也去学校参加一些活动，在我们活动的教室里，我看到有很多书，封面上都签有沈宗飞的名字，他签名中的"飞"字是草体，所以我的印象很深。

"保卫"大上海

国民党为了"保卫"大上海，在周围都筑起了碉堡，挖遍了壕沟，并把所有的树木和庄稼全部砍掉、压倒。

上海解放前夕，近郊都集结了许多国民党部队，准备死守，"保卫"大上海。他们经常强迫老百姓给他们干活，把大小树木全部砍掉，把麦子、庄稼全部压平，挖壕沟，筑碉堡。

①蒋沛江，生于1934年3月11日，时为杨思中学初二学生。

那时学校已经停课。有一天我在挖自己家的防空洞，正好碰到国民党的兵，又来强迫老百姓去压麦子。我还记得那是一个阴天，他们发现我没有去给他们压麦子，就过来抽了我一鞭子。当时，我非常气愤，但只能沉默。

初见解放军

解放前夕的一天，我正在河里"捹浜头"(把小河中的一段，两头筑成隔水小坝，再把中间的河水捹干，然后捉鱼)。

我一抬头，突然看到两个穿着黑布衣服的人站在岸边上，他们亲切地向我打听，到×××地方怎么走，还有多远?

我上了岸，看到他们的胸前有一块写有"中国人民解放军"的标志，就一一回答了他们的问题。

就这样一次短短的接触，使我对他们留下了很好的印象。

庆祝新中国成立

1949年10月1日，是中华人民共和国成立的大喜日子，全国人民欢欣鼓舞，上海也举行了盛大的庆祝游行和大联欢。

我们大联欢的地点，被安排在外滩，场面非常热闹，大家都很兴奋。那天，我们乘大卡车回去时，已经很晚了。

这是一位浦东团工委的同志，来我们曙光中学，联系和组织我们参加这次"十一"大联欢的。

市区骑车

解放不久的一个暑假里，我借了别人的自行车，在车后架两侧，挂了两篮子菜到市区去卖。我卖完了菜，把两只空篮子叠在一起，挂在自行车后架的外侧，就骑着自行车回家去了。

当我在西藏路上由北向南骑车，还不到大世界的跑马厅东侧时，忘记了自行车后架的外侧还挂有大的菜篮子，以致碰到了右侧同方向行驶的老虎车。自己即刻摔倒，并且人也倒在了老虎车的下面，幸好未被轮子压着，没有受伤。我立刻从老虎车底下爬出来，看看自行车没有坏，自己又骑上自行车走了。

记得有一次，解放初我们在虎丘路的一个带圆形屋顶的礼堂里听报告，当时报告人说：上海人一天用的草纸，就要用好几个车皮的火车运输。说明上海之大，上海人之多，以及上海这个大都市的运输量大得惊人！

1949，来回沪港

伍福宁[1]

1948年冬学校驻满了从淮海战役溃败的国民党军队。那时我们家在校园里，教学楼离我们一百多米。空地周围四家，第一家校长，第二家校董王达仁，后来去美国了，第三家我们，第四家美国人(岭南校董)，空置。我们家住到楼上，楼下全腾出来，住一个军官及五名家属，整屋充满特殊烟味。军官家的小女孩5岁，喜欢玩火柴，点燃家里窗帘。一天母亲忍不住问那军官："你们会住多久，大概什么时候走？"一下像刺到他的痛处，大声咆哮："我们要住多久就住多久！你再敢问一次，老子离开时只要在车站架一门炮，一炮就能把你们周围四幢房子轰平！"

学校里的驻军倒是和我们友好，经常看他们训练。他们讲，和解放军没法打，根本不怕死。驻在学校的那个营长经常在一百米外放一块砖，练习射击。有一次结束后问我有没有打过枪，就让我打枪，掏出一把勃朗宁手枪，让我对着地打。第一次打枪，手抖。

驻军中有士兵要跑，向我们学生借衣服，有人跑了，也有人被抓住在学校旁边河滩上被枪毙了。

不久南京解放，上海被解放军重重包围。学校停课，我们暂时住在亨利路(现新乐路)表哥租的一幢花园洋房里。当时传说汤恩伯要死守上海半年，全市要断水断粮。我叔叔、祖母仍住高境庙家里。表哥原来租国际饭店住，后来稍微安定一点，就搬到新乐路后，家里有个做西餐的，平常做蛋糕，所以他不愿住国际饭店。我哥哥还开他的林肯汽车玩。我们在那里住了一段时间。

①伍福宁，生于1934年7月8日，时为岭南学校初三学生。

五月一日星期日一早，表哥说当天要飞广州，准备把我们(二哥和我)带到香港，让我们不用带东西，如果好就待着，如果不好，他反正经常来来去去，到时候再把我们带回上海。

那天他驾驶中央航空公司飞机，那时飞三四千米，中间下雨还打进来，我和二哥说话还要挨着耳朵叫，声音非常响。飞机上没有标准座椅，只有2排帆布凳子，中间全是箱子，后面都是有钱人，坐在周围，我们坐驾驶舱。

第一站到厦门，第二站到广州，晚上换中国航空公司的飞机，驾驶员是他的好朋友，我也认识，也是广东人，经常到江湾我们家里来。那天天气不好，原来不飞的，而且没人去。我表哥找开飞机的朋友，说两个侄子飞香港。每个人9个大头，买飞机票。上了飞机，除我们俩外一个人都没有。

当天我们住在父亲朋友家中，上下铺。那是一个很有名的人的太太。房子很大，地址铜锣湾东方台1号，3层楼，我们住2楼。女主人带一个小孩。香港当时除了弥敦饭店，都是3层楼。四天后大哥福强也飞抵香港相聚。周四晚上我梦见大哥来了。第二天醒来，听到敲门声，开门，果然大哥福强来了。

当时我父亲也比较困难，我们三兄弟住了一段时间后，两个哥哥住到九龙父亲的一个好朋友家，岭南的同学，也姓伍，美琪电影院的老板。原来他家八个子女，其中一个和我同班，最大的一个孩子是共产党员。

后来我经常周末渡海去九龙看他们比赛，中国联队赢美国海军。我二哥是棒球投手，照片还登在报纸上。

当时香港经济萧条，百姓生活拮据。我们天天听广播关注国内消息。五月廿七日上海解放，通邮后接到同学杨润发来信说上海社会安定，解放军纪律严明。

暑期我考取圣保罗书院四年级，相当于国内高一。之前原来岭南的侯景海同学在家聘请一位英籍教师辅导英语，让我一起旁听受益匪浅。侯景海在岭南读书一学期后，就随家人来港定居。

当时香港的中学教材参照英国学校，四年级的数理化课程我在岭南初中都学过。在班上我成为数理化课义务辅导员，同学有求必应，相处十分融洽。那时香港城市建设比上海落后，为此我和同学也常有争辩。但是在老师印象中我不是一个好学生，我经常旷课，独自一人在半山小径徘徊，思念上海的亲人，偶尔有大壁虎和小松鼠出没做伴。终于有一天盼来了杨润发同学来信：学校已正常开学，从我们班开始增办高中，希望我回去参加期终考试。

我决定回上海，坚持之下父亲和大哥同意我参加首批中国旅行社组团回沪。同行十六人大部分是回沪复业职工，是大陆逃港老板的得力助手，上海人居多。十月中旬，我们是第一批中国旅行社回大陆的团。我们这批先回上海。大哥到车站送别时叮嘱我一路小心，同时托付一位行李少，斯文稳重的中年男人路上多关照，为了不让老人牵挂决定不事先写信告诉母亲。家里给我9个大头，放在衣服里。火车到罗湖边界下车过桥，只见一边英军坦克成排、高射炮林立，如临大敌。过了桥几个年轻解放军检查证件、行李，学校开的英文证明信经我说明就放行了。

在广州等待两天后坐大巴开始长途旅行。因听说前几天有一车旅客半路被土匪抢光只剩内衣裤，司机紧跟解放军军车行走以保安全。我们一路经过广东省从化、翁源、韶关、南雄进入江西赣州、吉安，每天早行夜宿，沿途所见一片冷落，到处户门紧闭，旧社会遗毒耳闻目睹比比皆是。到吉水时由于天色已黑停止摆渡，大家在车上冻了一夜。第二天一早为了抢先摆渡，我们与另一车“广东帮”差点打起来。我们车上上海那帮也很厉害，都有铁尺等家伙，双方都站在对方车前，过不了。

后来解放军来调解，知道“广东帮”在做“跑单邦”生意赚钱，而我们车上旅客全是回沪就业和上学，决定放我们先过江。过了吉水，开快车拼命赶路，当晚赶上南昌至上海火车。大家很高兴，在火车上喝白酒。第二天清早到达上海北站，然后乘淞沪铁路到高境庙。

“回家的路上归心似箭，像插上歌声的翅膀”心中唱起同学们喜爱的歌曲——The last mile home: The longest mile is the last mile home, the sweetest mile you ever roamed is the last mile home. (回家的最后一段路是最漫长的路，你曾经徘徊留恋的最甜蜜的地方，是到家前的最后一段路)。母亲、祖母看见我平安回家，十分惊喜。

一个军礼

刘植①

1949年我家住在上海市南京西路591弄1号，东面隔壁邻居是成都路上的意大利领事馆。意大利领事馆成都路的正对面是国民党警备司令部(后来是新城区公安局的所在地)，那个低层建筑是警备司令部的门洞，门洞前有国民党士兵站岗。领事馆房屋坐南朝北，北面是一片空旷的草坪，因此我家的东面窗户可以直接看到警备司令部的门洞。

约在1949年5月中旬，在家中就可以隐约听到隆隆的炮声，战火临近上海，住在靠近郊区的两家亲戚，一家住在闸北苏州河以北，一家住在肇家浜以南的枫林桥地区，他们为了躲避炮火都举家搬到我家居住。

到了5月20日左右炮火声越来越近，还可听到机枪的扫射声。就读的学校停课，每天我都到南京西路上看看，天天都看到国民党组织的男女青年手持纸质小标语站在敞篷卡车上呼啸而过，男女青年们一面摇动手中的标语，一边欢呼国民党军队抵御解放军进攻取得了胜利。最有讽刺意味的是，5月24日上午我还在南京西路成都路口看到同样场景，但5月25日凌晨解放军已经占领了几乎全部浦西。

5月24日晚，没电了，室内外一片漆黑。外面的机枪声震耳欲聋，不时还听到穿越591弄弄堂而过的子弹嗖嗖声。为了避免流弹误伤，所有人包括两家亲戚都躲到了北面的房间，担惊害怕一夜未眠。早晨五点不到天蒙蒙亮，我发现近处的枪声已经停止，就躲过母亲的监管，偷偷跑到二楼走廊东面窗户处向外张望，看到远处警备司令部门洞站岗的士兵已不是着深绿色、头戴钢盔的国民党士兵，而是穿浅绿色军装、不戴钢盔的解放

①刘植，生于1937年1月19日，时为上海齐鲁小学五年级学生。

军战士了。

我急忙去报告了我的父亲，父亲看过之后又告诉了大家，几乎所有人都到东窗看了站岗的解放军。上午八点多，街上依旧几乎没有行人，父亲执意要到外面看看，不顾家人反对独自走出了家门。过了半小时左右他才回来，一进门就十分兴奋地告诉大家，他到警备司令部门洞前看了看，发现解放军真是名不虚传军纪严明且和蔼可亲，站岗的解放军看到他还向他行了个军礼！

上海市警察局新成分局门口(1949.5)

一个令父亲兴奋的军礼，萌生了他实现自己誓言的决定。

上世纪三十年代，他用巨资从山东海源阁后人手中收购了包括海内外孤本《楚辞集注》等多种宋元善本古籍，避免了这些国宝流失到日本。他的心愿是待国家步入正轨时把他所有收藏的古籍如数捐给国家。

一个军礼让他看到了解放军与兵痞的差异，下意识地激发了他进行新与旧的对比。解放后的几年当他看到荡涤了旧社会留下的污泥浊水，社会安定，物价稳定，他感到把他收藏的国宝捐献给国家的时候到了。

1952年他将他收藏的26种427册宋元善本全部无偿捐献给了中央人民政府文化部。1972年毛泽东主席作为国礼将《楚辞集注》的影印本赠送给来华访问的日本首相田中。

难忘的1949年

王平华[①]

我出生于1937年7月，1949年我12岁，上小学五年级下学期和六年级上学期，已经是一个比较懂事的男孩子了。1949年在我的人生经历中，有不少值得回忆的事情。

1949年第一天是阳历元旦。我的小舅舅黄必信(黄炎培的小儿子)与小舅妈余启运在上海结婚。姆妈黄小同带我参加了婚礼。黄家主要亲戚都被邀请参加了婚礼。小舅舅出生于1925年，当年24岁，比我大12岁，小舅妈比小舅舅小1岁，我和他们的关系挺密切的，因为1948年夏天，小舅舅就曾经在江苏路134号我的家里，和我同住在二楼东北角的小房间里，大约有一个多月时间，他和我无话不谈，那里他就告诉我1949年初，要和余启运结婚。在婚礼上，大大(黄炎培)首先讲话，他向小舅舅和小舅妈表示祝贺，并要求他们结婚后孝敬老人，家庭和睦，要养育好自己的儿女，为国家的独立、自由、民主、富强努力学习、工作。

1月[②]

1日 星期六 晴 58℉ 家

晨起早操如常。

检读黄协埙(式权族伯)编《海曲诗钞》三续，内周芷芗(祖棻，洪哥之外祖)诗。

到德义大楼74号女路路家，诸儿女都在，大能从南京来，皆为必信结婚故。共大能，心一谈我过去教育的失败，计非倡社会主义无以挽救失败。

下午，五儿必信与余启运在九江路清华同学会结婚。新夫妇上午先谒先王夫人墓。

从此，先夫人对亲生儿女了却最后一桩

①王平华，生于1937年7月8日，时为上海中西女中附小五年级学生。

②以下日记均引自《黄炎培日记》。

心事。亲友到者一百二十余人。不发柬，仅在今日报端公告。启运湖北籍，中央工业专科学校化工科毕业。女家家长主婚者余启秀(启运之姊)、庞钜勋夫妇，证婚人邓健飞夫妇。证婚人、主婚人向外并坐长桌前，婚男女向内并立。一、证婚人致词，二、家长致词，三、婚男女相向立，握手，交换戒指，签字、盖章于证书，主婚、证婚以次签字盖章。婚男女家长以次致谢。礼成，来宾皆签名婚书，简餐。

1949年阴历春节，按照黄家传统习俗，大大的主要亲友都要去大大家里给他拜年，气氛热烈。大大特别高兴，他总是亲自询问每个亲友的近况和近期工作、生活的计划安排，并给予具体的指导和帮助。

1949年2月下旬，我听姆妈说，大大因为拥护共产党，反对国民党压迫老百姓，被国民党反动派当局秘密列为头号通缉罪犯，大大当时情况十分危急！1949年2月13日开始，大大在上海自己家里连续三天大摆宴席。2月15日晚，他化装后坐小汽车到先施百货公司假装购物，实际上是前门进，后门出，摆脱了国民党特务的跟踪，由事先预约好的上海中共地下党同志开车护送他们全家到吴淞口上船开往香港避难。

14日 星期一 晴 50℉

谢仁冰来(章汉夫的父)。笃义来。

卫玉、荫亭、拙夫来，会商社务。

艮仲、御秋来。

小同、大能来。

维慎及顾家伦来。午餐。

是日下午即离家，我，维，当当易名王正方，谢信君，王小妹。明日化装走香港。是为第三次亡命：(一)清光绪廿九年七月去日本，(二)民十六、五、十九去大连。以()内文字，似系解放后补入)。下见另册。①(①是年日记系分写在两种日记本上，合为一册)

上午见前册。

下午整行装。

讯复梁漱溟北碚。讯复儿万里兰州。

妹惠兼来。张益予来。张水淇来。

留字荇姊：以宅之二楼卧室租给彭式丹(望轼，曾开光艺照相馆)，其夫人吴学为公之女，二楼厕所、浴室及底层公用。

四时偕维钧带当当，由儿大能为伴，离家坐下中华汽车至永安公司浙江路外门，遇艮仲，改坐其车，而舍下中华车，至狄思威路1114弄五号女学潮家，大能夫妇亦寓此。

晚餐。诸儿女齐集，纵谈为乐。

……

15日 星期二 晴

晨六时起身，就寓园早操，早餐。

留讯集益诸友ch等×516。

九时，维带行李先行，当当、泽群同车由B导行。

九时半，我由C、D导行，大能同车，至某码头，于人丛中见维，各自上某船，先入6号二等房，后改入9号一等房，卫生员验证讫(案价二大一小，共二十万五千元)，诸友皆别去。

十一时，船开行，风静波平。

……

16日 星期三 晴

下午四时顷，抵台湾基隆口外。此时最危险。

17日 星期四 晴

晨，海关卫生员验疫讫。

下午装货，五时船行。

始偕维、当当散步甲板。

18日 星期五 晴

全日无风浪，船向西行。

午后，拟讯稿12，拟文件87。

傍晚，带当当上高层甲板，见渔船，知已近香港。

夜里二时顷，船抵香港口外泊下。

沪至基隆424浬，基隆至港471浬，全程895浬，沪径至港853浬。

19日 星期六 晴

到香港　1严谈民建港九会成立　访民盟　2严谈

关员验防疫证讫，即准备登岸。付船役金圆券三万元。

将上岸，晤邓友德。

徐伯昕、唐海(文汇报采访主任)来迎。埠头晤陈伯藩。

李孤帆、徐应昶(李，商务厂长，徐，分馆经理；总馆协理)来迎。上岸将行李交旅行社(行李三大件，一小件，运到商务厂HK16.00)而坐汽车至英皇道395商务工厂(24766)。理发，工友阿杨、陈秋门。

蒋仲仁、辛德培、王纪华来。

雇汽车坐至雪厂街如云旅馆37，晤盛丕华、俞寰丞。

路旁晤顾道生。如云饭，丕华、康年父子为主人。

严君来，夏衍偕，三人谈一小时，约明日上午十时续谈。

下午三时，出席民主建国会港九分会成立会，推何民麟(利成公司总经理)主席，黄玠然(鼎如)报告筹备经过。余报告沪会近况，丕华报告，中共代表许涤新、民盟代表周新民先后致词(我于会前先至民盟办事处，访周新民未遇)，辞出小憩。

寰丞来，长谈。

丕华、寰丞、组绅招餐小祇园素食馆，严君亦到。

坐公共汽车至商务工厂宿。

1949年初，国民党军队在徐州、蚌埠大规模决战中，连遭惨败，我们中西小学的一些大官子女随父母逃到香港、台湾等地，如吴国桢的小儿子。当时，我们中西小学五年级的班主任马先生在常识课上，经常组织学生们座谈时局变化发展的动向。班上有的同学如董良的父母(新闻工作者)属于消息灵通人士，能不断提供一些最新新闻信息。开完座谈会后，许多同学认为蒋介石败局已定，解放军不久将渡过长江，解放南京和上海。

那时上海物价飞涨，民不聊生，但因国民党反动派政治上腐败，军事上接连失败，终究无法控制物价。上海市广大人民群众，期盼解放军早日解放上海。

1949年5月上旬，上海解放前夕，我听姆妈说，二舅妈胡维慎非常着急地打电话告诉她二舅黄竞武失踪了，可能是被国民党特务绑架了。姆妈当即多方托人打听竞武舅舅的下落，但未见有确切可靠的消息，真是急死人啊！

1949年5月27日，上海市完全解放，上海的大、中学校学生和广大人民群众纷纷走上街头，热烈庆祝上海解放。他们扭秧歌、打腰鼓、踩高跷，高唱“解放区的天是晴朗的天，解放区的人民好喜欢……”欢庆气氛十分热烈！

1949年6月25日，大大从北平回到解放后的上海。在这之前，他已从多方渠道得知竞武舅舅通过上海中央银行熟人阻止国民党蒋介石把黄金运往台湾，因而被国民党特务逮捕杀害，心情很悲痛。他多次亲自紧急召集舅舅、姨们到上海德义大楼74号大姨妈黄路家商讨竞武舅舅的后事安排。那里竞武舅舅的两个儿子黄孟强(8岁)、黄孟复(5岁)，被临时安排在上海江苏路134号我们家里住(黄孟复后来毕业于北京科技大学，曾任南京市副市长、江苏省人大常委会副主任、全国工商联主席、全国政协副主席)。

6月

21日 星期二 晴

……

诸友好纷纷送行。

下午七时至车站(前门东)，八时一刻起程回上海，维、当当、倪衍昌偕，同行者七十余人……

夜十一时过天津。

廿二日下午七时抵济南，略游大明湖、趵突泉，在招待所晤郭子化(兼副主席)、到彭康(中共中央山东宣传部长)。

廿三日午餐，举行6.23纪念会。下午一时到徐州，八时到蚌埠。

廿四日，上午七时浮桥过淮水，换坐京沪乘车。九时车行。再与SaulMills谈国际贸易，是耀宗翻译。

作文:《我儿竞武的一生》，衍昌笔录。

下午六时至浦口，原火车渡江，九时至下关，杨拙夫专从上海来迎。

廿五日，上午七时到上海，在大群欢迎狂潮中到家。

……

25日 星期六 阴

晨到家。荇姊整理井井有条，四个月用钱甚省，可感佩。外姑在我家，丁丁、方方皆健硕可爱。

客渐渐来了。

偕维到职教社。

午，维慎来共餐，述竞武被害经过，到市政府谒陈、饶诸人，未晤。晤两副市长潘汉年及韦悫、交际处长周而复、副处长梅达君。

到路路家，共路、潮等商谈竞武身后家事。

……

26日 星期日

……

午，邀小同来共餐，商谈竞武身后家事。

……

27日 星期一

……

午，招维慎来，商谈竟武身后家事，万里亦到共谈。

……

28日 星期二 雨

众客麇集，欲出门而不得。

……

邀惠兼、冰佩来家，共午餐，商谈竞武身后家事。

……

1949年7月2日下午7时，我的祖父王云衢在家病故，享年77岁，7月3日上午，大大亲自到我们家里吊唁。当时我的大姑妈王国秀也来吊唁，大大对王国秀比较熟悉，知道他是著名民主人士，曾面见蒋介石夫妇，要求停止内战，维护和平，她曾任中华全国大学妇女会理事。大大和大姑妈互致问候，谈话持续了1个小时！

1949年7月17日，我和实方哥哥在姆妈带领下，乘小火车到浦东川沙，参加了竞武舅舅骨灰下葬立碑追悼会。参加追悼会的亲戚还有：大姨妈(黄路)、大姨夫(张一)、三舅(黄万里)、三舅妈(丁玉隽)大能舅舅(黄大能)、大能舅妈(倪因敏)、三姨妈(黄学潮)、三姨夫(林泽群)、小阿姨(黄素回)、小舅舅(黄必信)、小舅妈(余启运)以及许菊舅舅等。民建中央副主任委员胡厥文撰写了碑文。中共上海市委追认竞武舅舅为革命烈士。

7月

4日 星期一 晴 87℉

……

午，招万里及学潮夫妇来共餐，商竞武身后问题。

……

12日 星期二 晴 76℉

……

夜，路路家集诸儿女会商竞武后事，商定遗属生活费，由路、万里、小同、学潮管理，小同时时与维慎洽。

……

17日 星期日 晴 80℉

偕维、万里车至定海桥。伯初、伯威、奚孟起、蒋孝义、孟徵祥、陆亚东等皆至，同渡江由庆宁寺上车到川沙。

到先父母墓上献花行礼，至外吊桥堍协茂米店小坐。

访人民县政府牟益民(日照人)，军管会主任邵晋藩(郑州人)，人民解放军八十九师师长王直。

出西门至乐乡公墓，献花哭于儿竞武埋骨处。

午会餐于真武台，凡八席，多半是江东子弟，八十余龄薛厚田、老友姜体仁皆来见。

二时，至县立中学礼堂演讲中共的作风。

四时，牟县长等就真武台设餐。我推荐五人可备咨询：沈敬之，宋赞平，徐厚甫，沈浪三，蔡钧培。晚归。

23日 星期六 晴 88℉

……

万里来，商定竞武遗属问题。

……

1949年9月，我上中西小学六年级，实方哥哥(1936年4月出生)比我大1岁，从中西小学毕业后，到上海江湾岭南中学上初一。当时，因上海解放后不久，国民党反动派的飞机非常猖狂，经常到上海市郊区轰炸。1949年10月份一个星期日上午，国民党的一架P51型战斗机对上海江湾火车站实行轰炸扫射，岭南中学的学生宿舍离江湾火车站很近，飞机机枪子弹险些从学生宿舍窗口打中实方哥的大腿！

1949年10月1日，中华人民共和国在北京天安门宣告成立。10月19日，报纸上登载了大大正式担任中华人民共和国政务院副总理兼轻工业部部长的消息。中西小学六年级的班主任方先生最先告诉我这个喜讯，她向我表示祝贺，并鼓励我现在要努力学习，为将来新中国建设做出贡献！那时，中西小学六年级学生都相互在自己的纪念册上，留下各种赠言，如："祝你一帆风顺，前程光明远大"等。

1949年11月，中西小学学校出版校报，介绍新中国成立后的有关报道。方先生选我和董良用各色毛笔写成板报，张贴在学校走廊内展览。盛锡培校长(留学美国的儿童教育专家)看后很高兴，把我们夸奖了一番！

1949年12月后，我们全家决定从上海搬家到北京去住，上海江苏路134号小楼房准备出租。由于小楼房多年失修，就请三姨夫林泽群找房屋修缮工程队进行修缮。三姨夫还主动向我们介绍将来的房客，他的好友郑朝强先生。姆妈经过了解，知道原来郑朝强先生品德高尚，他的爱人是陈品英女士，有三个儿子，郑天民(老大)、郑天中(老二)和郑天慧(小儿子)，他们还有一个女儿叫郑天真，相处后肯定会十万满意的！

1949，一个小学生的见闻

江玄芝[①]

1949年那可是翻天覆地的一年。年纪大的人都有深刻的感受。可我那年刚满11周岁，正在上海常熟路(当时叫善钟路)长乐路口的正志小学上五年级(下)。

我父亲江应麟，是1921年南洋工学院(现名交通大学)的土木建筑系毕业生，1922年随交大美国教授范特别克到无锡创办了实业建筑专科学校。

随着无锡民族工业的兴起，父亲在无锡从事桥梁、公路、厂房和住宅等各种建筑设计工作，业务兴旺，成为上世纪20年代无锡有名的西洋建筑工程师，也交往了不少民族资本家如申新纱厂的荣宗敬先生，庆丰纱厂的唐星海先生、丽新纱厂的强锡麟先生等。

1945年春为躲避美国对日本占领地上海的轰炸，妈妈带着我和二个姐姐三个弟弟从上海逃到无锡，在百岁坊巷住了三年。日本投降后爸爸在靠近上海永福路建筑事务所楼附近的五原路用13根金条买了约400m^2地，自己设计造了一座三层楼的住宅。1948年秋我们回到了上海，住进了五原路的新房子。记得1949年那年新年，冬天很冷，窗外可以见到屋檐下挂着一串串水滴形成的冰凌子，结了有一尺左右长。

父亲的许多老朋友都来我家看新房子。唐星海那时已在香港建厂并有意请我父亲到香港工作。他来我家时，对我爸说：江先生我真不懂，你这个时候还造什么房子。你不知道吗，共产党马上就要打过来了。到时候住洋房的都要赶出去。每人在门口拿一个饭碗，出去讨饭吃！我爸爸哈哈大笑，说我是搞技术工作的，什么朝代，都不会没饭吃的，不愁！后来听我父亲说：“香港那里是英国人的天地，中国人低人一等，我不去。”这事就作罢

①江玄芝，生于1937年12月，时为正志小学五年级学生。

了。后来又有一个父亲的好朋友袁国桢来我家，说可以帮我妈带一个小孩出去，我妈也没答应。不久许多人家都走了，有的去香港有的到了美国。

1949年春末时，物价飞涨，金圆卷纸币不值钱，妈妈每天买小菜都要用银元去黄牛那里换钱，街上卖银元的贩子，手中举了两个银元敲打着，口里叫唤着："大头要哦"，"小头要哦"，大头指袁世凯头像，小头是孙中山头像。

1949年4、5月份，家里倒真碰到了三件大事。

我二哥在沪江大学读书，参加了进步青年的地下活动，经常有许多青年人在我二哥房里活动。二哥住在永福路49弄4号三楼，楼下是父亲的实业建筑事务所，办公点来往客人很多，二哥作为掩护，活动很多。结果事务所的一个厨房师傅有了觉察。他发现来聚会的人较多，时间很长，他们不要人招待，还关着房门，就是二哥不停地来打开水，活动神神秘秘的。他把情况偷偷告诉了我父亲。

我父亲到二哥房里一看，床下有大量迎接解放军的油印传单和歌曲，如"解放区的天"，等等。油印机也赫然在目。那时国民党整天在抓共产党，"飞行堡垒"怪叫着在路上转悠。爸爸很紧张，找二哥谈话，最后东西安全转移了，没有意外发生。还有一件事，也是虚惊一场。那时白天已能听到隆隆的大炮声，在收音机中天天播放着国民党"要誓死保卫大上海，上海要打巷战寸土必争"。我们家弄堂口造了大木门，门一侧还堆放着许多沙包作掩体，真像要打仗了。

那天上午，我们孩子都去上学了，爸爸也外出办公。家里只剩下我妈和一个5岁的小弟弟。听妈妈说：家里的女佣慌慌张张地上楼来，告诉妈妈，弄堂里来了一些拿枪的大兵，按着门铃拍着大门叫着要进来。怎么办？这时我妈也注意到对面三号沈家(中新纱厂厂长沈振厦家)，也有些人在敲门。这时，外面吵声更大了。沈家的大门先开了。一些大兵在两家的隔墙上和大门外用铺路的大石块往我家扔石块，其中一块大石头砸中了我家一层平台，栏杆敲落了一大块，响声吓人，大兵还叫嚣说："不开门，就直接爬墙进来了。"我妈这时只好带着小弟弟亲自去开门，门刚开几个大兵就凶狠地冲我妈叫为何不开门，你是谁，我妈说我是这家太太，你是谁？说时妈顺势拧了我弟弟一把，弟弟一痛就大哭。这时一个头儿模样的兵推开众人，进来说："你别怕，我们是上海的驻军××军，我们是来保卫你们的，限你家三天内把一楼腾空。我们要在你们两家(对面沈家)驻一个连的兵。"我妈问他，是连长来住宿，还是士兵来住宿。他说要打巷战，当然是带武装的，大兵都来住还要带机关枪呢。

这以后我们腾空了房子，提心吊胆过日子，最后他们也未来住，上海也没有发生巷战。听说这些兵后来直接驻在外滩的一些办公楼里，临走时还抢了大楼里老百姓的衣服和财物。真是上上大吉。记得当时我家备下了两缸咸菜和许多咸蛋，打算挺过难关。

1949年5月25日解放军进入上海，宣传不拿群众一针一线，士兵都在大马路上休息未进民宅。解放军是在24日半夜进入市区的，我的一个同学黄惠年亲眼看见大兵躺在人行道上休息。

第三件事是关于我的两个姐姐。1948年秋我和弟弟随妈妈回到上海时，两个姐姐留在了无锡。因为当年她们正在无锡县女中读高三，是毕业班，不方便转学。由于我舅舅一家也住在百岁坊巷内(他们住前一幢楼，与我家一园之隔)，我妈委托舅舅照顾她们一年。等中学毕业后即回上海。不料无锡在1949年4月先于上海解放。当时沪锡两地音讯中断，后来得知她们在5月份时便在校内报名，参加了随军的西南服务团，随解放军走了。我三姐在无锡县女中就是文艺骨干，我见她演过话剧，据她后来说她们主要是搞宣传活动。解放军打到哪里她们文艺宣传队跟到哪里，所以不能和家里通信。1949年底她来信说她已随军到达四川自贡市，来信一是报平安，二是告诉我们她的衣物沿路都送给穷苦老百姓了，想让妈妈寄点内衣、毛衣等生活用品去。

正志小学地块图

再说一说1949年时上海小学内的事，我读的正志小学是附近一所教育质量较高的小学，所谓好学校是指，毕业生能考入好的中学，如南洋模范中学、上海中学等。1948年秋我刚回上海时进的是另外一所小学，较差，所以转学到正志小学来。这里的教材，如数学、英语等都比附近其他小学要深得多。除教材不同外，教师也好，如我们六年级的班主任是一位50多岁的教导主任兼的，英语老师是归国老华侨，他中文不太会说，但人很和蔼。我从无锡初到上海，入学考试交的是白卷，因为无锡小学不教英语，上海从三年级起教，但他从未厌烦我。三个月后我考试得了80分，他立刻在班上表扬我。还给我起了个英文名字，便于他和我沟通。小学毕业后(1950年)，我们班上我和三个女生(第一至第四名)考上了公立中学(市立第二女子中学)，当年公立中学初中学费12元，高中16元，而南模中学等私立初中每学期学费要55元，当年一块进口的英纳格手表价格是45元。因此家长都想让孩子上公立中学。公立中学招生报名的队伍从校内排列到马路上，长不见尾。我们班上多数同学都考上了南模中学，上海中学等名校。

1949年10月新中国成立后，到年底左右我父亲收到了新组建的成立的华东工业部汪道涵主任署名的聘请函，聘请父亲担任华东工业部下属华东工程管理局的工程师。父亲一生致力实现实业救国的理想，他满怀激情地欣然接受了这一邀请，并立即结束了他的实业建筑事务所。1950年，父亲带着他的几位得意弟子石庚申等一同加入了华东工程管理局，投身祖国建筑事业。

还有一事也很有趣，那年12月份我和小朋友们想过圣诞节，便在教室里挂些彩色纸条和棉絮、松柏枝等，墙上贴些雪花贺卡等，还打算去学校附近长乐路上周采芹同学家中开圣诞聚会。她家有大花园大屋子，我和同学们常去玩，她家还请我们吃鲜肉大包。由于我是班上刚转学来的新生，和她不很熟，后来才知道她就是大名鼎鼎的周信芳的小女儿。

这件事不知怎的传到学校政治老师耳中，她进教室一看，立即叫我们把装饰都撤下，不准过外国人的圣诞节。

……

群益坊·1949

曹炽康[①]

1949年是我们国家划时代的一年，十月一日在北京天安门城楼举行开国大典，毛主席向全世界宣告建立中华人民共和国，成立中央人民政府。在此前五个月的5月27日上海解放，上海市人民广播电台向全市人民播音，5月28日上海市人民政府成立，中共中央华东局暨中共上海市委机关报《解放日报》创刊……

我要叙述的是那段已经远去的黎明前后的碎片记忆。

一、黎明前

我父母亲来自浙江绍兴，父亲在上海虹口某丝绸厂做劳工，母亲做抽丝工。因父亲对丝织业的熟悉，为虹口一些丝绸厂做销售，并搬至宁波路群益坊。1949年我正在钱江会馆内的绸缎同业公会主办的钱江小学读五年级。学校位于宁波路430弄钱江里，钱江会馆是一栋较高双坡式二层砖木结构，内有大殿，正中供有高大菩萨一尊。

钱江里西侧是446弄群益坊，居民不多，1号北区是德和靛号，专事德国染料进口及批发等业务，1号南区是烟叶公会，是1086平方的四层砖混结构。

3号纶华染织厂，7号恒丰纺织公司，两石库门是连体，隔墙有一旁门相通，都是销售经理部门，二楼为内部职工住宿。恒丰和纶华老板均住外面别墅，每天小车接送。5号是木工作坊。

9号是新泰祥绸庄的后门，其前门开在钱江里7号，为二层住房，住黄老板一家多口，

①曹炽康，生于1938年12月5日，时为钱江小学五年级学生。

黄家厨房有一扇门即9号也即后门，男女佣人各一都从后门进出。此门北边是一口很深的井，这口井的用途颇多，在夏天可把西瓜放进网袋，吊入井水中犹如冰镇。每天大量洗涮马桶，逢年过节大扫除都用井水，例如石库门二楼一排排木窗可以脱卸洗涤，严冬的井水不冻手，煞是暖和；但这口井最重要的用途还是石库门的消防功能。从《老上海百业指南——道路机构厂商住宅分布图》可看出。

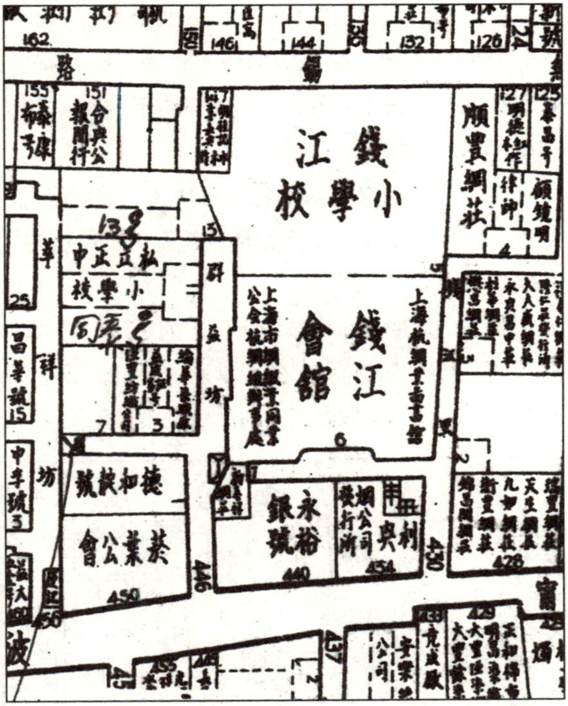

宁波路群益坊地块图

每天清晨马桶车进入群益坊的弹格路，发出车轮与弹格路的抨击声和清洁工高声大吼：“倒马桶啰！马桶拎出来！快点拎出来！”居民都被吵醒。接着，弄堂里哗啦啦地响起涮马桶的声音，还夹杂着他们一边在涮马桶、一边谈笑声。接着是各家生煤球炉子，浓烟袅袅，这一大清早到八点钟，弄堂小学的学生纷纷来11号上学，就变为一片读书或嬉戏声了。

11号石库门底层南厢房、客堂，是典型的弄堂小学，南厢房分割为三四年级和五六年级两个教室，中间隔板的两个面挂有朝东、朝西的黑板，教学照样进行，好像声音互不干扰。我家住在二楼，楼梯的斜面下就是小学的厕所，妙的是还能把男女孩子隔开。厕所的隔板外是石库门客堂，是二年级教室。独立的灶间分三间，北间是一年级教室，与南厢房西端相接(中间是公用厨房，南间住的是金先生一家三口，还搭阁楼，金是英商电车公司驾驶员)。

客堂是二年级教室，客堂前是天井，天井面积划一半用作教师办公室，铺设木地板放小写字台、椅子，还安装落地门窗遮风挡雨。小学有一位校长，四位教师都能教算术、国文、公民、常识等四门课程全能，再兼班主任，其中有一位老师会教音乐，不设体育课。张轩君老师教国文和英语课还兼教导主任，翁校长专教英语，翁校长经常敬告每户居民“请大家开无线电要轻点！”我在幼年时期，不时听到楼下传来琅琅读书声和教师讲课声或叱呵声。

下面一幅选自张乐平先生漫画《三毛流浪记》，活生生地表现了当时上海的社会，这幅漫画胜如纪实照片，犹如现在的无人机广角拍摄。当我看到这两幅漫画时，总会想起我儿时情景。

11号的北厢房是同泰织布厂，人员进出都要通过所谓“教室”和“教师办公室”，楼上居民也必须经“二年级”的客堂通道外出。三位宁波老板邱、李和董三合一，这些老板对商号取名大有讲究，取名六十四卦中之第十一“泰”卦，上为乾卦和下为坤卦，天地交泰、小

漫画大师张乐平《三毛流浪记》中的石库门弄堂小学

往大来，万事如意，故称“同泰”。一位秃顶账房先生整天坐在账房间，其儿子经常光顾，遇到我在弄堂里玩，还撸撸我的头。解放后才知道他是《文汇报》社的地下党员。同泰有一位称“阿三”的工人，职责是用“老虎车”来回运货，另一位是厨工，每天买汏烧。阿三在解放前夕被拉去挖壕沟、筑碉堡，老板不敢管，他说：“每天有一个袁大头哩！”

二层北厢房是我们一家七口。南厢房西端是翁校长一家居住，还搭一个阁楼。二房东占东南的最佳位置，二房东姓李，胖墩墩一脸横肉，人称“烂大(du)块头”，我父亲曾因欠他三个月房租被他扇过左右两记耳光和一个拳头，当时上海人叫做“两只大饼夹一根油条”。李大块头的大儿子是国民党军官，1949年上海解放前夕失踪。

13号一层北厢房是一家商行。南厢房是湖州人姜姓老板，因满脸雀斑，人称“酱(姜)油麻子”，南厢房住着亲姐妹的姜家大小老婆，各配大小丫头分别伺候，领养小女孩叫“阿芹”。他们家大小丫头每天分一三五和二四六日买菜，一家六口相处倒相安无事。其楼上朝南统厢房是吴家，吴先生经商，三口小康之家。楼下北厢房是一家茶叶商行，老板姓陈，下有两个职工整天忙碌不定。13号灶间是公用厨房及姜家堆积杂物之处，上面房间住严家四口，但严先生在解放前夕服“来索尔”自杀，加上前述9号黄老板上吊自杀，小小里弄竟有两名自杀者。

为此，一到晚上，弄堂里全靠11号和13号两盏门头灯发出黯淡灯光，里弄居民吓势势的。于是乎我们几个不懂事的男孩，在一天晚上去敲黄家后门搞恶作剧，佣人开门前，我们即逃到弄堂口，做了两三次。次日清晨9号女佣涮马桶时说“昨天晚上，阿拉家后门吊死鬼(diao sa ju)来了”，搞得人心惶惶。我听了咯咯发笑，我还得意地跟父亲说，他马上变脸：“小鬼(ju)头！格种事体哪能好做？”命我“去把戒尺拿来！“啪啪啪”三下，说“今天要加倍”又是三下，左右手开弓，还声色俱厉：“以后还要做坏事体伐？”……

有一天晚饭时父亲说道，外滩出了事情，外滩8路电车站，电车迟迟不来，等车人越来越多，有人说了一句“哪能8路还勿来？”一个国民党丘八拔出手枪把他毙了，作孽啊！

上述，在漫画家张乐平先生《三毛流浪记》的最后一张画里，反映惟妙惟肖，就像当今无人飞机拍摄的。

漫画大师张乐平《三毛流浪记》中临近解放的旧上海即景

我还清楚记得有一天，父亲背满满当当一个面粉袋，朝八仙桌上一掼，倒出一沓沓簇簇新的一百元币值金圆券，一百张一沓。父亲叫母亲赶快去买米，妈马上拉我去粮店，只见粮店门口人群密密麻麻，吓得马上回家，我父亲急忙自己去买米。

一天，我家阁楼上石灰墙开裂一块块掉下来，父亲说“可以用金圆券来糊墙”，哥哥和我花了半个星期天把墙面糊好。1949年放暑假前，我用十几张一百元金圆券折叠成红色扇子很好看，有的同学有绿色金圆券，还有各种颜色做成的扇子，成了小学里的一道风景。那时，许多同学家和我家一样都用金圆券糊墙壁。一直到1966年“文革”开始，父亲怕出问题，把一直丢弃在角落里的花纸头悄悄地烧了。

我还清楚记得，由于物价飞涨，要节省家里的开销，念中学的哥哥买了一把价钱比理发推子便宜许多的理发剪刀，为我剪头发，原以为剪一个平顶头蛮简单的，可被他剪得一块白一块黑的，他自己是在学校里同学互相剪头发。

疯狂的金圆券从1948年8月开始印制面值一角一张，一直到1949年四五月间印制了五千元、五万元，一直印到五十万元的高面值大钞，翻了多少倍？是天文数字！

二、黎明后

我兄长读书在上海老北站附近绍兴旅沪同乡会中学(简称“绍兴中学”)，乔石曾领导绍兴中学和同济大学的中共地下组织。在迎接解放的日子里，我兄长也积极参与学生运动；姐姐在上海务本女中读书，成长在那激情年代的15岁姑娘，参加学校越剧队，到处演出《祥林嫂》选段。在家里成天哼哼《解放区的天是明朗的天》，28日以后天天在外用粉笔在街面墙壁和大卡车上到处写标语。我们11号还有一所翁家开办的私立小学，学生敲锣打鼓，还上街游行，整个群益坊充满了活力。

混乱世界

1949年开国大典后，我的小学举行《伟大的祖国》展览会。这是由钱江小学自然教师黄寿椿、美术教师蒋芳、姚介人(地下党员，后来调某中学任校长)筹备。我被蒋老师拉入参加展览准备，我和几个画图较好的同学制作展板。展板的内容选自当时上海《大公报》第四版左下角的专栏，此专栏曾经连载《三毛从军记》《三毛流浪记》。在老师指导下，我们制作的展板有四五十幅在二层教室展出。此展览还有老闸区所有小学生利用星期六和星期日都来参观的，我还做了某一展室的讲解员。

学校里五六年级都办墙报，都贴在自己教室门墙边，我是六年级，墙报由我负责，记得报头是我画的，画的是在当时报纸上登载过的毛主席和朱总司令在天安门城楼检阅，我是用平行四边形、可平移伸缩的放大尺描下来的，正稿是水彩涂抹，被蒋老师大加赞赏。我还为自己班级(在二楼)做教室的布置设计，教室后面墙壁面积大，一墙之隔就是钱江会馆的大殿及大佛塑像，当时还没有可供参考的天安门的图片，我用大前门香烟的LOGO图案，后面背景是飘扬的五星红旗，画图过程是在我家的一张八仙桌上，在我兄长策划和帮助下完成的。

1949年12月，上海老闸区小学欲举行美术比赛，先是全校各年级在美术课上，在黑板上贴“家家户户清清箱”的素描画，意思是把家里已经不再穿用的冬衣捐献出来，给像《三毛流浪记》中的小三毛送温暖。每个学生都画，这是学校策划“海选”小学生的图画作品，我的作品被选送。在次年六一国际儿童节上，在学校附近的大上海电影院举行解放以来老闸区首次纪念儿童节的大会，大会上颁发奖品，好像有20名小学生上台领奖，奖品是《三毛从军记》和《三毛流浪记》以及毛巾、牙刷、肥皂等，我把洗漱用品都送给同学，留下“三毛两记”。这对我来说是生平第一次，也给我带来一些影响。

(感谢上海三毛形象发展有限公司授权使用张乐平漫画)

五岁的眼睛

章洁思[①]

1949年，我五岁。

进入四月以来，我已经很长时间未见到父亲了。

自1946年来到上海，我一直跟着母亲住在蒲石路(今长乐路)的外婆家。虽然父亲靳以在那年夏天也随复旦大学的大队人马回到了上海，虽然我们在江湾学校教师宿舍庐山村也有了自己的家，但我一直没有住过去。而父亲是每星期都来蒲石路的，我还记得父亲一来，我们在外婆家那间不满七平方米的小屋只能在床上加一块木板，父亲母亲和我就挤睡在木板上，我睡中间，母亲睡里边。父亲轻轻一动弹，木板就会发出轻微的咯吱声，这时分，我感到幸福极了！因为包围在两个亲人之间，尤其是父亲。我枕着父亲宽大的手臂，安然入睡。因为，自我在重庆的嘉陵江边出生，我就一直没有离开过父亲。无论朝起暮落，我都能听见父亲爽朗的声音。尤其是他每每下课回家，都要抱着我踱到江边，去看江水，去看船只，去闻那江边潮湿的风，去听船夫们长长的拉纤声……

四月快过去了，我还没见过父亲，而母亲也是天天晚归。那些日子的晚间，外婆家偌大的人群(舅舅、姨妈、表妹、表弟)都已各回各的房间，外公和哥哥也都进入梦乡， 只有外婆，抱我在膝上，一边喃喃道：囡囡乖，妈妈就要回来了。外边一片寂静，我听着墙上那口挂钟一刻钟一刻钟的敲，屋外飞行堡垒(抓人的警车)划破黑暗尖叫着飞驰而过， 这时，外婆总要拍拍我，安抚我。就在这样的氛围中，我一边抵挡沉重的眼皮，一边朦朦胧胧，好似进入梦乡，直到听见妈妈的声音。

①章洁思，生于1944年3月22日。

我不知道爸爸去到哪里，不知道妈妈在忙什么，只知道里里外外，大家都很紧张，尤其是整天飞啸的飞行堡垒，来来回回。那一声声尖厉的声音，连我这个五岁的孩子，听了都感到心惊。

后来才知道，那些日子，因为父亲参加了大教联等进步组织，和复旦的进步学生站在一起，又把自己的家供给学生自治会的主席程极明使用，经常在里面召开会议，所以，父亲的名字被列入黑名单。当局要抓他，他只能躲到大学同学康嗣群的家里。其实康嗣群的家就在蒲石路蒲园，与外婆家只隔一条马路，可是父亲不能外出，我也被大人管着不可外出，所以就见不到他了。

这期间，还发生了一桩惊险的事，那就是一天父亲误听说解放大军要进来上海，他立即赶去学校准备和学生一起迎接，谁知正遇上特务抓人。当他坐在庐山村家中干着急时，门房工友老宋已经急得团团转，幸好看见门口停着一辆搬家车，他立刻把父亲拉进车内，躲在家具当中，才险险逃离。等到母亲得到消息，奔到父亲的好友，住在庐山村对面徐汇村的方令孺面前时，彼此才松了口气。母亲那时的天天夜归，肯定在为父亲担心奔忙。

在外婆家中(1949夏)

时光飞快，很快到了难忘的5月25日，上海解放的一天(指苏州河以南地区)。

前一天的夜晚只听大炮轰鸣了整整一夜，炮声越来越近，越来越密。大人们全都紧张地聚在底层不去睡觉。他们悄悄地讲话，轻轻地走动，预感着长夜将尽。窗户上拉着厚重的深色窗帘，以防灯光泄出。我们四个女孩子，全都被安排睡在外公外婆的大床上，脚抵着脚，不感紧张，反觉新鲜。忽然从后门闯进一个国民党散兵，一直走到我们床头。一阵惊吓，此人立刻又被大人“请”了出去，前门和后门复又关紧，耳鼓中除了炮声以外一切均无。我们几个孩子在新鲜、紧张的交替感受下，逐渐开始不胜疲倦，终于在隆隆炮声的伴随下蒙眬睡去。

第二天清晨，我一睁开眼，四周竟然出奇地静，大人们全不见了，估计是各自回房休息去了。我蹑手蹑脚起身，趁无人顾及，快速拉着一同醒来的同龄表妹飞也似的溜出去。刚跨出后门，发现天下着蒙蒙细雨，我立即回身抓过一件大人雨披，两个人一同钻了进去，撒腿飞奔而出。

奔到弄口，不由停住脚步，我们俩都被眼前的景象惊慑住了。只见宽宽的蒲石路(现长乐路锦江饭店前面一段)上一望无际躺满了穿着黄军装的解放军战士。他们大多只是休息，并没有睡着。他们的头枕在叠得方方正正的行军被上，被褥边放着一只只白色的搪瓷水杯。附近有居民从家中提着水壶给他们送水，他们客气地一边道谢一边用搪瓷缸子接水喝。也有居民送鸡蛋或其他物品的，都被他们婉言谢绝了。我因以前从未见过这种搪瓷缸子，不由好奇地盯着瞧个不够，那些年轻的战士望着我和善地笑着。当时我就在想，那么多人，在弄内竟然听不到一点声息，若不出门，谁能料到外面会有如此壮观的景象，世界会有如此天翻地覆的改变!

这时，蒙蒙细雨已越下越大，战士们没有雨具，他们静静的，任飘拂的雨丝润湿自己的衣帽，抚摸自己的脸庞。雨丝在空中飞舞，映着他们一张张充满朝气的笑脸。

忽然想到我们私自外出，于是我和表妹匆匆跑回家去，准备挨大人一顿好骂。然出乎我们意料的是，家里谁也没问我们的去向，仿佛我们不存在似的。大人大概全被兴奋冲昏了头脑，他们完全把我们孩子抛却脑后。于是，我和表妹决定趁“乱”再出去行动。我俩赶快扒了几口早饭，又一头钻进那件雨披，手拉着手，一溜烟站到马路上了。

仅隔那么一会儿，庞大的解放军部队竟奇迹般地不见了。只见马路上人来人往，非常繁忙。许多居民聚在家门口，马路边，说是立刻就要举行大游行。我们和大家一起等在路边，没过多久，游行队伍就浩浩荡荡过来了。老远就听到喜庆的腰鼓声，跟着就是整齐的腰鼓队。我和表妹仗着人小个子矮拼命往前钻，我们钻到第一排站定，腰鼓队已快走完，接着是秧歌队。只见眼前飘扬着红的绿的缤纷的彩绸，耳边充盈着热闹的乐曲歌声，空中的雨丝仿佛在一起飞舞助兴，真有目不暇接之感。这时，一队踩高跷的人走来，我惊讶地张大了眼。那些人站在比我身材还高的木棍上，他们行走自若，穿着花花绿绿的衣裳，手执欢庆解放的彩旗，这是我第一次，也是此后从未见到过的，气势如此庞大雄伟的踩高跷队伍。待到成千上万只和平鸽从游行队伍中放飞之时，我的小小的心，和着欢庆的气氛，随着自由飞翔的鸽群，一同冲上了云霄。

游行队伍持续了很长时间。当所有的表演队伍走完以后，就是长长的群众队伍。我和表妹手拉着手，顶着雨披，仍然饶有兴致地观看着：工人、农民、学生……一队队从眼前走过，口号、欢呼声此起彼伏。忽然，听见有人叫我的名字。一个身材高大，穿着灰色解放装戴着灰色解放帽的人从游行队伍里大步向我走来，一直走到我的面前。他俯身把我高高举起，我这才高兴地看清，原来他就是几个月来未曾见到的父亲。哦，我大声喊着爸爸，因为，那么多日子，我是多么想念他呵！解放了，父亲不必担心黑名单的追捕，他从蛰伏多月的屋子里走出，张开双臂迎接解放。他大口呼吸着解放带来的清新空气，对未来充满希望。

父亲抱着我亲了几下，又急速返回队伍。我则立刻飞奔回去，踏进外婆家的第一句话，就是：爸爸回来了！我看见爸爸了！

小小的心，充满欢快。

后来读到赵家璧先生写的怀念父亲的文章，读到一节描述那时刻的文字，很亲切，录下以表忆念："我当时家住桥北虹口区北四川路附近，市中心区和西区虽已解放，桥北还在国民党残余顽抗的少数军人手中。我记得那天靳以忽然给我来了一个电话(当时桥北电话线仍畅通无阻)，他那兴奋的情绪和激动的欢笑声通过电波也感染了犹在等待解放，困处书斋中的我。他告诉我解放大军已占领了上海，劝我在家静候一两天，上海的天快全亮了，我们大家多年的希望快实现了。我放下话筒，想起桥南我有许多朋友，就是这位知己，想到了我，关怀着我。这个激动人心的信息传达，至今还是使我永记不忘的。第二天，桥北国民党残余部队被迫竖起白旗无条件投降，我奔到弄口看看街上情况，我们弄口地上倒毙着一个穿国民党军服背上中了一枪的尸体，我便立即打了个回电告诉靳以。我最近问起陶大嫂，靳以那天的电话从哪里打给我的，经她一说，我才明白是从康嗣群家打来的。"(赵家璧《和靳以在一起的日子》)

五岁的眼睛所看见的那一幕幕，是永留心底的，是永远不会忘怀的。

后 记

终于可以结束了。

2017年夏天，筹备多年、颇多曲折的《我的1945——抗战胜利回忆录》《抗战胜利 · 民间影像》特辑终告出版。这样一个围绕重大历史转折点，多角度、全方位呈现重大历史事件如何影响普通人命运和日常生活的史料抢救工作，为过去所稀见。大约在年底，就有人提出来，是否可以按照相同的模式来推动关于1949年的史料抢救。

1949年开始的巨变，深刻改变了上海的命运，改变了千百万人的命运。这样一个翻天覆地的过程，值得记录下来。为此，我们确立了编一本回忆录《上海 · 1949》的设想，此时已是2018年中。时间非常紧张，要在一年左右时间里完成这样一个设想，将是一项非常困难的工作。

这项工作非常急迫。七十年过去了，绝大部分亲历者都已离世，少量存世亲历者均已高龄，要说服他们拿起笔来记录自己亲历的七十年前的巨变，其难度实在可想而知。

基于《民间影像》多年推动史料抢救的经验，如何呈现1949年这场巨变的丰富性，这是过去相关工作所着力不够的。如何在尽可能短的时间内，找到尽量丰富的样本，将是一个极大的挑战。

最早获得的一篇文章是马承镳撰写的《上海解放当天，我绘制了第一幅毛主席像》，源于2012年夏天的一次拜访。当时为准备《民间影像》第二辑院系调整专题“1952，离别的季节”拜访马老师，顺便谈及他1949年5月25日绘制大世界毛主席像一事。不久，马老师就寄来一篇短文，回忆当时的过程。那时就在想，如果以后搞1949年的专题这篇文章或许是很好的材料。这次翻箱倒柜才把这篇文章找出来，为这本回忆录增色不少。

这部回忆录《上海 · 1949》，包含了多方面的线索，有“来”的，有“留”的，也有“走”的，尽可能从更多元的视角，呈现七十年前那场巨变及其对普通人日常生活的影响。

回忆录里采用了不少私人日记，也尽可能考虑了多样化的因素。感谢赵国通先生提供其父亲、民国政府末任上海市长(代理)赵祖康的日记片段，为观察这一变化提供了重要证据。感谢张珑、张人凤老师的支持，提供了其母亲1949年的日记，从一个侧面了解张元济家庭所经历的巨变。

同济大学医学院李赋京教授1949年的日记，内容非常丰富，保存了很多重要线索。感谢李昊的支持，使这些材料能够公布于世，可以为很多领域的研究提供宝贵证据。

罗文同志是1949年后中共上海市委第一任档案处处长，感谢其女儿罗苏文的支持，提供了其父亲七十年前进城前后的日记。

美国西北大学MBA娄尔品，1949年时任上海同章绸庄经理、云林丝织厂南厂总经理、湖州承昌丝织厂总经理，交通大学航管系教授。感谢其后人及苏州市档案馆的支持，得以收录其1949年日记中的部分材料。这也是这本回忆录最后收录的一个样本。

103岁的徐之河老人，当时在暨南大学任教，至今记忆极其清晰。稍早，即有98岁的暨大校友推荐，但一直无法联系。一个偶然的机会，王晓鸣兄陪同我去华东医院拜访徐老，他非常支持这项工作。

99岁的黎鲁老人，七十年前随《华东画报》重返上海。2018年5月，我拜访老人。他非常重视，积极赐稿，多次修改，并不顾高龄，翻找多种七十年前的材料，为这本回忆录添彩不少。

2019年初，经三联后人晓蓉老师介绍，我赴京拜访了原三联书店总经理沈昌文先生并向其约稿。晓蓉老师还提供了其父吉少甫回忆上海刚解放时七种毛泽东著作在沪紧急印刷发行的情况，填补了一段重要空白。

过舜英老人专门电话告知，让我联系葛伟成老人。葛老眼底不好，仍写下歪歪扭扭的十几页稿纸，留下一段很有意思的材料。

2016年、2018年我曾两度赴大连拜访王寒枫同志，他当时任26军后勤部政治处宣传股副股长。王老积极提供了自己的回忆，并帮助核对了不少照片。

2018年9月，周永红老师来沪，告知其舅舅在杭州，记忆很好。2019年初我拜访乌鹏廷先生，获悉他是当时上海《中央日报》的记者，即请其赐稿。

刘冰先生1949年5月18日离沪赴台，后来长期侨居美国，积极推动中美之间的文化交流工作。经上官肖波兄介绍，今年3月才联系上。他积极赐稿支持，呈现了极其珍贵的另一个方面的记忆。

97岁的戚源同志，当年在江南造船厂从事地下工作，解放后不久转到南市区工作，经历丰富，记忆极好，还会使用电脑。去年拜访他时就答应写一篇。今年年初再打电话过去，电话已停机。后来获悉，老人已在年初去世，非常可惜。

也有一部分事先确定的样本，由于种种原因，最后未能赐稿，非常可惜。

《解放日报》李文琪老师积极提供老同志线索，并陪同联系老干处胡少红，得到其支持。

同济中学校友会张明老师，长期支持《民间影像》的工作，提供了不少线索和她叔叔早年回忆1949年的文章。李维嘉告知其祖父还保留了1949年的作文本，以此为基础协助其祖父完成了这篇回忆文章，细节丰富。

臧曾嘉先生多年关注《民间影像》，积极推荐线索，协助联系殷立民先生赐稿。

上海市高桥中学陈涌老师积极提供线索及材料。金莹小姐提示核实个别文章中的人名。

目前的这本回忆录，虽然与预先的设想还有不少距离，但已经很丰富多彩了。其中的不少线索，会为后人研究这样一段巨变，留下重要的证据。

个别文章由于时隔久远，回忆日期可能有误。

感谢上海市现代上海研究中心的支持，将此列为中心的研究课题并提供出版支持。

同济大学文科办积极支持此课题，并设立新中国成立70周年出版专项支持。陈强主任多次关心，积极协调。

马长林同志多年来积极支持《民间影像》的工作，积极协调，促成罗文同志的进城日记收录于这本回忆录中。

同济大学出版社熊磊丽小姐积极联络协调校内相关部门。

还有很多朋友，十分关注此项工作，积极推荐相关线索，在此一并感谢。

七十年过去了，某种意义上，我们今天仍然生活在1949年那场巨变的历史轨迹里，路仍然很长……

陈立群

2019年6月17日

以下图书已经出版，敬请关注

《1949 • 影像上海》

ISBN 978-5608-8703-6

215×280, 288p

定价: 280.00元

定格历史瞬间的260余幅照片，呈现1949年上海各阶层人士的社会生活轨迹，既有反映重大历史事件的场景，又有对普通民众个体的观照，反映七十年前这座城市剧变的状态。

第一手的历史影像，绝大部分系首度公开发表。

《上海•弄堂口》Lanes in Shanghai

ISBN 978-5608-7522-4　　中英双语，精装

215×280, 304p　　定价: 350.00元

弄堂是上海人对里弄的称呼，是最具“上海味儿”的城市空间类型，也是上海最具“标志性”的建筑类型，曾经是上海大多数普通市民最主要的居住空间，也被看作是孕育上海近代文化最重要的摇篮。

曾经生活在弄堂里的人都会对其特有的空间形态和弄堂里的生活难以忘怀，而弄堂口对曾经生活在里面的上海人来说，尤其重要。这里是街道公共空间和居民私密空间的转换节点，出了弄堂口，就汇入城市的滚滚红尘中；进了弄堂口，就躲进小楼成一统。多少上海人儿时的记忆和弄堂口直接相联。弄堂口就是大部分上海人的“接头暗号”！

他，在急速变化的时代里，穿行于上海中心城区的大街小巷，用画笔记录下这座迅速变化的城市中一种特殊的日常空间，十年来为这座城市保留了一些珍贵的记忆切片。

画册《上海 • 弄堂口》精选其中一百多幅作品，涵盖上海中心城区主要区域。中英对照，并附所在地块图，其中不少作品其原址已经拆除。这本画册成为记录十年乡愁的见证。

《中国城池图录》(精装)

(日)石割平造编,蔡敦达译编

ISBN 978-7-5608-7133-2, 215mm×285mm, 296p

同济大学出版社, 2018.1 定价: 240.00 元

原书1940年前后由侵华日军“支那派遣军”司令部刊行,较详细介绍了华北、华中、华东、中南等地100余座城郭,基本以1/10000平面图、剖面图等标示城门位置、城内主要街道走向、城墙壕沟和护城河及桥梁位置等。部分城郭还标记有城内住户和人口数。标示尤为详细的是城门结构、城墙厚度和护城河深度。图中详细记载了有关城郭都市整体结构的各种数据和信息,并有多幅1/500详图。这些城郭多已不存,书中保留的这部分资料对于研究城市史、建筑史等,无疑具有重要的参考价值。

《我的1945——抗战胜利回忆录》

ISBN 978-7-5608-5888-3, 496p, 170×213, 定价: 78.00 元

一本史诗般的回忆录,全景式记录抗战胜利前后的巨变及其对中国人日常生活的影响。共同见证中华民族百年屈辱的终结,填补民族记忆重要空白。前后历时数年,足迹遍及大半个中国,寻访亲历抗战胜利的见证者。样本身份多元,国军、共军,延安、重庆,沦陷区、大后方,甚至还有伪满和日侨的样本……

上海、无锡、杭州、南京、重庆、成都、昆明、天水、青岛、天津、石家庄、北京、包头、南通、厦门、福州、台北、台南、广州、九江、乐山、武汉、长春、沈阳、西安、李庄、延安、张家口……大江南北,20省,30城,胜利、受降,接管、接收、复员、团圆……近80位高龄亲历者的回忆,包括四位百岁以上老人。有伪满长春市长的儿子回忆在长春经历的抗战胜利,有八一五当天从“峨眉山上下来‘摘桃子’”的回忆……南京受降、广州受降、河内受降、石家庄受降、青岛受降、太和殿受降,接管东北、接管台湾、接管包头、接管张家口、接管南京日军仓库……主要城市、主要移动线路都有所涉及,首度披露部分珍稀史料,包括五篇当事人日记,共同见证中华民族历史上的伟大时刻。

《抗战胜利·民间影像特辑》

ISBN 978-7-5608-5887-6, 256p, 170×213, 定价: 68.00 元

芷江受降、东京湾密苏里舰签字仪式、重庆狂欢、南京受降、天津受降、北平受降、青岛受降、上海、延安、接管张家口、1945航拍中国、故宫复员……

160余幅珍贵影像,呈现抗战胜利的重要时刻,主要城市的受降、庆祝和日侨遣返等,首度披露部分珍贵影像,重回七十年前激动人心的现场,见证中华民族的伟大胜利……

欢迎赐稿,详情垂询: clq8384@126.com